Parto Teherani-Krönner /
Sylvi Paulick / Janina Hempel (Hg.)
**Die Genderdebatte im Islam
aus studentischer Sicht**

Frauen*Gesellschaft*Kritik

Band 47

Parto Teherani-Krönner /
Sylvi Paulick / Janina Hempel (Hg.)

Die Genderdebatte im Islam aus studentischer Sicht

Centaurus Verlag & Media UG 2009

Bibliografische Informationen der Deutschen Nationalbibliothek
Die Deutsche Nationalbibliothek verzeichnet diese Publikation in der
Deutschen Nationalbibliografie; detaillierte bibliografische Daten sind
im Internet über http://dnb.d-nb.de abrufbar.

ISBN 978-3-8255-0735-0   ISBN 978-3-86226-358-5 (eBook)
DOI 10.1007/978-3-86226-358-5

ISSN 0939-4540

Alle Rechte, insbesondere das Recht der Vervielfältigung und Verbreitung sowie der Übersetzung, vorbehalten. Kein Teil des Werkes darf in irgendeiner Form (durch Fotokopie, Mikrofilm oder ein anderes Verfahren) ohne schriftliche Genehmigung des Verlages reproduziert oder unter Verwendung elektronischer Systeme verarbeitet, vervielfältigt oder verbreitet werden.

© CENTAURUS Verlag & Media KG, Freiburg 2009

Umschlaggestaltung: Antje Walter, Titisee-Neustadt
Umschlagabbildung: Vorlage der Herausgeberinnen

Inhaltsverzeichnis

Parto Teherani-Krönner
Vorwort... i

I. FAMILIE UND GESELLSCHAFT IM ISLAM

Janina Hempel
Die Familiengesetzgebung in islamischen Ländern und
deren Auswirkung auf die Rechte muslimischer Frauen 3

Florian Holzknecht
Ehe zwischen Sexualität und Ökonomie – Überlegungen
zur Shari'a und der aus ihr resultierenden Konzeption
und Regelung der Ehe 15

Ulrike Kaiser
Aischa das Leben – Die feministische Neuinterpretation
der *Mutter der Gläubigen* 37

Miriam Hutter
Frauen, Säkularismus und Religion im Iran:
Ist Gleichberechtigung in einem auf dem Islam
basierenden theokratischen Staat möglich? 63

II. FRAUENRÄUME

Antje Czudaj
Frauenräume im Alltag 83

Heidi Diewald
Definition und Aushandlungsstrategien öffentlicher
und privater Räume – Aufgezeigt an ausgewählten
Theorien und der Studie „New spaces and old frontiers"
von Salma Nageeb 103

III. DIE KOPFTUCHDEBATTE

Verena Armenkow
Der Diskurs um das Kopftuch – Eine Analyse
verschiedener Positionen 133

Sylvi Paulick
Das *Kopftuch* in der Debatte – Selbstbehauptung vs.
Fremdkonstruktion 163

IV. SEXUALITÄT IM ISLAM

Kristina Nowak
Fatima Mernissi: „Geschlecht Ideologie Islam" – Eine
Stimme zur weiblichen Sexualität im Islam aus feministischer Perspektive 203

Verena Trautner
Gibt es ein Sexualitätsdispositiv in der islamischen Welt? 217

Steffi Grundmann
Ambivalenzen in der islamischen
Einstellung zur Sexualität 255

Britta Meyer
Gewollte Widersprüche – Die angebliche
Unvereinbarkeit von Homosexualität und Islam 285

Vorwort

Parto Teherani-Krönner[1]

Die Genderdebatte im Islam aus studentischer Sicht ist eine Zusammenstellung von Beiträgen, die während der vergangenen Semester zum Thema: „Geschlechterarrangement im Ländervergleich – die Genderdebatte in der islamischen Welt" entstanden sind. Die Lehrveranstaltung wird regelmäßig im Sommersemester im Fachgebiet Gender und Globalisierung der Landwirtschaftlich-Gärtnerischen Fakultät angeboten und ist offen für Studierende des disziplinübergreifenden Studiengangs „Gender Studies" an der Humboldt-Universität zu Berlin. Damit zeichnen sich die Beiträge durch ihre Vielfalt aus, da sie von Studierenden unterschiedlicher Fachrichtungen und aus verschiedenen Fachsemestern verfasst worden sind.

Jeder Beitrag steht für sich, für die Inhalte zeichnen die jeweiligen Autor/innen. Es entstehen daher auch kontroverse Standpunkte, die bis zu widersprüchlichen Aussagen führen können. Es sollte nicht Aufgabe der Herausgeberinnen sein, solche Unterschiede auszugleichen, vielmehr spiegeln sie die Lebendigkeit in der Diskussion und das Ringen um Erklärung und Verstehen wider. Neben den gegebenen Themenbereichen und der Grundlagenliteratur konnten Studierende ihre eigenen Schwerpunkte setzen, Differenzierungen und Spezifizierungen vornehmen und kreativ Ergänzungen einbringen. Eine gewisse Redundanz in den Grundlagen lässt sich dabei nicht vermeiden, da jeder Beitrag unabhängig von den anderen erarbeitet worden ist. So müssen die Abschnitte auch nicht chronologisch gelesen werden.

---

[1] Parto Teherani-Krönner wurde in Abadan (Iran) geboren, studierte und promovierte in Berlin. An der Landwirtschaftlich-Gärtnerischen Fakultät der Humboldt-Universität zu Berlin hat sie Anfang der 90er Jahre das Arbeitsgebiet der Frauen- und Geschlechterforschung in ländlichen Räumen mit begründet. Seit mehr als 10 Jahren ist sie in einem universitären Austauschprogramm mit der Frauenuniversität „Ahfad" in Omdurman (Sudan) aktiv. Alljährlich organisiert sie internationale Tagungen bzw. Summerschools, die vom DAAD gefördert werden und abwechselnd in Berlin und in Omdurman (Sudan) stattfinden und sich mit Geschlechterfragen in islamischen Kulturräumen befassen.

Im Rahmen der Seminarveranstaltung, wie auch hier in diesem Sammelband, sollte ein Entfaltungsraum für Studierende entstehen, in dem unterschiedliche Positionen der jungen Wissenschaftler/innen zur Sprache kommen. Damit lässt sich die spannende Diskussion zur Debatte im Islam in den Beiträgen der Studierenden verfolgen. Mit den verschiedenen disziplinären Hintergründen der Autor/innen entsteht zum einen eine Vielfalt der Perspektiven in den Beiträgen, da die unterschiedlichen Perzeptionen der Studierenden erhalten bleiben sollten.

Zum anderen ist auch zu berücksichtigen, dass es einen einheitlichen Islam nicht gibt. Es geht um Diversität, um verschiedene Genderdebatten in unterschiedlichen islamischen Ländern und Gesellschaften, in denen Menschen, die sich zum Islam bekennen, leben. Auch trifft es einen größer werdenden Personenkreis, der mit islamischen Vorstellungen seine kulturelle Prägung erfahren hat. Somit könnten wir auch kritisch mit der Überschrift dieses Werkes: „Die Geschlechterdebatte im Islam aus studentischer Sicht" sein, wobei hier der Singular stellvertretend für Vielzahl steht.

Ziel der Lehrveranstaltung war und ist es, die sehr unterschiedlichen Positionen und Debatten zu den Geschlechterfragen in verschiedenen islamischen Ländern kennen zu lernen. Es ging darum, den Blick für die Differenzen und die große Vielfalt zu schärfen. Auch ein Stück des innerislamischen Diskurses sollte zur Sprache kommen, um die Diversität, der wir in der islamischen Welt begegnen können, wahrzunehmen und zu verstehen. Denn anders als im Christentum gibt es im Islam keine vereinheitlichenden Institutionen der Kirchen. Es gibt eben auch Kontroversen unter den hochrangigen rechtsgelehrten Ajatollahs zu tagespolitischen Geschehnissen – wie wir gerade in der jüngsten Geschichte der Islamischen Republik Iran im Jahre 2009, vor allem nach den umstrittenen Wahlen zum Präsidenten, verfolgen können.

Wichtig bleibt es für uns, auch in methodischer Hinsicht, den Blick für eine differenzierte Betrachtung zu schärfen. Diese wird uns dann auch helfen, viele Phänomene in der eigenen Gesellschaft besser zu verstehen. So ist viel über die Verschleierung, bzw. einen Dress-Code im Islam und in Gesellschaften mit islamischen Migranten gesagt worden – dies ist dann auch in diesem

Vorwort

Band in den Aufsätzen zur Kopftuchdebatte wieder zu finden. Weniger genau schauen wir auf den Dress-Code der hiesigen Gesellschaft. Auch in europäischen Gesellschaften gibt es mehr oder weniger strenge Regeln, was die Kleidungsordnung anbelangt. Frauen ziehen zwar seit Anfang des 20. Jahrhunderts auch Hosen an. Der Anzug, Hose und Jacke, ist für Frauen auch in hohen Ämtern anerkannt, umgekehrt ist aber das Tragen von Röcken für Männer auch unter jungen Leuten – sogar in alternativen Szenen, z.b. in einer offenen Stadt wie Berlin – eher befremdend. Ein Bankangestellter mit Rock ist z.Z. wohl noch mehr als undenkbar.

Zusammengestellt wurden die Beiträge in vier großen Abschnitten:

Im **Abschnitt I Familie und Gesellschaft im Islam** geht es um die Familiengesetzgebung und Konsequenzen für die Position der Frauen in Familie und Gesellschaft, wie sie von *Janina Hempel* eingeführt werden. Dabei ist es wichtig, auch die schwere Verantwortung, die den Männern für das wirtschaftliche und soziale Wohl ihrer Familien auferlegt wird, zu erwähnen. Diese hohe Bürde, die kaum noch von jungen Männern getragen werden kann, erschwert das Geschlechterarrangement in vielen islamischen Ländern. Durch den Beitrag von Janina Hempel wird auf Handlungsspielräume der Frauen verwiesen, die sie im Rahmen der Familiengesetze und über Eheverträge in Anspruch nehmen können.

Mit dem Beitrag von *Florian Holzknecht* steigen wir in eine spannende Debatte ein, die ein anderes Konzept der Institution Ehe im Islam vermitteln kann. Hier werden weltanschauliche und juristische Grundlagen des Ehevertrags detailliert behandelt. Die differenzierte Betrachtung der Sharia bietet im islamischen Rechtssystem eine Möglichkeit, auch im Umgang mit religiösen Doktrinen eine Anpassung entsprechend den Erfordernissen der Zeit vorzunehmen. Nur wird diese Möglichkeit oft vernachlässigt. Frauenrechtlerinnen unterstreichen jedoch diese Option auch im Rahmen islamischer Gesetzgebung.

In der historischen Rekonstruktion des Lebens von Aischa – Frau des Propheten Mohammed – wird der Versuch unternommen, zu einer Neuinterpretation einer bedeutenden Frauenfigur des Islams zu gelangen. Die Arbeit von *Ulrike Kaiser* zeigt uns, wie in der islamischen Welt Frauen um ihre Geschichte ringen. Soziologinnen wie Fatima Mernissi, aber auch Schriftstellerinnen wie Assia Djebar haben jede auf ihre Art sich den historischen Figuren im Islam angenähert. Geschichte neu zu schreiben ist immer auch ein Stück Gegenwartsbewältigung und Zukunftsperspektive. Ähnliches ist ja auch im Zuge der feministischen Bewegung im Christentum wie auch in den westlichen Gesellschaften erfolgt, als es um die Gleichstellung der Geschlechter ging. Mit einem feministischen Blick können wir Geschichte neu erfahren.

In der Debatte, die von *Miriam Hutter* aufgegriffen wird, können wir eine sehr aktuelle Frage verfolgen, die auch unter Frauenrechtlerinnen innerhalb islamischer Länder heiß diskutiert wird. Wie bereits angedeutet, finden Neuinterpretationen auch im traditionell-konservativen Lager der Frauen statt, wo ein starker Reformwille zu beobachten ist. Die jüngsten Entwicklungen im Iran zeugen von einer großen Bereitschaft zum Zusammenschluss sehr unterschiedlicher Lager von Frauenrechtler/innen und Aktivist/innen. Bereits lange vor den Wahlen, also schon im Frühjahr 2009, bildeten verschiedene Gruppierungen eine Koalition der Frauenbewegung, um die Präsidentschaftskandidaten mit ihren Forderungen zu konfrontieren.

Im **Abschnitt II Frauenräume** gehen *Antje Czudaj* und *Heidi Diewald* der Frage nach einer Dichotomisierung von öffentlichen und privaten Räumen auf anregende Weise nach. Aus der Lektüre dieser gängigen Unterteilung lassen sich auch aufschlussreiche Analogien zu christlich abendländischen Gesellschaften ziehen. Zwar können wir in islamischen Ländern eine deutliche Trennung zwischen den Geschlechtern erkennen, die sich auch räumlich manifestiert. So gibt es abgeschottete Männerräume und es gibt Frauenräume, zu denen Männer keinen Zugang haben. Die spannende Frage aber bleibt, wo es Überschneidungen gibt, wo und wie Aushandlungsprozesse stattfinden und wie Frauen in islamischen Ländern ihre Handlungsspielräume erweitern und auch öffentliche Räume erobern.

Antje Czudaj arbeitet exemplarisch, indem sie der Entwicklung der Frauenbewegung im Iran nachgeht. Sie schlussfolgert in ihrer Arbeit zu „Frauenräume im Alltag", gestützt auf Untersuchungen von Eliz Sanasarian, dass in der Frauenbewegung im Iran nur wenige, vereinzelte Frauen den Islam als Grund für ihre Unterdrückung angeben. Vielmehr wird auch von Zahra Kamalkhani in den religiösen Institutionen und in der religiösen Praxis ein Raum erkannt, wo Frauen ihre Interessen verfolgen und stärken können. So wird durch Informationsaustausch in den „arenas for female interaction" ein aktives Netzwerk gesponnen, das den sozialen Rang der Frauen in der Gesellschaft stärkt.

Auch im Beitrag von *Heidi Diewald* begegnen wir zwei Frauen: Dalia und Hiba aus der Untersuchung von Salma Nageeb, die mit ihrer Religiosität Aushandlungsstrategien für neue Handlungsräume verfolgen. Dabei befasst sich Heidi Diewald in ihrer Arbeit auf interessante Weise mit der Frage, wie öffentliche und private Räume ausgehandelt werden. Sie fügt theoretische Konzepte von Hannah Arendt und Erving Goffman mit empirischen Untersuchungen von Salma Nageeb in Khartoum, Sudan zusammen.

Der strategische Umgang mit privaten und öffentlichen Räumen wird in der Arbeit von Salma Nageeb beim Ritual des Kaffeetrinkens im Haus der Tante vorgestellt. Die Aufgabenverteilung zwischen Frauen und Männern wird kurzerhand umdefiniert. Ein paralleles Erlebnis habe ich selber in einem Sammeltaxi in Teheran gehabt. Denn die Konstruktion von Öffentlichkeit und Privatheit lässt sich auch immer wieder dekonstruieren. So wird das Sammeltaxi in der Metropole Teheran zu einem privaten Raum und die Fahrgäste zu Familienangehörigen definiert, die dann auch eng zusammensitzen können bzw. müssen. Die Not wird in eine Tugend verwandelt.

Die Kopftuchdebatte wird im **Abschnitt III** behandelt. Beide Beiträge, von *Sylvi Paulick* und von *Verena Armenkow,* steigen tief in die Debatte ein. Es sind sehr umfangreiche Arbeiten, die auch selbstkritische Positionen nicht scheuen.

Bei *Sylvi Paulick* kommen zunächst die Motive muslimischer Frauen für das Tragen des Kopftuches zur Sprache. Anschließend wird den Stimmen von Außen Gehör geschenkt, die dann abstrahiert in ein Pro- und Contra-Lager gegenüber gestellt werden.

Neben den entsprechenden Abschnitten im Koran, die zur Frage der Bekleidung muslimischer Frauen hinzugezogen werden, lernen wir auf eine abwägende Weise verschiedene Facetten des Diskurses kennen. Auch die politische Debatte in der BRD unter den Parteien, wie sie in den Jahren 2003-2005 virulent wurde, wird verfolgt.

Mit der Arbeit von **Verena Armenkow** kommen weitere Aspekte der Kopftuchdebatte hinzu, wie sie von Wissenschaftlerinnen unterschiedlicher Herkunft angeführt wurden. Renate Kreile bezeichnet die Kopftuchfrage als eine Metapher für reale politische, kulturelle und soziale Konflikte innerhalb moderner, islamisch geprägter Gesellschaften. Meyda Yegenoglu hingegen geht in ihrer Argumentation darüber hinaus. Bezogen auf die Situation in Algerien und der Türkei argumentiert sie, dass die Frau selbst so gut wie verschwindet und das Kopftuch zum Symbol, zum Kampfplatz in der Auseinandersetzung zwischen Nationalismus und Imperialismus wird.

Der letzte **Abschnitt IV** ist dem Thema **Sexualität im Islam** gewidmet. Hier sind sicher neue Impulse für das Verstehen anderer Konzepte zum Geschlechterarrangement zu finden. Dieses Thema hat immer wieder auch ein großes Interesse bei Studierenden gefunden und zu anregenden Diskussionen geführt.

Kristina Nowak behandelt die Kontroverse zwischen Al Ghazali und Freud, wie sie erstmals von Fatima Mernissi in ihrer Arbeit: „Geschlecht Ideologie Islam" aufgegriffen wurde. Mit diesen Beiträgen gelangen wir zu sehr verschiedenen Grundannahmen bezüglich der Sexualität, die in einer Reihe von Interpretationen zum Islam als eine der positiven Grundbedürfnisse aller Menschen anerkannt wird. Für das Zölibat gibt es keinen Raum im Islam. Hingegen wird die sexuelle Befriedigung als großes irdisches Glück und als Verheißung für das Paradies in Aussicht gestellt.

Doch auch hierzu gibt es Kontroversen, wie sie von *Steffi Grundmann* aufgegriffen werden. Sie behandelt die geschlechtsspezifische Konzeption von Sexualität in islamischen Gesellschaften. In den von ihr zitierten Arbeiten, sind sich Frauen darüber bewusst, dass der Islam ihnen das Recht zuspricht, sexuell befriedigt zu werden. Sie erkennen aber auch ihre Pflichten in Ehe-Arrangements.

Nach der Lektüre der Beiträge zur Sexualität, die sich auch mit den verschiedenen Hintergründen befassen, wird sich möglicherweise eine neue Lesart der Thematik von Verschleierung und Kopftuchdebatte ergeben.

Besonders kreativ sind dann auch der Beitrag von *Britta Meyer* zur Homosexualität und das Thema: Gibt es ein Sexualitätsdispositiv in der islamischen Welt?, welches von *Verena Trautner* entlang der Kategorien Macht, Diskurse, Praktiken und Wissen analysiert wird.

Schließlich zeigt *Britta Meyer,* wie Religion als signifikanter Teil eines Identitätskonstruktes dazu benutzt bzw. missbraucht werden kann, um eigene Standpunkte zu legitimieren und andere Gruppen zu diskreditieren. Mittels gegenseitiger negativer Zuschreibungen wie Rückständigkeit, Sittenlosigkeit und Menschenrechtsverletzungen kommt es zu einer ideologischen Abwertung anderer Glaubenskonzepte, die eine Barriere für die gegenseitige Verständigung darstellt. Um diese Barriere abzubauen und zur gegenseitigen Verständigung beizutragen, wie auch den Dialog der Kulturen zu fördern, wurde dieser Sammelband realisiert.

Der Einsatz der Mitherausgeberinnen *Sylvi Paulick* und *Janina Hempel* sollte besonders hervorgehoben werden, da ihr Beitrag weit über die Teilnahme an einer universitären Seminarveranstaltung hinaus reicht. Sie haben mit Nachdruck immer wieder den Kontakt mit den Autor/innen gesucht, Absprachen getroffen und einzelne Fragen geklärt. Dies war sicher ein Lernprozess, der mit hohem Zeitaufwand verbunden war. Daher wurde vor der Veröffentlichung dann keine erneute Überarbeitung zu aktuellen Entwicklungen mehr vorgenommen, um den Zeitpunkt der Herausgaben nicht noch weiter hinauszuschieben.

Wir freuen uns nun gemeinsam über diese Publikation der jungen Wissenschaftler/innen. Ein besonderer Dank gilt auch dem Centaurus Verlag, der die Idee zur Veröffentlichung der studentischen Beiträge unterstützt hat und bei der Kostenkalkulation sehr entgegenkommend war.

Parto Teherani-Krönner
Sommer 2009

I. FAMILIE UND GESELLSCHAFT IM ISLAM

Die Familiengesetzgebung in islamischen Ländern und deren Auswirkung auf die Rechte muslimischer Frauen

Janina Hempel[1]

Zusammenfassung: In der vorliegenden Arbeit befasst sich die Autorin mit dem islamischen Familienrecht und deren Auswirkungen auf die Rechte muslimischer Frauen. Es werden die Eckpfeiler der islamischen Religion und das darauf basierende Rechtssystem skizziert. Ein besonderes Augenmerk wird dabei auf die Familiengesetzgebung sowie die Aushandlungsprozesse und Interpretationsmöglichkeiten des Familienrechts innerhalb der Familie gelegt. Anhand verschiedener Mechanismen wird aufgezeigt, wie Frauen die Gesetzgebung in den verschiedenen islamischen Ländern zu ihren Gunsten nutzen.

Schlüsselwörter: Islam. Gesetzgebung. Scharia. Familie. Frauen.

1. Einleitung

In den meisten Ländern mit einem überwiegend islamischen Bevölkerungsanteil ist das Familienrecht ganz oder zumindest noch teilweise streng nach dem islamischen Recht, der Scharia, geregelt. Ich möchte in meiner Seminararbeit der Frage nachgehen, woran sich die islamische Familiengesetzgebung orientiert, welche Inhalte sie hat, wie unterschiedlich sie ausgelegt werden kann und vor allem was das für die Rechte der Frauen bedeutet.
Ich werde mich für den Einstieg in das Thema kurz mit dem Islam als Religion befassen, danach werde ich das islamische Recht

---

[1] Janina Hempel studierte bis Ende März 2008 Gender Studies und Bibliothekswissenschaft an der Humboldt Universität zu Berlin. Die Abgabe der Hausarbeit erfolgte im 6. Fachsemester. Ihre Forschungsschwerpunkte in Gender Studies lagen auf Männlichkeitskonstruktionen im Sport und Gender Mainstreaming in der Öffentlichen Verwaltung. Seit September 2008 arbeitet sie in der Büchereizentrale Niedersachsen und berät dort Öffentliche Bibliotheken bei ihrer täglichen Arbeit.

skizzieren und mich schließlich dem islamischen Familienrecht widmen. Zuerst möchte ich mich hier kurz mit den grundlegenden Regeln des Familienrechts befassen, um dann an verschiedenen Beispielen die Modernisierung der Familiengesetzgebung in islamischen Ländern und den Umgang der Frauen mit ihren eingeschränkten Rechten zu erläutern.

Zum Schluss werde ich meine Arbeit noch einmal zusammenfassen und resümieren, was das islamische Rechtssystem für Frauen und ihre Rechte bedeutet.

2. Der Islam

Der Islam entstand im 7. Jahrhundert auf der arabischen Halbinsel und bedeutet Unterwerfung unter Gott. Diese Unterwerfung betrifft die innere Glaubensüberzeugung genauso wie die religiöse Praxis und die Lebensführung. Das verbindende Element des Islam ist der Glaube an einen Gott und an dessen Offenbarung durch den Propheten Mohammed, die im Koran, dem heiligen Buch der Muslime, niedergeschrieben ist. Die Verse des Korans gelten als Lehre und Regeln für das Verhältnis des einzelnen Menschen zu Gott und der Gemeinschaft.

Es gibt fünf Säulen, auf denen der Islam aufgebaut ist. Die erste Säule ist ein unpersönlicher, allgegenwärtiger, allwissender und allmächtiger Gott (*Schahada*). Die anderen vier Säulen beinhalten das Gebet (*Salat*), das Fasten (*Saum*), das Geben von Almosen (*Zakat*) und die Pilgerfahrt nach Mekka (*Hadsch*). Die erste Säule ist das Glaubensbekenntnis der Muslime, während die anderen vier Säulen zur religiösen Praxis gehören.

Muslime sehen die Vorgänger des Islam, das Judentum und das Christentum, welche der gleichen geographischen Region entstammen, als verwandte Religionen an.

3. Das islamische Recht

Die islamische Rechtsordnung, die im Leben eines jeden Muslimen einen zentralen Platz einnimmt, ist die Scharia. Die Scharia ist ein Kodex von Pflichten und Erwartungen, welcher Hinweise für die religiöse Praxis, moralische Wertvorstellungen und Anleitungen zum Leben im Diesseits zur Vorbereitung auf das Paradies im Jenseits enthält. Sie ist in ihrem Kern göttliches Recht und beruht auf dem Koran. Kritik an der Scharia bedeutet, menschliche Erwägungen über Gottes Gesetz zu stellen. Die Scharia gilt für Muslime als „einziges System auf Erden, das Mann und Frau Freiheit, Gerechtigkeit und Würde schenkt" (Schirrmacher 2005:5). Mit wenigen Ausnahmen ist die Scharia heute in allen islamischen Ländern eine wesentliche oder teilweise sogar einzige Grundlage der Rechtssprechung in Zivilprozessen. Es existiert in islamischen Ländern also weithin keine von religiösen Normen abgekoppelte Rechtsordnung. Bei der Scharia handelt es sich nicht um ein kodifiziertes Gesetzbuch, sondern die Scharia ist genauso konkret wie interpretierbar und ebenso starr wie flexibel, d.h. sie ist nur durch Auslegung und Anwendung konkret umzusetzen und bietet daher einen gewissen Spielraum für verschiedene Auffassungen, solange diese wiederum mit der Scharia begründet werden können.

3.1. Quellen des islamischen Rechts

Das islamische Recht beruht auf vier Eckpfeilern, welche zusammen die Scharia ergeben und somit ihre Rechtsquellen darstellen.

Der erste Eckpfeiler ist der *Koran*. Dieser enthält moralische Belehrungen über ethisch einwandfreies Verhalten und umfasst 114 Suren und über 6000 Verse, wobei vorwiegend Glaubensfragen behandelt werden.

Der zweite Eckpfeiler der Scharia ist die *Sunna*. Unter *Sunna* versteht man Überlieferungen über Worte, Taten und Handlungen des Propheten Mohammed. Diese Überlieferungen wurden vorrangig im 9. Jahrhundert von Gelehrten in umfangreichen Sammlungen (*Hadith*) zusammengefasst, und in ihnen lebt der Prophet Mohammed als Rollenmodell normativ richtiges Verhalten vor.

Der dritte Eckpfeiler ist die *Idschma*, welche als Konsens der Rechtsgelehrten einer bestimmten Epoche verstanden wird.

Der so genannte Analogieschluss, die *Quiyas*, bildet den vierten Eckpfeiler der Scharia. Sie ermöglicht es, neue Lösungen zu finden und islamisches Recht auch gesellschaftlichen Veränderungen anzupassen.

3.2. Die verschiedenen Rechtsschulen

Im 7. Jahrhundert spaltete sich die islamische Religionsgemeinschaft in Sunniten und Schiiten, und es bildeten sich unterschiedliche Rechtsschulen heraus. Die Rechtsschulen sind für die jeweilige Auslegung der Scharia verantwortlich. Die vier sunnitischen Rechtsschulen wurden nach ihren Gründern benannt. Es gibt die hanafitische Rechtschule, welche als liberalste und am weitesten verbreitete Rechtsschule gilt, die Malikiden, welche vorwiegend in West- und Zentralafrika existieren, die Schafiiten, welche in Ostafrika und teilweise in Süd-Arabien und Südostasien dominant sind, und die Hanbaliten, welche für ihre strenge Auslegung bekannt sind und hauptsächlich unter orthodoxen Sunniten auf der arabischen Halbinsel verbreitet sind. Je nachdem in welchem geographischen Teil der muslimischen Gemeinschaft Mann bzw. Frau lebt, wird die Scharia unterschiedlich ausgelegt. Somit kommt es zu verschiedenen Rechten für Männer und Frauen, die sich von Region zu Region unterscheiden können.

4. Islamisches Familienrecht

Da die Familie als das Fundament der islamischen Gesellschaft gilt, nimmt das islamische Ehe- und Familienrecht im islamischen Rechtssystem einen zentralen Platz ein und bildet den Kern der Scharia. Die Spannungen zwischen der Tradition der Scharia und den Anforderungen des modernen Lebens zeigen sich hier am deutlichsten. Während das traditionelle islamische Familienrecht an der überlegenen Position des Mannes festhält und ihm erheblich mehr Entscheidungsbefugnisse und Freiheiten als der Frau zugesteht, haben einige islamische Länder die Position der Frau vor allem im Scheidungs- und Kindschaftsrecht verbessert. Doch auch hier wird das Selbstbestimmungsrecht des Einzelnen in der Regel den Familien- und Gesellschaftsinteressen untergeordnet.

Die rechtliche Ungleichbehandlung der Geschlechter leitet sich aus mehreren Suren im Koran ab, z.B. Sure 4,34:

„Die Männer stehen über den Frauen, weil Gott sie (von Natur vor diesen) ausgezeichnet hat und wegen der Ausgaben, die sie von ihrem Vermögen (als Morgengabe für die Frauen) gemacht haben [...]." (Marx 2005:6)

Die Bestimmungen der Scharia zum Ehe- und Familienrecht werden von Land zu Land sehr unterschiedlich gehandhabt und haben deshalb auf die rechtlich-gesellschaftliche Situation muslimischer Frauen sehr unterschiedliche Auswirkungen.

Ob das Ehe- und Familienrecht traditionell ausgelegt wird oder bereits modernisiert wurde und somit den muslimischen Frauen mehr Rechte zugesteht, hängt nicht nur von den einzelnen Ländern ab, in denen die Menschen leben, sondern auch davon, ob sie in ländlichen oder städtischen Bereichen einer Region leben oder aus welchem Familienumfeld sie stammen. Ein städtisches, wohlhabendes, gebildetes und fortschrittliches Umfeld bietet einer muslimischen Frau ganz andere Entfaltungsmöglichkeiten und Bewegungsfreiheiten als ein ländliches, armes, traditionelles und insgesamt weniger entwickeltes Umfeld.

4.1. Ehe

Heiraten gilt als religiöse Pflicht und wird in islamischen Gesellschaften als Ziel im Leben von Mann und Frau postuliert. Beim Arrangieren einer Ehe sehen es Familienangehörige (Eltern, Geschwister, Freunde) als ihre Pflicht an, Unterstützung zu leisten. Das Angebot zur Eheschließung wird in den meisten Fällen von der Familie der Frau oder von ihrem direkten Vormund gemacht. Die Akzeptierung der Ehe erfolgt durch den zukünftigen Ehemann. Die Ehe wird durch einen Vertrag zwischen den Brautleuten geschlossen, während zwei männliche oder ein männlicher und zwei weibliche Trauzeugen die Eheschließung bezeugen. In vielen islamischen Ländern muss die Ehe nicht unbedingt durch eine staatliche Stelle registriert werden. Nach traditionellen islamischen Gesetzen gelten Mädchen mit neun Jahren und Jungen mit zwölf Jahren als ehemündig. Viele islamische Staaten haben das Ehemündigkeitsalter heraufgesetzt. So hat z.B. der Iran im 1967 beschlossenen *Family Protection Law* das Ehemündigkeitsalter für Mädchen auf 15 Jahre und für Jungen auf mindestens 18 Jahre angehoben. In einer weiteren Reform von 1975, in der das *Family Protection Law* von 1967 mit einem anderen Gesetz mit demselben Namen ersetzt wurde, hoben die Verantwortlichen das Ehemündigkeitsalter für Mädchen von 15 auf 18 Jahre und für Jungen von 18 auf 20 Jahre an (vgl. Mir-Hosseini 2000:25).

Muslimische Frauen dürfen nur muslimische Männer heiraten, während muslimische Männer dagegen ebenfalls Frauen, die den so genannten Schriftreligionen (Christentum, Judentum) angehören, heiraten dürfen. Hier sieht man deutlich, dass die Scharia unterschiedlich ausgelegt werden kann, denn im Koran heißt es sowohl für Frauen:

> Sure 2,221: „Und gebt nicht (gläubige Frauen) an heidnische Männer in die Ehe, so lange diese nicht gläubig sind." (Marx 2005:12)

Als auch für Männer:

> Sure 2,221: „Und heiratet nicht heidnische Frauen, solange sie nicht gläubig sind." (Marx 2005:12)

Die ungleiche Auslegung der eigentlich das Gleiche aussagenden Koranzitate demonstriert ziemlich gut, wie eine patriarchalische Kultur religiöse Dogmen überlagert.

Nach der Eheschließung haben Mann und Frau unterschiedliche Rechte. Der Mann gilt als Oberhaupt der Familie und hat somit mehr Rechte als seine Frau. Er kann bis zu vier Ehen gleichzeitig führen, wenn er es schafft, allen vier Frauen den gleichen Lebensstandard zu bieten. Er hat das Recht den Aufenthaltsort für sich und seine Frau auszuwählen und das Recht auf Gehorsamkeit seiner Frau. Außerdem kann der Mann bestimmen, ob seine Frau einer außerhäuslichen Arbeit nachgehen darf. Wenn er der Meinung ist, dass ihre Tätigkeit das Wohl der Familie beeinträchtigt, kann er ihr das Nachgehen einer außerhäuslichen Tätigkeit verbieten. Ebenso hat der Mann das Recht seine Frau zu ermahnen, der Familie gegenüber Respekt zu zeigen, und er hat das Recht, die Ehe ohne Angabe von Gründen zu beenden (vgl.

Mir-Hosseini 2000:35). Kurz gesagt, mit dem Eingehen der Ehe erhält der Ehemann die Familienautorität, was die Kontrolle, wenn nicht sogar den Besitz über seine Frau, beinhaltet, aber auch die Verpflichtung für ihren Schutz zu sorgen.

Im Gegensatz dazu hat die Frau das Recht, über ihre Morgengabe zu verfügen und von ihrem Ehemann unterhalten zu werden. Des Weiteren hat sie das Recht, auf ihre Gesundheit zu achten und ihre nächsten Verwandten zu besuchen. Außerdem muss sie von ihrem Mann sofort unterrichtet werden, wenn dieser noch andere Ehefrauen hat (vgl. Mir-Hosseini 2000:35).

Außer den einzelnen Rechten für Männer und Frauen gibt es noch drei zentrale Forderungen, die von beiden beteiligten nach einer Eheschließung gefordert werden.

Beide Eheleute sollen sich gegenseitig gut behandeln, bei der Gründung einer Familie, sowie bei der Erziehung der Kinder zusammen arbeiten, und sie erben im Falle des Todes vom anderen (vgl. Mir-Hosseini 2000:34).

4.2. Morgengabe

Die Morgengabe / Brautgabe oder auch *Mahr* ist nach islamischem Recht unabdingbarer, wirtschaftlicher Bestandteil eines Ehevertrages. Die Morgengabe wird mit der Eheschließung das Eigentum der Frau und ist im Falle einer Scheidung oft die einzige finanzielle Absicherung dieser, da sie dann keinerlei Anspruch auf das während der Ehe erwirtschaftete Vermögen hat. Bei der Morgengabe handelt es sich meist um einen Geldbetrag, Schmuck, Immobilien oder andere Wertgegenstände, die zur Sicherung des Unterhalts der Frau beitragen können.

So lange wie die Frau ihre zustehende Morgengabe nicht erhalten hat, kann sie jegliche sexuelle Handlungen mit ihrem Mann verweigern.

4.3. Kinder

In der Regel werden die Kinder gemeinsam versorgt und erzogen, wobei dem Vater die gesetzliche Vertretung der Kinder, die so genannte *Wilaya* zusteht, während der Mutter die tatsächliche Personenfürsorge, die so genannte *Hadana* zusteht.

Die *Wilaya* des Vaters umfasst das Bestimmungsrecht über die Erziehung, die Ausbildung und den Aufenthaltsort der Kinder. Ebenso obliegt ihm die Verwaltung des Vermögens der Kinder. Außerdem vertritt er das Kind nach außen und ist derjenige, der einer Heirat zustimmen muss. Wenn der Vater die *Wilaya* nicht ausführen kann, z.B. wenn er stirbt, geht diese auf den nächsten männlichen Verwandten des Vaters über.

Die *Hadana* der Mutter dagegen umfasst die Ernährung, die Beaufsichtigung, die Erziehung und den Schutz des Kindes. Die *Hadana* der Mutter ist gemäß den Rechtsschulen auf einen bestimmten Zeitraum beschränkt. Nach der hanafitischen Vorstellung endet die *Hadana* der Mutter für Jungen nach zwei Jahren und für Mädchen nach sieben Jahren (vgl. Büchler 2003:59). Durch Reformen der Familiengesetzgebung kann die *Hadana* der Mutter allerdings verlängert werden. In Ägypten endet die *Hadana* für Jungen mit Vollendung des 10. Lebensjahres und für Mädchen mit Vollendung des 12. Lebensjahres. Hier kann die *Hadana* durch einen gerichtlichen Beschluss aus Gründen des Kindeswohls für Jungen bis 16 und für Mädchen bis zur Hochzeit verlängert werden (vgl. Marx 2005:18). Die Scheidung der Eltern beeinflusst das Sorgerecht für die Kinder nicht. Allerdings verliert die Mutter die *Hadana*, wenn sie wieder heiratet.

4.4. Scheidung

Nach islamischem Recht gibt es verschiedene Möglichkeiten die Scheidung einer Ehe zu bewirken. Anders als im westlichen Raum kann die Scheidung auf verschiedenen Wegen von statten gehen, wobei die Vorgehensweise bei einem Verfahren namens *tatliq* am ehesten einer Scheidung in westlichen Ländern gleich kommt. Dieses Verfahren findet vor Gericht statt, und die Frau benötigt dafür die Zustimmung ihres Mannes, sie aus der Ehe zu entlassen. Nach den Rechtsschulen der *Shi'a* gibt es bei *tatliq* nur einen einzigen Grund, warum ein Gericht der Scheidung zustimmen muss, nämlich nur, wenn der Ehemann impotent ist. Andere islamische Rechtsschulen geben auch eine Vielzahl von anderen

Gründen an, unter denen die Frau die Scheidung beantragen kann (vgl. Mir-Hosseini 2000:39).

Ein weiteres Scheidungsverfahren, welches gerichtliche Macht benötigt, ist *faskh*. Hierbei handelt es sich um die Annullierung der Ehe im Falle einer Nichterfüllung von Bestandteilen des Ehevertrages. In diesem Fall kann die Annullierung der Ehe von dem Mann oder der Frau beantragt werden (vgl. Mir-Hosseini 2000:40).

Ein anderes Scheidungsverfahren, welches in der westlichen Welt auf viel Kritik stößt, ist die Verstoßung der Frau durch den Mann, die so genannte *talaq*. Dieses Verfahren beinhaltet das exklusive Recht des Mannes, seine Frau ohne Angabe von Gründen zu verstoßen. Er muss dafür nur die so genannte *talaq*-Formel aussprechen. Die Scharia beinhaltet zwei verschiedene Formen für *talaq*. Bei der regulären Form muss der Ehemann die *talaq*-Formel aussprechen, während seine Frau „rein" ist, d.h. wenn sie keine Menstruation hat. Wenn danach keine sexuellen Handlungen zwischen den Eheleuten stattfinden, ist nach den folgenden drei Menstruationszyklen der Frau die Scheidung vollzogen. Während der Wartezeit, bis die Ehe endgültig geschieden ist, hat der Mann jederzeit das Recht, die *talaq*-Formel zurück zu nehmen und die Scheidung somit aufzuheben. Die zweite irreguläre Form der *talaq*-Scheidung verstößt im Grunde gegen die Anweisungen des Korans, wird aber in einigen Ländern trotzdem vollzogen. Hier muss der Ehemann die *talaq*-Formel, in einer Phase in der seine Frau keine Menstruation hat, dreimal hintereinander aussprechen, damit die Scheidung vollzogen ist. Es gibt dabei keine Wartezeit, d.h. der Mann kann seine Frau sofort verstoßen. Die *talaq*-Scheidung wurde in einigen Ländern reformiert und dadurch für den Mann erschwert. In anderen Ländern, z.B. in Tunesien, wurde sie vollständig durch eine gerichtliche Scheidung ersetzt (vgl. Marx 2005:19).

Eine weitere Möglichkeit der Scheidung ist *kuhl*. Hier kann die Frau ohne die Zustimmung ihres Mannes die Scheidung beantragen. Sie muss sich in diesem Fall allerdings aus der Ehe frei kaufen. In den meisten Fällen muss die Frau dann auf ihre Morgengabe verzichten bzw. sie zurückgeben, und sie kann keinen Anspruch auf finanzielle Ansprüche erheben.

Wie man an den verschiedenen Scheidungsverfahren des islamischen Rechts sieht, ist die Einleitung eines Scheidungsverfahrens für Frauen wesentlich schwieriger als für Männer und kann in den meisten Fällen auch nur unter erheblichen finanziellen Einbußen für die Frau vollzogen werden.

5. Rechtliche Freiräume der Frauen

Trotz der offensichtlichen Ungleichbehandlung von Mann und Frau in den islamischen Ländern durch die Scharia sind die Frauen nicht vollkommen hilflos. Es gibt verschiedene Möglichkeiten und Verfahren, wie Frauen an mehr Rechte gelangen. Auf zwei Möglichkeiten möchte ich an dieser Stelle näher eingehen.

Zum Beispiel gibt es die Möglichkeit, vor der Eheschließung einen Ehevertrag aufzusetzen, in dem verschiedene Vereinbarungen zu Gunsten der Frau getroffen werden können. In so einem Vertrag wird z.b. die Höhe der *Mahr* festgelegt oder es können der Frau verschiedene Rechte eingeräumt werden, wie z.b. das Recht, einem Beruf nachzugehen oder zu reisen. Außerdem kann in einem Ehevertrag vereinbart werden, dass eine weitere Heirat des Mannes ein Scheidungsgrund sein kann. Des Weiteren können Versorgungsleistungen vereinbart werden, sowie eine Mitbestimmung der Frau über den Ort des gemeinsamen Wohnsitzes. So ein Ehevertrag ist für die Frau eine gute Möglichkeit, ihre Rechte in der Ehe zu erweitern und dem Mann auf rechtlicher Ebene nach islamischen Gesetzen gleichwertiger zu werden.

Eine andere Möglichkeit zur Erweiterung der Rechte und Freiräume für Frauen bietet sich mit der Modernisierung der Gesetzgebung. So wurde z.b. im iranischen *Family Protection Law* von 1967 die *talaq*-Scheidung abgeschafft. Seit dieser Reformierung der Familiengesetzgebung können Ehen im Iran nur noch geschieden werden, wenn sie eine gerichtliche Instanz durchlaufen haben, was das Scheidungsverfahren für Männer erheblich erschwert. Seither beinhaltet jeder Ehevertrag bestimmte Bedingungen, unter denen eine Scheidung stattfinden darf. Um damit nicht vollkommen gegen die Gesetze des Korans zu verstoßen, welche Scheidung als alleiniges Recht des Mannes vorsieht, hat der Mann die freie Wahl, ob er diese Bedingungen akzeptiert. Die gesamten Bedingungen werden erst gültig, wenn die Unterschrift des Mannes unter jeder einzelnen Klausel steht, womit er das Recht erhält,

Bedingungen nicht zu unterzeichnen, die er für inakzeptabel hält (vgl. Mir-Hosseini 2000:54ff).

Eine beeindruckende Reform der Familiengesetzgebung gelang 2003 in Marokko. Mit der Reformierung der *Moudawana* wurde praktisch eine Gleichstellung von Mann und Frau kodifiziert. In der aktuellen *Moudawana* gilt der Mann nicht mehr als Oberhaupt der Familie, und man hat sich von vielen diskriminierenden Vorschriften der Scharia distanziert. Männer und Frauen in Marokko haben nun gleiche Rechte und Pflichten innerhalb der Familie. So wurde die Gehorsamkeitspflicht der Frau gegenüber dem Mann aufgehoben, Frauen können ihren Ehemann frei wählen und unterstehen nicht mehr dem Ehevormund. Die *talaq*-Scheidung wurde abgeschafft und Polygamie des Mannes ist nur noch unter restriktiven Bedingungen und nur noch mit richterlicher Genehmigung möglich. Entscheidend für die Reformen in Marokko waren der weite Interpretationsrahmen des Korans, der es ermöglichte, alle Gleichberechtigungsregeln innerhalb des islamischen Systems zu lokalisieren, die Rolle des Königs als weltliches und religiöses Oberhaupt, sowie eine starke Frauen- und Menschenrechtsbewegung (vgl. Marx 2005:22f).

Außerdem gibt es noch einige andere Mechanismen, mit denen sich muslimische Frauen ihre Rechte erkämpfen können. Diese möchte ich an dieser Stelle jedoch nicht weiter erläutern, da es den Rahmen meiner Arbeit sprengen würde.

6. Schlussfolgerung

Wie man anhand meiner Arbeit gut sehen kann, sind das islamische Recht im Allgemeinen und im Besonderen das Familienrecht als zentrales Element der Scharia vom dominanten männlichen Familienoberhaupt geprägt. Dadurch kommt es zu einer signifikanten Ungleichbehandlung der Geschlechter innerhalb der islamischen Gesellschaft. Durch die unterschiedliche Auslegung der Koranverse ist es recht schwierig, einen objektiven Blick auf Familienrechtsfragen zu bekommen. Warum gilt etwas für Frauen verboten und ist aber gleichzeitig für Männer erlaubt, wenn es doch laut dem Koran für Frauen wie für Männer verboten ist? Für mich stellt sich hier die Frage nach der Willkür der Entscheidungen. Da in den meisten Fällen Männer über Rechtsfragen entscheiden, ist es auch nicht verwunderlich, dass der Koran von Männern für Männer interpretiert wird. Die Leittragenden sind in diesem Fall die Frauen. Doch wie meine Arbeit gezeigt hat, gibt es verschiedene Strategien, wie Frauen sich ihre Rechte erstreiten können. Eheverträge erweisen sich hierbei als sehr wirkungsvoll, aber allem voran steht als bestes Mittel zur Verbesserung der rechtlichen Situation der muslimischen Frauen die Modernisierung der Gesetzgebung. Wie sich am Beispiel von Marokko gezeigt hat, kann diese Modernisierung nur verwirklicht werden, wenn verschiedene Faktoren ineinander greifen. Im Falle von Marokko gehörte eine starke Frauen- und Menschenrechtsbewegung auf jeden Fall dazu. Doch in vielen Fällen wird solchen Bewegungen ein westlicher Einfluss und somit die Abkehr von religiösen Wertvorstellungen und damit von Gott vorgeworfen. Der Zwiespalt wird also immer sein, wie Frauen sich ihre Rechte erkämpfen können, ohne als Gottesverräterinnen zu gelten.

Literaturverzeichnis

Büchler, Andrea 2003: *Das islamische Familienrecht. Eine Annäherung.* Stämpfli Verlag, Bern.

Marx, Ansgar 2005: *Familie und Recht im Islam – Zwischen Tradition und Moderne.* Eine Veröffentlichung des Instituts für angewandte Rechts- und Sozialforschung der FH Braunschweig. Zugriff unter: www.fh-wolfenbuettel.de/cms/de/afb/download/ber ichtmarx-islam-2005.pdf (Zugriff am 16.08.2006)

Mir-Hosseini, Ziba 2000: *Marriage on trial. A study of Islamic family law.* I.B. Taurus Publishers, London

Schirrmacher, Christine 2005: *Frauen unter der Scharia. Strafrecht und Familienrecht im Islam.* Eine Veröffentlichung der Internationalen Gesellschaft für Menschenrechte IGFM. Zugriff unter: www.igfm.de/fileadmin/igfm.de/pdf/Publikationen/ Dokumentationen/IGFM_Frauen_unter_der_Scharia_2005.pdf (Zugriff am 16.08.2006)

Ehe zwischen Sexualität und Ökonomie – Überlegungen zur Shari'a und der aus ihr resultierenden Konzeption und Regelung der Ehe

Florian Holzknecht[1]

Zusammenfassung: Der vorliegende Aufsatz befasst sich mit der Familiengesetzgebung in islamischen Ländern am Beispiel vom Iran und von Marokko. Auf der Grundlage des Textes „Marriage on Trial" von Ziba Mir-Hosseini werden einführend die Grundzüge der Shari'a beleuchtet und die ihr zu Grunde liegenden Texte diskutiert. Im Fokus der Betrachtungen liegt die Vereinbarkeit der Shari'a mit einem modernen Nationalstaat bzw. mit modernen Rechtskodizies. Dabei wird ein besonderes Augenmerk auf die Konzeption der Ehe und ihre Aushandlungsprozesse gelegt, in deren Mittelpunkt die Familie steht.

Schlüsselwörter: Islam. Shari'a. Ehe. Familie. Sexualität. Familiengesetzgebung.

1. Einleitung

In dem Buch „Marriage on trial. A study of Islamic family law" analysiert die iranische Wissenschaftlerin Ziba Mir-Hosseini die Familiengesetzgebung im Iran und Marokko. Dabei liegt ihr

---

[1] Florian Holzknecht studierte von 1999-2006 Erziehungswissenschaften (1. HF) und Gender Studies (2. HF) an der Humboldt-Universität zu Berlin. Er absolvierte ein Erasmusjahr von 2001-2002 in Granada, Spanien. Die Abgabe dieses Beitrags erfolgte im 10. Fachsemester. Seine Schwerpunkte im Studium waren aus erziehungswissenschaftlicher Perspektive Historische Schulforschung, kritische Betrachtung der Schule als gesellschaftliche Institution (Foucault, Luhmann, Bourdieu) und mögliche Alternativen zur Schule (radikale Schulkritik). Seine Magisterarbeit schrieb er zu radikaler Schulkritik in Hamburg in den 1920er Jahren. In Gender Studies interessierten ihn v.a. historische und kulturwissenschaftliche Forschungen zu Gender und Sexualität sowie die Gender-Problematik in post-kolonialen Kontexten.

Analysefokus nicht auf der formalen Ausgestaltung von Gesetzen und eventueller Unterschiede zwischen den zwei Ländern, sondern viel mehr auf der Art und Weise, wie in Streit geratene Ehepaare die Gesetze wahrnehmen, (um-)interpretieren und zur Verteidigung ihrer Position in den Auseinandersetzungen heranziehen. Diese Studie diente mir als Materialgrundlage für einen Beitrag über „Ehe und Familiengesetzgebung im islamischen Recht", welchen ich im Kontext eines Seminars über Geschlechterarrangements in islamischen Ländern vorgestellt habe. Die vorliegende Arbeit stellt die schriftliche Ausführung und Weiterbearbeitung des dargestellten Themas dar.

Zwei Themenkomplexe stehen im Mittelpunkt der Arbeit: zum einen das islamische Recht, die Shari'a, und zum anderen die Konzeption von Heirat und Ehe in der Shari'a.

Im ersten Teil der Arbeit geht es zunächst darum, in die Grundlagen und Funktionsweisen der Shari'a einzuführen und so eine Basis für das Verständnis des zweiten Themenkomplexes zu schaffen. Im Abschnitt 2.1. wird der Begriff *Shari'a* erläutert, was gleichzeitig auch schon einiges über die Denkweise und Weltanschauung aussagt, welche die Shari'a impliziert. Im Abschnitt 2.2. erfolgt dann die Darstellung der historischen Grundlagen und der Texte, auf welchen die Shari'a basiert. Wie aus den religiösen Texten ein Komplex von juristischen Schriften entstanden ist und mit welchen Methoden im islamischen Recht gearbeitet wird, ist Thema des dritten Abschnittes (2.3.). In den darauf folgenden zwei Abschnitten geht es um die Entwicklung und Veränderung der Shari'a im historischen Prozess, hauptsächlich seit dem Beginn der Moderne. In Abschnitt 2.4. werden die Auswirkungen der Entstehung moderner Nationalstaaten auf die Shari'a beleuchtet und in Abschnitt 2.5. das Verhältnis von Shari'a und modernen Rechtssystemen untersucht.

Der zweite Themenkomplex behandelt die Konzeption und die rechtlichen Regelungen bezüglich der Ehe in der Shari'a. Nach einer Einführung in die Thematik folgt in Abschnitt 3.1. die Erörterung zur Ehe und Sexualität. In diesem Zusammenhang wird auch auf die Sonderform der *Ehe auf Zeit* eingegangen (3.2.). Im darauf folgenden Abschnitt 3.3. wird die Ehe in ihrer Funktion als verhandelbarer Vertrag zwischen zwei Parteien untersucht und der Abschnitt 3.4. behandelt schließlich die

Regelungen bezüglich der Scheidung einer Ehe und daraus resultierende Problematiken.

In dem abschließenden Abschnitt 4. geht es darum, aus den vorangegangenen Überlegungen zur Shari'a und deren Umgang mit der Institution Ehe einige Schlussfolgerungen zu ziehen und sie auf dem allgemeineren Niveau des Verhältnisses von Recht und Gesellschaft zu reflektieren.

2. Die Shari'a

Die Shari'a ist das so genannte *islamische Gesetz* und ein zentrales Thema in gesellschaftlichen Diskursen, sei es innerhalb von islamisch geprägten Gesellschaften als auch für die Perspektiven von außen auf diese. Es gibt im Islam keine Inkarnation Gottes, so wie es sie im Christentum mit Jesus gibt.

„Gott hat nicht sich und Sein Wesen geoffenbart, sondern vielmehr Sein Gesetz." (Ruthven 2000:103)

Damit nimmt dieses göttliche Gesetz, die Shari'a, eine herausragende Stellung im islamischen Glauben ein. Doch das Wort Gesetz kann in diesem Zusammenhang, vor allem aus einem europäischen Gesetzesverständnis heraus, leicht zu einer inadäquaten Sicht und Beurteilung der Shari'a führen. Diese beinhaltet nämlich weit mehr als Gesetze im rein juristischen Sinne, die das Verhältnis der Mitglieder einer Gesellschaft zueinander (privates Recht) und das Verhältnis der Gesellschaftsmitglieder zum Staat oder einer anderen Autorität (öffentliches Recht) regeln. Neben solchen Gesetzen, die Erlaubtes von Verbotenem unterscheiden, enthält die Shari'a eine Vielzahl von religiösen und ethischen Grundsätzen, lebensweltlichen und rituellen Regeln, Sitten und Gebräuchen, die über die rein juristische Bedeutung von Gesetz weit hinausgehen. Dies gilt es, sich zu vergegenwärtigen und näher zu untersuchen, will man nicht die eigenen Vorstellungen von dem, was ein Gesetzessystem ist und wie es funktioniert, auf eine andere Gesellschaft projizieren.

Um eine angemessene Betrachtung der Shari'a zu unterstützen, sollen deshalb im Folgenden kurz deren Grundlagen und Ausformungen, deren Beziehung zu modernen Rechtssystemen und deren Entwicklung in den Nationalstaaten dargestellt werden.

2.1. Der Begriff *Shari'a*

Der Begriff *Shari'a* bedeutet wörtlich übersetzt „der richtige Weg" (Mir-Hosseini 1993:1) oder „der Weg zur Wasserstelle" (Ruthven 2000:103). Die Shari'a zeichnet demzufolge den Gläubigen einen Weg vor, wie sie ihr Leben in Einklang mit den göttlichen Prinzipien führen und schließlich zur Erlösung gelangen können. Diesen Aspekt der Shari'a könnte man als den *göttlichen* oder *religiösen* Aspekt bezeichnen, da er sich nicht bloß auf das Leben der Menschen im Diesseits, sondern auch auf das Jenseits bezieht. Dem entspricht auch der zeitlose und absolute Charakter, den die Shari'a als eine *göttliche Offenbarung* besitzt. Andererseits hat die Shari'a auch einen weltlichen und zeitlichen Aspekt, und zwar indem sie einerseits das Zusammenleben der Menschen auf Erden regelt und andererseits selbst ein Produkt Jahrhunderte langer menschlicher Rechtswissenschaft und Rechtssprechung ist, wie ich im Folgenden noch erläutern werde. Diese zwei Seiten der Shari'a stellen nicht zwei klar voneinander abgetrennte Bereiche in einem Gesetzessystem dar, sondern sind vielmehr als zwei unterschiedliche Aspekte eines Gegenstandes mit oft unscharfen oder verwischten Grenzen zu verstehen (vgl. Mir-Hosseini 1993:1).

2.2. Die Grundlagen der Shari'a

Die wichtigsten Grundlagen der Shari'a sind zum einen der Koran, das heilige Buch des Islam, und zum anderen die Sunna (Aussprüche und Gewohnheiten) des Propheten Mohammed.

„Als direktes und nicht vermitteltes Wort ist der Koran die hauptsächliche Rechtsquelle des Islam." (Ruthven 2000:106)

Er wird von den meisten Muslimen als das unerschaffene, offenbarte Wort Gottes angesehen, welches keinen geschichtlichen Veränderungen unterliegt und absolute Gültigkeit besitzt

Ehe zwischen Sexualität und Ökonomie

(vgl. Schimmel 1991:9ff; Ruthven 2000:39ff). Dadurch, dass die Shari'a auf den Koran zurückgeht und somit den Willen Gottes repräsentiert, trägt auch sie diesen zeitlosen und absoluten Charakter. Allerdings stellen nur ein kleiner Teil, etwa 10 Prozent der im Koran enthaltenen Verse explizite Ver- oder Gebote dar, aus denen sich religiöse oder weltliche Gesetze ableiten lassen (vgl. Ruthven 2000:106).

Eine quantitativ weit größere Fülle an juristisch verwendbaren Aussagen beinhaltet die Sunna des Propheten, welche in der Hadith-Literatur enthalten ist. Hadithe sind kurze, sprichwortartige Texte, die vorbildhafte Aussprüche, Gewohnheiten, Taten und Unterlassungen des Propheten wiedergeben. Die Originalität und Richtigkeit dieser Hadithe wird anhand von Überlieferungsketten belegt, wobei die Ehrbarkeit der Überlieferer eine wichtige Rolle spielt. Viele Hadithe widersprechen sich jedoch, so dass man je nach Auswahl und Überlieferungstradition zu unterschiedlichen Ansichten darüber kommen kann, was erlaubt und was verboten ist.

Der Koran und die Hadithe bilden die zwei wichtigsten Grundlagen der Shari'a, doch beide Textkörper stellen keine eigentliche juristische Textgrundlage dar, welche als Ausgangspunkt für die Rechtsprechung ausreichend wäre. Zur Schaffung einer derartigen Grundlage bedarf es der menschlichen Aktivität.

2.3. *Fiqh* und *ijtihad*

Die juristische Literatur, welche die im Koran und den Hadithen enthaltenen Regeln ergründet und ergänzt, wird als *fiqh* bezeichnet. Wörtlich bedeutet dies *Verstehen* oder *Wissen*, wird aber auch oft mit dem eher technischen Begriff *Rechtsgelehrtheit* übersetzt (vgl. Ruthven 2000:105). Das Wissen, welches mit *fiqh* angesprochen ist, ist das Wissen um das göttliche Gesetz, das vollkommene Ergründen und Verstehen der offenbarten Regeln. Ziel jeglichen Rechtsstudiums ist es, *fiqh* zu erlangen, und der Weg dahin, die Anstrengung, die ein Mensch vollbringen muss, wird als *ijtihad* bezeichnet. Das Wort *ijtihad* besitzt dieselbe Wortwurzel wie *jihad*, was *Kampf* oder *Anstrengung* bedeutet. *Ijtihad* kann somit als „der Kampf um die Wahrheit" (Ruthven 2000:114) bezeichnet werden.

Abgesehen vom Studium und der Interpretation des Korans und der Hadithe gibt es noch weitere Grundlagen für juristische Entscheidungen. Eine davon ist *qiyas*, der Analogieschluss. Durch die systematische Anwendung logischer Ableitungen werden dabei Entscheidungsgrundlagen für Situationen gefunden, für die sich im Koran und in der Sunna keine Hinweise finden.

Eine weitere ist *ijma*, was soviel wie *Übereinstimmung* bedeutet. Diese geht auf ein Hadith des Propheten zurück, welches besagt: „Meine Gemeinde wird nie in einem Irrtum übereinstimmen" (Ruthven 2000:116). Zu verschiedenen Zeiten bezog sich diese Form der Konsensentscheidung entweder auf die Übereinstimmung von Rechtsgelehrten oder auf jene einer ganzen Gemeinde, verlor aber im allgemeinen mit der Zeit und der immer weiteren Ausbreitung und Ausdifferenzierung des Islam an Bedeutung.

Das menschliche Streben nach Entscheidungsgrundlagen hatte im geschichtlichen Verlauf und je nach Ausrichtung des Islam sehr unterschiedliche Gewichtungen. Im sunnitischen Islam bildete sich eine Doktrin heraus, nach welcher *ijtihad* offiziell ab dem dritten Jahrhundert der islamischen Zeitrechnung (dem 10. Jahrhundert der christlichen) an Bedeutung verlor und eher durch die Praktik des *taqlid*, der Nachahmung von anerkannten Rechtsgelehrten abgelöst wurde. Im schiitischen Islam hingegen, und faktisch auch in der Praxis des sunnitischen Islam wurde *ijtihad* weiterhin praktiziert.

Zusammenfassend kann man festhalten, dass islamisches Recht durch zwei unterschiedliche Dimensionen gekennzeichnet ist. Einerseits stellt die Shari'a ein Ideal dar und besitzt als offenbartes göttliches Gesetz absolute Gültigkeit, wird also nicht durch den geschichtlichen Prozess relativiert. Andererseits ist *fiqh* ein integraler Bestandteil des islamischen Rechts, welcher sich als ein Ergebnis Jahrhunderte langer menschlicher Aktivität verändert und weiterentwickelt und auf sich wandelnde soziale Gegebenheiten reagiert. Mir erscheint es wichtig, diese zwei Dimensionen des islamischen Rechts, welche oft nicht voneinander unterschieden werden, im Auge zu behalten. Ansonsten entwickelt man leicht das einseitige und undifferenzierte Bild der Shari'a als ein sich dem menschlichen Einfluss und dem geschichtlichen Verlauf entziehendes Dogma, so wie man es in zeitgenössischen westlichen Darstellungen viel zu oft antrifft.

2.4. Die Shari'a und moderne Nationalstaaten

Im Zuge der Entstehung moderner souveräner Nationalstaaten im 19. und 20. Jahrhundert kam es zu starken Veränderungen im Umgang mit islamischem Recht. Die Ausbildung eigenständiger Nationalstaaten und die Modernisierung bestehender Staatswesen waren geprägt durch westliche Staats- und Rechtstheorien, und folglich kam es zu einer teilweisen Säkularisierung des Rechts. Mir-Hosseini beschreibt für die Entwicklung der Rechtssysteme in den entstehenden Nationalstaaten drei charakteristische Wege: 1. Das islamische Recht wurde komplett aufgegeben und man orientierte sich bei der Schaffung eines säkularen Rechtssystems an westlichen Modellen. 2. Islamisches Recht wurde in vielen Bereichen zu Gunsten westlich geprägter Rechtssysteme aufgegeben und nur in einigen Bereichen, vorwiegend dem Familien- und Erbrecht beibehalten. 3. Islamisches Recht galt weiterhin als Grundlage für beinahe alle Rechtsgebiete. Laut Mir-Hosseini schlugen die meisten Staaten den mittleren Weg ein und nur wenige schafften das islamische Recht vollkommen ab (z.B. die Türkei) oder behielten es für die meisten Bereiche bei (z.B. Saudi Arabien) (vgl. Mir-Hosseini 1993:7ff).

Es lassen sich mehrere Gründe dafür finden, wieso gerade für das Familien- und das Erbrecht in vielen Staaten die Shari'a als Grundlage beibehalten wurde. Einerseits sind dies Rechtsgebiete, für die es im Koran viele Textstellen gibt und folglich waren es auch die am meisten entwickelten in der islamischen Rechtswissenschaft. Andererseits wurde aus westlichen Diskursen die Trennung in private und öffentliche Angelegenheiten und Rechtsgebiete übernommen, und das Familienrecht galt – dem Privaten zugeordnet – als politisch nicht so relevant. Allgemein muss man die Reformierung und teilweise Säkularisierung des Rechtswesens als einen Aushandlungsprozess zwischen eher traditionell-konservativen Kräften einerseits und eher liberal-progressiven andererseits in den einzelnen Ländern ansehen. Um keine offenen Konfrontationen und allzu großen Auseinandersetzungen herauszufordern, wurden deshalb oft bestimmte Rechtsgebiete den traditionellen Rechtsgelehrten überlassen, um im Gegenzug grundsätzliche Veränderungen vor allem auf der Ebene der politischen Organisation durchführen zu können (vgl. Mir-Hosseini 1993:10). Bis in die 70er Jahre des 20. Jahrhunderts ließ sich ein Trend zur zunehmenden Säkularisierung des Rechts beobachten, während es dann in den 80er und 90er Jahren verschiedene Beispiele gab, in welchen die Shari'a wieder als Grundlage für die meisten Rechtsgebiete herangezogen wurde. Dies geschah z.B. im Iran nach der islamischen Revolution 1978/79 und im Sudan nach 1983.

Doch auch wenn die Shari'a für bestimmte Rechtsgebiete weiterhin an Gültigkeit besaß und noch immer besitzt, bedeutet dies keinesfalls, dass die Entstehung moderner Nationalstaaten mit ihren Rechtssystemen und vor allem die Kodifizierung des Rechts keine Veränderung für diese Rechtsgebiete gebracht hätte. Dies wird deutlich, wenn man das Verhältnis von Shari'a und modernen Rechtscodexen genauer betrachtet.

2.5. Shari'a und moderne Rechtscodexe

Wie bereits erwähnt, besteht die Shari'a nicht nur aus Gesetzen in einem rein juristischen Sinne, sondern enthält auch eine Vielzahl von religiösen und ethischen Grundsätzen, lebensweltlichen und rituellen Regeln, Sitten und Gebräuchen. Islamische Rechtsgelehrte begannen schon früh zu unterscheiden zwischen solchen Regeln, die das Verhältnis zwischen einem oder einer Gläubigen und Gott, und solchen, die das Verhältnis der Mitglieder einer Gesellschaft zueinander regeln. Die Regeln der ersten Art, welche als *ibadat* (ritual acts) (vgl. Mir-Hosseini 1993:9) bezeichnet werden, betreffen ausschließlich das Verhältnis zwischen einem Menschen und Gott und sind somit nicht Gegenstand von weltlichen Gerichten. Nur die zweite Kategorie der Regeln, welche als *muamilat* (contracts) bezeichnet werden, spielt vor menschlichen Gerichten eine Rolle. Zusätzlich wurden die Handlungen der Menschen von den Rechtsgelehrten in zwei Kategorien unterteilt: solche, die erlaubt (*halal*) und andere, die verboten (*haram*) sind. Die erlaubten Handlungen wurden weiter in vier Unterkategorien unterteilt: 1. Pflichten (*wajib*), 2. empfohlene, jedoch nicht obligatorische Handlungen (*mustahab*), 3. neutrale Handlungen (*mubah*), 4. verpönte, jedoch nicht verbotene Handlungen (*makruh*) (vgl. Mir-Hosseini 1993:9; Ruthven 2000:118ff).

Moderne Rechtskodexe funktionieren im Unterschied zur Shari'a auf Basis eines dualen Codes: erlaubt / nicht erlaubt, gesetzeskonform / gesetzeswidrig. Demzufolge können nur solche Regeln der Shari'a in moderne Rechtskodexe aufgenommen oder *übersetzt* werden, die sich auf explizite Verbote (*haram*) oder Pflichten (*wajib*) beziehen. Alle anderen, die z.B. Empfehlungen oder moralisch verwerfliche Handlungen betreffen, sind für modernes Recht nicht relevant. In modernen Rechtstheorien gibt es eine strikte und klare Trennung zwischen Ethik und Recht, während diese Grenze in der Shari'a fließend und keineswegs so klar gezogen ist. Mir-Hosseini schreibt, dass man die Shari'a aus einer bestimmten Perspektive sogar eher als ein ethisches denn als ein rechtliches System ansehen kann (vgl. Mir-Hosseini 1993:11).

Ein weiterer wichtiger Unterschied zwischen der Shari'a und modernen Rechtssystemen ist, dass die Shari'a klassischerweise nicht mit einem staatlichen Machtmonopol verbunden war, wie es in den heutigen Nationalstaaten der Fall ist. Die Rolle der Sharia-Gerichte bestand nicht so sehr darin, das Machtmonopol eines Staates durchzusetzen. Vielmehr war es deren Aufgabe, Handlungsgrundsätze und Richtlinien für die Gläubigen aufzuzeigen, deren Befolgung nicht durch die Macht einer Autorität erzwungen wurde, sondern eher aus dem Glauben an Gott und der Akzeptanz seines Gesetzes entsprang. Gerichtsverhandlungen dienten folglich weniger zum Fällen bindender Entscheidungen, sondern eher der Schaffung einer neuen Grundlage, auf der die Streitparteien eigenständig zu einer Lösung des Problems kommen können (vgl. Mir-Hosseini 1993:11u.14; Ruthven 2000:120).

Zusammenfassend lässt sich sagen, dass die Shari'a nach wie vor in fast allen muslimischen Ländern (außer der Türkei) die Grundlage für das Familienrecht bildet. Doch im Zuge der Entstehung moderner Nationalstaaten hat die Kodifizierung des Rechts und das neue Verhältnis zwischen Staat und Rechtswesen zu wesentlichen Veränderungen geführt, sei es auf der inhaltlichen Ebene des Rechts als auch auf der Ausführungs- und Anwendungsebene. Das Ergebnis dieser Entwicklung ist, dass das Familienrecht in den muslimischen Staaten heute meistens eine Mischung aus Shari'a und modernen Rechtskodexen darstellt.

3. Die Konzeption der Ehe im Islam und in der Shari'a

In dem nächsten Teil geht es nun um eine Darstellung der Konzeption und der rechtlichen Regelungen der Ehe in der Shari'a, welche auch heute noch in islamisch geprägten Staaten eine wichtige Rolle spielen.

Die Ehe stellt im Islam kein Sakrament dar, so wie sie dies im Christentum tut, sondern einen Vertrag. Der Ehevertrag ist eine der sehr wenigen rechtlichen Regelungen, die die grundsätzliche Unterscheidung zwischen *ibadat* und *muamilat* (siehe 2.5) überschreiten und beiden Dimensionen zugehörig sind. Den Zweck der Ehe beschreibt Mir-Hosseini folgendermaßen:

„[...] marriage is seen as a contract whose main function is to render sexual relations between a man and a woman licit." (Mir-Hosseini 1993:31)

Damit ist die religiös-moralische Dimension der Ehe (*ibadat*) angesprochen, denn die Ehe bietet den einzigen moralisch legitimen Rahmen für sexuelle Kontakte zwischen Männern und Frauen. Die zwischenmenschliche oder gesellschaftliche Dimension des Ehevertrags (*muamalat*) besteht darin, dass er ein zu verhandelnder Vertrag zwischen zwei Menschen oder Familien ist und bestimmte Rechten und Pflichten für beide Seiten festlegt (vgl. Mir-Hosseini 1993:32).

Es gibt in der Shari'a zwar keinen expliziten Zwang zum Eingehen einer Ehe, verschiedene Hadithe bringen jedoch ein Heiratsgebot zum Ausdruck, und gesellschaftliche und religiöse Gebräuche lassen den jungen Menschen faktisch kaum eine andere Wahl. Folgendes Hadith von Al Bukharis besagt:

Ehe zwischen Sexualität und Ökonomie

„Junge Männer: Diejenigen unter euch, die eine Frau ernähren können, sollten heiraten, denn es hindert euch daran, die Frauen anzuschauen, und bewahrt eure Keuschheit." (Ruthven 2000:135)

Und ein weiteres:

„Wer gegen meine Sunna [den rechten Weg] ist, der gehört nicht zu mir. Zu meiner Sunna aber gehört das Heiraten. Wer also mich liebt, der befolge meine Sunna." (Ghazali 1917:5; Chebel 1997:98)

Die Shari'a kennt außerdem zwei unterschiedliche Kategorien von Ledigen: solche, die heiraten können, aber nicht wollen, und solche, die heiraten wollen, aber nicht können. Während die letzteren respektiert und unterstützt werden, werden die ersteren verurteilt (vgl. Chebel 1997:101).

3.1. Ehe und Sexualität

Schon aus dieser ersten Annäherung an die islamische Vorstellung von der Ehe wird der zentrale Zusammenhang zwischen Ehe und Sexualität erkennbar. Wie bereits erwähnt, bildet im Islam die Ehe den einzigen legitimen Rahmen für (hetero-)sexuelle Beziehungen[2]. Die gegenseitige sexuelle Befriedigung der Ehepartner ist dabei nicht etwa ein tolerierbares Übel, sondern ein explizites eheliches Gebot. Es soll den Ehepartnern die Freuden der Sexualität bescheren und sie gleichzeitig vor der Versuchung schützen, außereheliche Sexualkontakte zur Befriedigung ihrer Begierden einzugehen (vgl. Mernissi 1987:50ff).

Sexualität wird als eine Kraft angesehen, die dem Menschen in der Schöpfung durch Gott verliehen wurde, und die an sich weder gut noch schlecht ist. Erst die Art des Umgangs mit dieser Kraft, sprich die Art, wie Sexualität ausgelebt wird, macht sie zu

---

[2] Es liegt an dieser Stelle nahe, sich die Frage nach der Legitimität von homosexuellen Beziehungen im Islam zu stellen. Dieses wichtige und schwierige Thema bedarf jedoch einer eingehenden Auseinandersetzung, die ich im Rahmen dieser Arbeit nicht leisten kann, die aber u. a. in Beiträgen von Dr. Parto Teherani-Krönner verhandelt werden.

einer die Gesellschaft und dessen Ordnung erhaltenden oder gefährdenden Kraft (vgl. Mernissi 1987:7ff.). Gefährlich und bedrohlich für eine Gesellschaft erscheint eine ausschweifende und unkontrollierte Sexualität. Laut Fatima Mernissi gilt vor allem die aktive weibliche Sexualität als besonders gefährlich und zerstörerisch, da sie durch ihre Unwiderstehlichkeit Chaos und Unordnung (*fitna*) anrichten kann und somit eine potentielle Gefahr für die gesellschaftliche Ordnung darstellt. Aus dieser Sicht der weiblichen Sexualität leitet Mernissi auch den Grund für die strikte Geschlechtertrennung und die Überwachung und Ausgrenzung von Frauen in islamischen Gesellschaften ab (vgl. Mernissi 1987:11ff).

Als förderlich für die gesellschaftliche Ordnung wird hingegen eine kontrollierte, innerhalb der Ehe stattfindende Sexualität angesehen. Sie sichert einerseits die Fortpflanzung und somit den Fortbestand der Menschheit auf Erden und befriedigt andererseits die sexuellen Bedürfnisse der Menschen, was wiederum *zina* (also jeglicher illegitimer sexueller Beziehung) entgegenwirkt. Außerdem wird im Islam Sexualität als etwas Positives angesehen, weil die sexuellen Freuden und Wonnen dem Menschen schon auf Erden einen Vorgeschmack der Wonnen des Paradieses liefern und ihn somit ermutigen, danach zu streben (vgl. Mernissi 1987:29ff).

Wegen den genannten auf das Dies- und Jenseits bezogenen positiven Aspekten der Sexualität ist im Islam auch die Askese oder sexuelle Enthaltsamkeit nicht etwa ein anzustrebendes Ziel, sondern viel eher verachtet und verpönt. Demzufolge gibt es auch kein Mönchstum und keinen Zölibat, so wie sie es im Christentum gibt (vgl. Ruthven 2000:138ff).

Die Sichtweise der Befriedigung der sexuellen Begierden der Menschen als eine soziale Notwendigkeit führte auch zum Entstehen einer Institution, die als *Ehe auf Zeit* bezeichnet wird.

3.2. Die Ehe auf Zeit

Im schiitischen Islam existiert eine Sonderform der Ehe, welche als *muta* oder *sigha* bezeichnet wird. Nach Mir-Hosseini handelt es sich dabei um ein „marriage of pleasure" (Mir-Hosseini

1993:164), deren hauptsächliche Funktion die Befriedigung sexueller Bedürfnisse ist. Die Ehe auf Zeit hat eine festgelegte Dauer, welche von einigen Minuten bis zu 99 Jahren variieren kann. Wie bei regulären Ehen spielt auch bei dieser Sonderform die Morgengabe (siehe 3.3) eine zentrale Rolle, andere Rechte und Pflichten der Ehepartner fallen hingegen weg. Alleine die Pflicht auf sexuelle Ergebenheit besteht, da diese ja der eigentliche Sinn dieser Institution ist. Männer können so viele Ehen auf Zeit hintereinander oder gleichzeitig eingehen, wie sie wollen und es sich leisten können. Frauen hingegen müssen sich auf eine beschränken und nach dessen Ablauf theoretisch die Wartezeit von zwei Monaten einhalten, bevor sie eine neue Ehe auf Zeit eingehen. Diese Asymmetrie erweckt den Eindruck, dass nur dem Mann ein Recht auf die Erfüllung seiner sexuellen Bedürfnisse zusteht oder diese zumindest im Vordergrund gegenüber jenen der Frau stehen. Neben der Ehe auf Zeit weist auch die Möglichkeit polygamer Ehen in diese Richtung. Nur für Männer ist es möglich, mehrere Ehefrauen zu haben und für Frauen wäre es ganz undenkbar, mit mehreren Ehemännern sexuelle Beziehungen zu pflegen.

Fatima Mernissi interpretiert diese Ungleichheit als Folge eines patriarchalischen Bruches in der islamischen Auffassung von Sexualität, die an manchen Stellen zwar für Männer und Frauen die Notwendigkeit der sexuellen Befriedigung einräumt, gleichzeitig aber Institutionen hervorbringt, die eindeutig die Männer über die Frauen stellen und ihnen sehr ungleiche Rechte gewähren (vgl. Mernissi 1987:33 ff).

Die unterschiedliche Handhabung und Akzeptanz von Polygamie und von der Ehe auf Zeit in den verschiedenen islamisch geprägten Gesellschaften deutet meiner Ansicht nach darauf hin, dass hier unterschiedliche kulturelle Ausprägungen eines islamischen Verständnisses von Sexualität vorliegen und zu unterschiedlichen gesellschaftlichen Praxen führen. Insofern erscheint es mir auch nicht so sinnvoll, den Umgang mit Geschlecht und Sexualität im Islam grundsätzlich als patriarchalisch zu kritisieren.[3] Eher

---

[3] Eine differenzierte und kritische Analyse des Themenkomplexes „islamisches Patriarchat" findet sich bei: Kandiyoti, Deniz (1991): Islam and Patriarchy: A comparative perspective, in: Keddie, Nikki/ Baron, Beth

finde ich es aufschlussreich, spezifische Entwicklungen und Situationen zu analysieren und so ein dynamisches Bild von Religion und Gesellschaft entstehen zu lassen. Damit würde man auch der Idee der Ehe im Islam eher gerecht werden, da diese als ein Vertrag grundsätzlich auf gesellschaftlichen Aushandlungsprozessen beruht.

3.3. Die Ehe als Vertrag

In der Shari'a ist der Ehevertrag ein Austauschvertrag zwischen zwei Personen, der in seiner Struktur wie der Kaufvertrag gestaltet ist. Der Kaufvertrag wird häufig als Modell für anderweitige Verträge herangezogen und dass dies auch für den Heiratsvertrag der Fall ist, hat nicht zu bedeuten, dass die Ehe als ein Verkauf angesehen wird (vgl. Mir-Hosseini 1993:32ff). Wie jeder Vertrag impliziert auch der Ehevertrag bestimmte formale Elemente und bestimmte Rechte und Pflichten für beide Seiten. Die grundlegenden Bestandteile des Ehevertrages sind der Heiratsantrag von Seiten der Frau oder deren Vormund (*ijab*), die Einwilligung des Mannes (*qabul*) und schließlich das Bezahlen der Morgengabe an die Frau (*mahr* oder *sadaq*). Die Morgengabe ist eine gewisse Summe an Geld oder anderen materiellen Gütern, die während der Ehe im ausschließlichen Besitz der Frau bleiben. Kommt es zu Ehekonflikten oder gar zu einer Scheidung, spielt die Morgengabe meistens eine wichtige Rolle, wie ich im weiteren Verlauf noch zeigen werde. Auch hat die Frau theoretisch das Recht, ihrem Mann jegliche sexuelle Beziehung zu verwehren, solange er ihr nicht die vollständige vertraglich festgelegte Morgengabe bezahlt hat. Dies ist jedoch eher in der Theorie als in der Praxis von Relevanz (vgl. Mir-Hosseini 1993:32f). Als zentraler Bestandteil der Ehe kann über die Morgengabe zwar bezüglich ihrer Form und ihres Umfangs verhandelt werden, eine vollkommene Ausgliederung aus dem Ehevertrag ist jedoch nicht möglich. Indem eine Frau eine Ehe mit einem Mann eingeht und von ihm die Morgengabe erhält, kommt sie unter seine *isma*, was so viel wie Autorität, Kontrolle und Schutz bedeutet (vgl. Mir-

---

(Hrsg.): Women in Middle Eastern history: Shifting boundaries in sex and gender. Yale University Press, New Haven and London. S. 23-41.

Hosseini 1993:33). Der Mann ist das Oberhaupt und der Vorsteher der Familie und als solcher hat er normalerweise bestimmte Rechte in Bezug auf die Aktivitäten der Frau, z.B. inwiefern sie einer Erwerbsarbeit nachgehen oder verreisen darf. Auch die Wahl des Wohnortes ist dem Mann vorbehalten, und er kann von seiner Frau einfordern, mit ihm gemeinsam in einem Haushalt zu leben. Diese genannten Rechte des Mannes sind jedoch verhandelbare Rechte, d.h. sie können im Ehevertrag ausgeweitet oder eingeschränkt werden oder auch ganz wegfallen. Es gibt jedoch ein zentrales Recht der Frau, welches nicht zur Verhandlung steht, und zwar ihre ökonomische Versorgung durch den Ehemann. Als Familienoberhaupt ist der Mann dazu verpflichtet, seine Familie ökonomisch zu versorgen. Wenn die Frau auch erwerbstätig ist und ihre eigenen Einkünfte hat, ist es ihre freie Entscheidung, ob diese in die Ökonomie des Haushaltes mit einfließen oder nicht. Dieses Recht auf Versorgung ist für den Mann eine verbindliche Pflicht und kann für ihn bei ehelichen Konflikten oder ökonomischen Schwierigkeiten zu einem schwerwiegenden Problem werden (vgl. Mir-Hosseini 1993: 128ff). In polygamen Ehen, die in den meisten islamischen Ländern erlaubt sind, ist der Mann außerdem dazu verpflichtet, all seine Frauen gleich zu behandeln und keine zu bevorzugen. Wie Mir-Hosseini anhand ihrer Feldforschungen zeigen konnte, ist die Verletzung der Versorgungs- oder Gleichbehandlungspflicht oft ein Grund für Ehekonflikte und wird von Frauen bei Gericht als Scheidungsgrund vorgebracht (vgl. Mir-Hosseini 1993:41ff).

3.4. Die Scheidung der Ehe

Die Scheidung einer Ehe wird durch die Shari'a nicht verboten, fällt aber in jene Kategorie von Handlungen, die moralisch als sehr verwerflich gelten, auch wenn sie rechtlich erlaubt sind (*makruh*). Die Shari'a gewährt Männern und Frauen sehr unterschiedliche Rechte im Falle einer Scheidung. Grundsätzlich steht das Aufkünden des Ehevertrages ausschließlich dem Mann zu. Er muss keine besonderen Gründe dafür vorweisen, und es müssen auch keine Vernachlässigungen der ehelichen Pflichten von Seiten der Frau vorliegen. Allerdings bleibt bei dieser Form der Scheidung, die als *talaq* bezeichnet wird und bei welcher der Mann die Ehe ohne besonderen Grund beendet, die Frau im Besitz der Morgengabe. Der genaue Ablauf unterscheidet sich von Land zu Land. So reicht es z.B. in Marokko aus, dass der Mann die Scheidungsformel drei Mal ausspricht und daraufhin die Scheidung bei Gericht registrieren lässt, während er im Iran die Scheidung bei Gericht beantragen und die Ehe dann von einem Richter aufgelöst werden muss (vgl. Mir-Hosseini 1993:59ff u. 85ff).

Eine weitere Scheidungsform ist *tatliq*. In diesem Fall wird die Scheidung von der Frau beantragt und ein Gericht muss sie vollziehen. Dabei hängt der Erfolg eines derartigen Scheidungsantrages davon ab, ob die Frau erfolgreich nachweisen kann, dass ihr Mann seinen ehelichen Pflichten wiederholt nicht nachgekommen ist und die Verstöße eine Scheidung rechtfertigen. Auch die Frage, ob die Frau im Besitz der Morgengabe verbleibt oder ob sie diese dem Mann zurückerstatten muss, hängt mit der Schuldfrage zusammen.

Khul und *mubarat* sind Scheidungsformen, die im beiderseitigen Einverständnis der Ehepartner erfolgen. In diesem Fall geht die Morgengabe an den Mann zurück. Des Weiteren gibt es die Annullierung von bereits vollzogenen Ehen, die als *faskh* bezeichnet wird. Diese tritt ein, wenn bestimmte formale Voraussetzungen beim Eingehen der Ehe nicht vorhanden waren (z.B. zu nahe Verwandtschaftsverhältnisse oder zu niedriges Alter).

Bei allen diesen verschiedenen Formen der Scheidung besteht für die Frau danach kein Versorgungsanspruch mehr. Das heißt, dass sie nach der Wartezeit, welche die Dauer von drei Monatszyklen beträgt und dazu dient, eine Schwangerschaft auszuschließen und die Wiederversöhnung der Streitparteien zu versuchen, kein Recht mehr auf Unterhalt von Seiten ihres Mannes hat. Auch existiert in der islamischen Form der Ehe eine strikte Gütertrennung. Die vom Mann während der Dauer der Ehe akkumulierten Güter bleiben nach der Scheidung ausschließlich in seinem Besitz und genauso verhält es sich mit den Besitztümern der Frau. War die Frau jedoch die ganze Dauer der Ehe im Haushalt beschäftigt und hatte keine Möglichkeit eigene Ersparnisse anzuhäufen, wird sie trotzdem nach der Scheidung keinen Anspruch auf irgendwelche Güter des Mannes oder auf Unterhalt haben und somit ohne jegliche materielle Grundlage dastehen. Wie auch in Bezug auf andere Rechte und Pflichten innerhalb der Ehe können auch jene bezüglich der Scheidung verhandelt werden. Es kann z.b. im Ehevertrag festgelegt werden, dass nicht nur dem Mann, sondern auch der Frau das Recht auf Scheidung zusteht. In diesem Zusammenhang wird gerne auf die historische Gestalt Sukayna bint Husseini, der Urenkelin des Propheten Mohammad, verwiesen, die ihren Ehemann vertraglich zur Monogamie zwang (vgl. Ruthven 2000:135).

Mit dem Argument der Verhandelbarkeit von Verträgen kann man versuchen, die ungleiche Verteilung der ehelichen Rechte und Pflichten zwischen Männern und Frauen durch die Shari'a zu rechtfertigen oder aber auch ihr zu entgegnen. Dabei muss jedoch berücksichtigt werden, dass jede Verhandlungssache gleichzeitig auch eine Frage von Macht ist und somit die Möglichkeit, rechtliche Spielräume auszunutzen, von der jeweiligen sozialen Position der Akteure abhängt. So wird wahrscheinlich eine Frau aus einer reichen und bedeutenden Familie leichter bestimmte Bedingungen an ihren Mann und dessen Familie stellen können als dies in ärmeren und vielleicht traditionelleren Gesellschaftsschichten der Fall sein wird. An so einem Beispiel können wir sehen, dass rechtliche Regelungen und ihre spezifischen Wirkungen nur dann sichtbar und erklärbar werden, wenn sie in ihren vielfachen und komplexen Beziehungen zu real existierenden gesellschaftlichen Zuständen gesehen und nicht isoliert von ihnen behandelt werden.

Die Konzeption der Ehe im Islam dreht sich um die zwei Pole Sexualität und Ökonomie. Mir-Hosseini formuliert dies folgendermaßen:

„Women render their sexual favours and in return they gain the right to maintenance." (Mir-Hosseini 1993:36)

Aus dieser Sichtweise resultieren ihrer Meinung nach die ungleiche Verteilung von Rechten und Pflichten zwischen Männern und Frauen und die Tatsache, dass es keine gemeinsamen ehelichen Güter geben kann. Die Verteilung von Rechten und Pflichten innerhalb der Ehe beruht jedoch auch immer auf den Aushandlungsprozessen zwischen den zwei Vertragsparteien.

Meiner Meinung nach sind es gerade diese Aushandlungsprozesse, die die Verschränkungen und die wechselseitige Beziehung von religiösen, gesellschaftlichen und rechtlichen Faktoren deutlich werden lassen und dadurch einen Zugang für eine dynamische Perspektive auf Religion und Gesellschaft ermöglichen.

4. Abschließende Überlegungen

In diesem letzen Abschnitt möchte ich versuchen, aus den vorangegangenen Ausführungen einige Schlüsse zu ziehen und perspektivische Gedanken für den Umgang mit Recht zu entwickeln.

Es wurde bereits dargestellt, dass die Shari'a zwei Dimensionen beinhaltet. Die eine erscheint als das normierende, absolut gültige göttliche Ideal. Die andere hingegen ist die relative, menschliche und sich verändernde Dimension des Interpretierens und Anwendens der Gesetze. Diese zwei Dimensionen des islamischen Gesetzes kann man mit einigen anderen Überlegungen in Verbindung bringen, die das Verhältnis von Recht und Gesellschaft als Gegenstand haben.

Recht kann als eine Institution angesehen werden, die auf die Gesellschaft normierend und modellierend einwirkt. Gesellschaftliche Strukturen können somit als Resultat von bestimmten gesetzlichen Regelungen angesehen werden. Andererseits kann man Recht auch als einen Spiegel der Gesellschaft sehen. Recht ent- und besteht nicht unabhängig von Gesellschaft, es wird nicht in einem gesellschaftsfreien Raum entwickelt und dann einer Gesellschaft übergestülpt. Vielmehr entsteht und verändert es sich im historischen Prozess und reflektiert somit die Strukturen einer spezifischen Gesellschaft zu einer bestimmten Zeit. Diese zwei Aspekte des Verhältnisses von Recht und Gesellschaft bestehen nicht in zeitlicher Abfolge, sondern gleichzeitig. Sie sind untrennbar voneinander.

Außerdem kann Recht ein Motor, aber auch eine Bremse für gesellschaftliche Veränderungsprozesse sein. Durch die Veränderung von gesetzlichen Regelungen, z.B. im Arbeitsrecht, kann der Staat steuernd in die Gesellschaft eingreifen und gewollte

Ehe zwischen Sexualität und Ökonomie 33

Veränderungen in Gang bringen. Andererseits kann Recht auch Veränderungsprozessen, die von anderen gesellschaftlichen Kräften – z.b. von der Wirtschaft oder der Politik – ausgehen, entgegenwirken, indem es einen bestimmten erlaubten Rahmen und eine bestimmte Sichtweise festschreibt. Diese verschiedenen Aspekte von Recht sind in der gesellschaftlichen Realität immer vorhanden. In der Reflexion darüber kann es jedoch leicht passieren, dass man eine Seite zu sehr betont und dabei die andere vergisst. Zum Beispiel kann Recht nur als eine gesellschaftsnormierende Institution angesehen und dabei vernachlässigt werden, so dass es auch ein Bild der Gesellschaft zeichnet, das sich nicht auf Recht reduzieren lässt.

Ich möchte diese Gedanken anhand eines Beispiels aus der Studie von Mir-Hosseini erläutern. Besonders in ärmeren Gesellschaftsschichten von Marokko konnte sie beobachten, dass sich viele von Frauen initiierte Scheidungsprozesse um die Vernachlässigung der Versorgungspflicht drehen. Die Shari'a und auch das an diese angelehnte marokkanische Familienrecht schreibt dem Mann die unabweisbare Pflicht zu, seine Frau und seine Familie ökonomisch zu versorgen. Gerade in armen Gesellschaftsschichten und unter schwierigen ökonomischen Bedingungen ist es jedoch fast unmöglich, dass der Mann der alleinige Versorger der Familie ist. Frauen haben oft den besseren Zugang zu informellen Arbeitsmarktsektoren und tragen durch ihre Erwerbsarbeit maßgeblich zur Ökonomie des Haushaltes bei. So entsteht eine Spannung zwischen der traditionellen Autoritätsposition des Mannes, die auf seiner Versorgungspflicht beruht, und dem tatsächlichen Autoritätsverlust, da er dieser Pflicht nicht nachkommen kann. Das rechtliche Ideal und die gesellschaftliche Realität klaffen in diesem Fall auseinander. Es kollidieren rechtliche Vorschriften mit den ökonomischen Möglichkeiten der Akteure (vgl. Mir-Hosseini 1993:120ff).

Die beschriebene Situation ist ein Beispiel, wo Veränderungen im Geschlechterverhältnis nicht auf rechtliche, sondern auf ökonomische Gegebenheiten zurückzuführen sind. Das Recht verliert dabei seine normierende und modellierende Wirkung, da es für die Akteure schlicht unmöglich ist, sich *gesetzesgetreu* zu verhalten. Ein konstruktiver Umgang mit einer derartigen Situation erfordert eine Sichtweise auf Recht in all seinen

Facetten. Dann wird man vielleicht erkennen, dass die rechtlichen Regelungen bezüglich der Versorgungspflicht des Mannes eine gesellschaftliche Situation widerspiegeln, die in dieser Art und Weise nicht mehr existiert. Ökonomische Kräfte haben dazu geführt, dass Recht und gesellschaftliche Realität nicht mehr kompatibel sind. Aus dieser Sichtweise ergeben sich nun verschiedenste Handlungsmöglichkeiten. Man kann versuchen, mit Hilfe von rechtlichen oder anderen Maßnahmen die gesellschaftliche Situation wieder in Einklang mit den rechtlichen Regelungen zu bringen. Oder man verändert bestimmte Gesetze oder deren Handhabung, um sie den neuen gesellschaftlichen Bedingungen anzupassen. Auf jeden Fall ist es notwendig, Recht in seiner Verwobenheit mit anderen gesellschaftsformenden Kräften zu sehen und es nicht als die einzige machtausübende Instanz zu begreifen. Nur dann kann es sinnvoll und kreativ eingesetzt werden, sei es in einer gesellschaftsstabilisierenden als auch in einer gesellschaftsverändernden Rolle.

Als Abschluss möchte ich nun noch einmal zu den zwei Dimensionen des islamischen Rechts zurückkehren. Mir-Hosseini schreibt, dass selbst innerhalb von islamischen Gesellschaften im allgemeinen Sprachgebrauch kaum zwischen der Shari'a, dem absoluten göttlichen Gesetz, und fiqh, der menschlichen juristischen Tätigkeit, unterschieden wird (vgl. Mir-Hosseini 1993:5). Und man kann annehmen, dass wenn in europäischen Kontexten über die Shari'a gesprochen wird, die Kenntnis dieser internen Differenzierung oft gar nicht vorhanden ist. Diese undifferenzierte Sichtweise der Shari'a erscheint mir als ein typisches Beispiel, wo eine gesellschaftliche Institution isoliert, und nicht in ihrer dynamischen und vielfältigen Verwobenheit mit allen anderen gesellschaftlichen Aktivitäten und Kräften betrachtet wird. Außerdem werden dabei die verschiedenen Facetten von Recht zugunsten seiner normierenden und gesellschaftsregulierenden Funktion vernachlässigt. Dies trägt meines Erachtens maßgeblich dazu bei, dass in westlichen Kontexten das islamische Recht oft als ein der Menschheit auferlegtes Dogma dargestellt wird, an welches sich jegliche gesellschaftliche Realität anzupassen habe.

Literaturverzeichnis

Chebel, Malek 1997: *Die Welt der Liebe im Islam. Eine Enzyklopädie. Erotik, Schönheit und Sexualität in der arabischen Welt, in Persien und der Türkei.* Kunstmann Verlag, München.

Ghazali, Abu 1917: *Von der Ehe. Das 12. Buch von Al Ghalazis Hauptwerk „Neubelebung der Religionswissenschaften".* Niemeyer Verlag, Halle.

Kandiyoti, Deniz 1991: Islam and patriarchy: A comparative perspective. In: Keddie, Nikki; Baron, Beth (Hrsg.): *Women in Middle Eastern history: Shifting boundaries in sex and gender.* Yale University Press, New Haven. S. 23-41.

Der Koran. 1991: Ausgabe Reclam mit einer Einleitung von Annemarie Schimmel, Reclam Verlag, Stuttgart.

Mernissi, Fatima 1987: *Geschlecht Ideologie Islam.* Weismann Verlag Frauenbuchverlag GmbH, München.

Mir-Hosseini, Ziba 1993: *Marriage on trial. A study of Islamic family law.* I.B. Taurus Publishers, London.

Ruthven, Malise 2000: *Der Islam. Eine kurze Einführung.* Reclam Verlag, Stuttgart.

Aischa das Leben – Die feministische Neuinterpretation der *Mutter der Gläubigen*

Ulrike Kaiser[1]

Zusammenfassung: Die vorliegende Arbeit beschäftigt sich mit dem Frauenbild von *Aischa*, der Lieblingsfrau Mohammeds. Es wird zunächst auf die Stellung der Frauen im Islam allgemein sowie die islamische Frauenbewegung und anschließend besonders auf die Frauenfigur *Aischa* eingegangen. Anhand der Koranverse und der Veröffentlichungen der Autorinnen Fatima Mernissi und Assia Djebar entwickelt die Autorin ein Bild von *Aischa*, welches vor allem die feministische Neuinterpretation der Figur *Aischa* in den Mittelpunkt stellt.

Schlüsselwörter: Islam. Mohammed. Aischa. Frauenbild. Frauenbewegung.

1. Einleitung

Aischa ist eine sehr besondere Frauenfigur in der Geschichte des Islam: sie gilt als die außergewöhnlich schöne und temperamentvolle *Lieblingsfrau* Mohammeds, aber auch als eifersüchtige und intrigante Konkurrentin seiner anderen Frauen, sie ist die Quelle von Informationen über Mohammeds Privatleben, auch Strategin in der Kamelschlacht, die letztendlich zu der Spaltung der Muslime in Sunniten und Schiiten führte, als verachtete Spalterin der Gläubigen oder als Vorbild für moderne muslimische Frauen zugleich. Je nach Perspektive und Interesse variieren die Beschreibungen Aischas in den verschiedenen Darstellungen der Entste-

---

[1] Ulrike Kaiser ist Jahrgang 1979 und studiert seit WS 1999/2000 Neueren Deutschen Literatur und Gender Studies in Marburg und Berlin. Im WS 2001/2002 absolvierte sie ein Auslandssemester an der Universität Oslo. Sie arbeitete an dem von Susan Arndt und Antje Hornscheidt herausgegebenen Nachschlagewerk „Afrika und die deutsche Sprache" (erschienen Münster 2004) mit. Ihre Forschungsschwerpunkte sind Literaturwissenschaft und Genderforschung. Die Abgabe des Beitrags erfolgte im 6. Fachsemester.

hungsjahre des Islam. In meiner Arbeit soll neben einigen anderen Deutungen vor allem die feministische Neuinterpretation der historischen Figur Aischa im Mittelpunkt stehen.

Nach einem einführenden Kapitel über verschiedene Aspekte von Frauenbewegungen im islamischen Kontext und die Neuinterpretation islamischer Texte durch Feministinnen werde ich versuchen, verschiedene Sichtweisen auf Aischa vorzustellen. Hier können die unterschiedlichen Darstellungsweisen im Umfang dieses Beitrags natürlich nur holzschnittartig umrissen werden. In den letzten beiden Kapiteln werde ich exemplarisch zwei Interpretationen muslimischer Feministinnen von Aischas Leben vorstellen. Zum einen geht es hier um Fatima Mernissis Abhandlung „Der politische Harem – Mohammed und die Frauen", in der verschiedene Koranverse und *Hadithe*[2] in ihren historischen Kontext eingeordnet und kritisch gelesen werden. Zum anderen stelle ich Assia Djebars Buch „Fern von Medina" vor, in dem die Lebensgeschichten muslimischer Frauen auf Grund der historischen Quellen nacherzählt und neu gestaltet werden.

2. Frauen im Islam – Islamische Frauenbewegungen

Eine ausreichende Behandlung des Themas Frauen und Frauenbewegungen bzw. Graueninitiativen in islamischen Ländern kann und soll durch dieses einleitende Kapitel natürlich nicht angestrebt werden. Vielmehr möchte ich versuchen, einige Aspekte und Besonderheiten dieser Problematik zu beleuchten, um die in den nächsten Kapiteln zu untersuchenden feministischen Interpretationen des Koran und anderer islamischer Texte am Beispiel der Figur Aischa in einen größeren Kontext einordnen zu können.

---

[2] Ein Hadith ist eine *stichhaltige* Information über den Propheten Mohammed, die zur Rechtfertigung und zur Interpretation von islamischen Glaubensgrundsätzen dient. Es ist die schriftliche Niederlegung dessen, was Mohammed angeblich gesagt oder getan hat.

2.1. Frauen im Islam – Europäische Blicke

Spätestens seit den Golfkriegen in den 1990er Jahren und dem Terroranschlag auf das World Trade Center und das Pentagon am 11. September 2001 in den USA ist nicht nur die Region des Nahen und Mittleren Ostens, sondern auch der Islam als Religion unter den Generalverdacht der Unmenschlichkeit, der Menschenrechtsverletzungen und der unberechenbaren Gefahr für die, in ihrer Eigenwahrnehmung, freien und demokratischen Länder Europas und Nordamerikas geraten. Diese westlichen Darstellungen des unendlich vielschichtigen politischen und religiösen Konfliktes zwischen den westlichen Industriestaaten und der islamischen Welt vereinfachen den Sachverhalt und stellen den Islam allzu oft in starren Feindbildern dar. Dabei wird oft die eigene Schuld, die die so genannten *Länder der freien Welt* als ehemalige Kolonialmächte oder Mächte des Kalten Krieges auf sich geladen haben, verschwiegen.

Besonders muslimische Frauen werden zu Symbolträgerinnen in dieser Auseinandersetzung (Laudowicz 1992:20). Ihre vorhandene oder fehlende Verschleierung wird nicht nur in islamischen Ländern, sondern zunehmend auch im christlich geprägten Europa ein Zeichen für ganz verschiedene Bedeutungszusammenhänge und Projektionen. Während das Kopftuch im islamischen Kontext für die moralische Unantastbarkeit und den Schutz der Würde der Frau steht, werden verschleierte Frauen von EuropäerInnen oft per se als unterdrückt, rechtlos und unselbstständig stigmatisiert. Genauso wie frauenfeindliche Strukturen in der eigenen westlichen Kultur übersehen werden, finden reformatorische, feministische Stimmen aus islamischen Ländern im Westen kaum Gehör. Die Wahrnehmung des Islam und vor allem der Stellung der Frau baut unter anderem auch auf kolonialistische Stereotype von der einerseits unterdrückten, rechtlosen Frau und andererseits der entkleideten, sexuell aktiven Frau im Harem auf (vgl. PM Perspektive 2003 Nr.2; Enay 2000:137ff). Dabei reihen sich beide, der bemitleidend-überlegene und der voyeuristisch-lüsterne Blick auf islamische Frauen, in die Tradition des Kolonialismus ein.

Ich hoffe durch meine Arbeit einen Blick aus der Perspektive muslimischer Frauen auf ihre Religion vorstellen zu können. Bevor ich jedoch zu der feministischen Auslegung des Koran und anderer religiöser Texte komme, möchte ich im nächsten Kapitel noch kurz auf die Lebensrealitäten von Frauen im Islam und Frauenbewegungen in islamischen Ländern allgemein eingehen.

2.2. Der Islam als patriarchale Religion? – Feminismus zwischen (Re)Islamisierung und Säkularisierung

In ihrem Aufsatz „Islam and patriarchy – A comparative perspective" (Kandiyoti 1991:23ff) untersucht Deniz Kandiyoti die Brauchbarkeit des Begriffs Patriarchat für die Beschreibung der Geschlechterverhältnisse im Islam. Dabei kritisiert sie den Patriarchatsbegriff europäischer und nordamerikanischer Feministinnen als zu unspezifisch, unhistorisch, abstrakt und monolithisch. Statt die Annahme zu unterstützen, es gäbe ein universales System der Unterdrückung aller Frauen, und Unterschiede hierbei wären nur verschiedene Ausprägungen oder Stufen dieses Systems, setzt sie sich für die Analyse der konkreten Lebensumstände von Frauen in ihrem historischen Kontext ein. Dabei stellt sie in ihrem Vergleich von Familienstrukturen im subsaharischen Afrika und in Nordafrika fest, dass patriarchale Familienstrukturen, die durch eine Geschlechter- sowie durch eine Altershierarchie geprägt sind und für Frauen das Gebären von Söhnen als einzige Möglichkeit der Statusverbesserung bieten, zwar mit der islamischen Religion einhergehen, jedoch nicht durch sie hervorgebracht werden.

> „Even though Islam brings its own prescriptions to bear on gender relations in each context, it nonetheless achieves different accommodations with the diverse cultural complexes it encounters. That the core areas of Islamic civilization have historically coincided with areas of classic patriarchy has tended to obscure these variations, and encouraged a confusion between the assumed workings of Islam and those of a specific kind of patriarchy." (Kandiyoti 1991:38)

Dadurch, dass sich der Islam also mit verschiedensten Traditionen vermischt und aus vorislamischer Zeit schon vorhandene Bräuche in sich aufnimmt, sind die tatsächlichen Geschlechterverhältnisse und die Lebensrealitäten von Frauen in den verschiedenen islamischen Ländern nicht zu vereinheitlichen. Ein Frauen unterdrückendes System wie das Patriarchat kann nicht mit dem Islam gleichgesetzt werden. Stattdessen brauche man, so Kandiyoti,

„finely grained historical analyses of how they intersect, interact, and change." (Kandiyoti 1991:38)

Auch Claudia Schöning-Kalender hebt in der Einführung zu dem u.a. von ihr herausgegebenen Sammelband „Feminismus, Islam, Nation – Frauenbewegungen im Maghreb, in Zentralasien und in der Türkei" (Schöning-Kalender 1997:13ff) die Unterschiede zwischen den verschiedenen islamischen Regionen und somit auch zwischen den verschiedenen Feminismuskonzepten hervor. Sie stellt fest, dass die Herausbildung feministischer Theorien und Bewegungen historisch eng mit der Herausbildung von Nationalstaaten und ideologisch mit der europäischen Aufklärung und dem westlichen Konzept von Individualität verknüpft waren bzw. sind. Obwohl die Nationalstaatenbildung in den verschiedenen islamischen Ländern sehr unterschiedlich und vor allem ungleichzeitig ablief, standen Frauen bei der Suche nach nationaler Identität meist im Mittelpunkt. Sie waren einerseits Symbole für ein bestimmtes Verhältnis zur westlichen Moderne, andererseits aber auch Akteurinnen in diesem Prozess. So musste sich z.B. die Türkei bei ihrer Entstehung in den 1920er Jahren gegen das osmanische Reich abgrenzen, das ihr vorangegangen war, während sich die nordafrikanischen Staaten in den 1950er von den europäischen Kolonialmächten befreien mussten. Dadurch wurden bei diesen Prozessen auch sehr unterschiedliche Konzepte von Weiblichkeit propagiert: während in der Türkei die Abkehr von islamischen Traditionen forciert (vgl. Göle 1997:33ff) wurde, gab es in den nordafrikanischen Staaten die Bestrebung, zu dem von den Kolonialherren unterdrückten Islam zurückzukehren. In einem Fall wurde also der im Islam als wichtiges Symbol fungierende Schleier abgeschafft, weil er als unterdrückend und veraltet empfunden wurde, im anderen kam ihm die Funktion eines Zeichens des Widerstandes gegen den Kolonialismus zu. Ein ganz anderes Beispiel sind die ehemals sowjetischen Republiken in Zentralasien, die den Prozess der Nationalstaatenbildung erst in den 1990er Jahren vollzogen. Diese unterschiedlichsten Vorraussetzungen prägen natürlich die Lebensrealitäten und Strategien von Frauen in den verschiedenen Ländern sehr stark, so dass es schwer ist, diese zusammenzufassen.

2.3. Die feministische Neuauslegung des Koran

Eine feministische Strategie, die ich in meiner Arbeit näher beleuchten möchte, ist die Neuinterpretation des Koran und anderer islamischer Texte. Dies hat den Vorteil, dass bestimmte feministische Ziele wie Gleichberechtigung mit Männern, bessere Bildungschancen für Mädchen und Frauen oder eine Änderung des Personenstandsrechts eingefordert werden können, ohne dass das Engagement von islamischen Gläubigen als Produkt eines dekadenten westlichen Kapitalismus und somit als gegen den Islam gewandt abgetan und verteufelt werden kann. Mit dem Argument, dass nicht der Islam selbst, sondern dessen Auslegung durch ausschließlich männliche Rechtsgelehrte frauenfeindlich wäre, beschäftigen sich islamische Wissenschaftlerinnen mit den Primärtexten ihrer Religion und interpretieren sie aus weiblicher Perspektive. Exemplarisch möchte ich hier einige Thesen vorstellen.

Grundsätzlich beziehen sich diese Wissenschaftlerinnen vor allem auf den Koran und stehen der *Hadith*-Literatur[3] kritisch gegenüber, da diese ihrer Meinung nach zu anfällig für Fälschungen ist und somit in den Jahrhunderten der Entwicklung des Islam oft von männlichen machtpolitischen Interessen geprägt worden ist (vgl. Mernissi 1992; Freyer-Stowasser 1994:5). Ihrer Meinung nach war der Islam ursprünglich ein Projekt der Durchsetzung von mehr Frauenrechten. So schreibt Riffat Hassan in ihrem Aufsatz „Feministische Interpretationen des Islam" (Hassan 1997:217ff):

„Es ist jedoch eine traurige und bittere historische Tatsache, dass die jüdischen, christlichen, hellenistischen, beduinischen und an-

---

[3] Bei *Hadith*-Sammlungen ist es wichtig, echte von gefälschten *Hadithen* zu unterscheiden. Daher sollten sie so wortgetreu wie möglich aufgeschrieben werden, und die Kette der Überlieferer mit deren Biographien sollte aufgeführt sein.

dere Vorurteile, die in der arabisch-islamischen Literatur der ersten Jahrhunderte des Islams kulminierten, vor allem durch die *Hadith*-Literatur in die islamische Tradition Eingang fanden. Sie unterwanderten die Absicht des Koran, die Frauen vom Status des beweglichen Eigentums oder untergeordneter Geschöpfe zu befreien und sie zu freien, den Männern ebenbürtigen Wesen zu machen." (Hassan 1997:231)

Sie untersucht vor allem die koranische Version der Schöpfungsgeschichte und stellt dabei fest, dass weder die Annahme, Adam, also ein Mann, wäre als erster Mensch geschaffen worden und Eva daher sekundär und *für* den Mann gemacht worden, noch die Schuld Evas am so genannten Sündenfall im Koran verzeichnet wären. Diese Annahmen sind vor allem durch die *Hadith*-Literatur und nichtislamische Quellen in die islamische Tradition aufgenommen worden. Sie interpretiert den Text des Korans als ausgesprochen frauenfreundlich:

„Der Koran betont nicht nur, dass es nur eine Gerechtigkeit für Mann und Frau gibt, er bestätigt auch klar und deutlich die Ebenbürtigkeit der Frauen den Männern gegenüber und ihr grundsätzliches Recht, das ganze menschliche Potential, das sie und die Männer zu gleichen Teilen besitzen, weiter zu entwickeln. Durch eine nicht patriarchalische Brille betrachtet geht der Koran über die Lehre der Gleichheit aller hinaus. Er zeigt besonderes Interesse an Frauen sowie für andere Personengruppen. Darüber hinaus zeigt er spezielle Schutzmechanismen auf, um die besonderen sexuellen / biologischen Funktionen der Frauen wie die Schwangerschaft, das Gebären, Stillen und Großziehen der Nachkommenschaft zu schützen." (Hassan 1997:231)

Auch Beyza Bilgin weist in ihrem Aufsatz „Das emanzipatorische Potential des Islam" (Bilgin 1997:199ff) auf die ursprünglich egalitären Forderungen des Islam im Vergleich mit vorislamischen Rechtsverhältnissen hin. Dabei erwähnt sie vor allem das Verbot des Tötens weiblicher Neugeborener, die Änderung des Erbrechts zugunsten der Frauen und Verbesserungen in Erziehung und Bildung von Mädchen. Außerdem stellt sie fest, dass z.B. die Verstoßung von Ehefrauen, die Verschleierung von Frauen oder die verminderte Glaubwürdigkeit von Frauen als Zeuginnen nicht so im Korantext verbürgt sind, wie sie Jahrhunderte lang von männlichen Rechtsgelehrten interpretiert wurden.

Natürlich gibt es noch zahlreiche andere Wissenschaftlerinnen, die mit ähnlichen Argumenten eine Verbesserung der rechtlichen und gesellschaftlichen Position von Frauen in islamischen Ländern fordern. Auch sind diese Positionen nicht gänzlich neu, sondern haben durchaus ihre Traditionen in den islamischen Rechtsgelehrten des späten 19. Jahrhundert, Qasim Amin und Mumtaz' Ali (vgl. Hassan 1997:232).

3. Aischa – Verschiedene Perspektiven auf die *Mutter der Gläubigen*

In diesem Kapitel möchte ich die Biographie Aischas anhand verschiedener Quellen und Darstellungen nachzeichnen. Je nach Perspektive der AutorInnen werden natürlich auch unterschiedliche Aspekte der Persönlichkeit Aischas und unterschiedliche Interpretationen ihrer Handlungen im Mittelpunkt stehen. Zuvor möchte ich kurz den Lebenslauf Aischas umreißen.

Aischa war die Tochter von Abu Bakr, einer von Mohammeds engsten Vertrauten und dem späteren ersten Kalifen nach Mohammeds Tod, und dessen Frau Umm Rumam. Mit sechs Jahren wurde zwischen ihr bzw. ihrem Vater und Mohammed, der zu diesem Zeitpunkt 52 Jahre alt war, der Ehevertrag abgeschlossen. Drei Jahre später, als Mohammed im Jahr 622 n. Chr. / 1 d.H. nach Medina auswandern musste, zog die neunjährige Aischa in Mohammeds Haus, und die Ehe wurde vollzogen.[4] Während ihrer Ehe heiratete Mohammed noch einige weitere Frauen, jedoch gilt Aischa in den Überlieferungen als seine *Lieblingsfrau*. Sie pflegte Mohammed in den letzten Tagen, bevor er in ihren

---

[4] Im Kontext der gegenwärtigen Diskussion um sexuellen Missbrauch von Kindern in Europa halte ich das Alter Aischas beim Vollzug der Ehe zwischen ihr und Mohammed für höchst problematisch. Da dies in den Texten über die Beziehung der beiden meist nicht als ungewöhnlich erwähnt wird, gehe ich davon aus, dass eine Hochzeit für Mädchen in diesem Alter zu jener Zeit nicht ungewöhnlich war. Da mir jedoch detaillierte Kenntnisse fehlen, kann ich dies im Rahmen dieser Hausarbeit leider nicht historisch und kulturell einordnen.

Armen starb, und sein Leichnam wurde in ihrer Wohnung beerdigt. Nach Mohammeds Tod, Aischa war zu diesem Zeitpunkt 18 Jahre alt, spielte sie eine wichtige Rolle als Quelle zahlreicher *Hadithe* über das Leben Mohammeds. Als Gegnerin des vierten Kalifen Ali ibn Talib, dem Schwiegersohn Mohammeds, war sie maßgeblich an der Opposition gegen ihn beteiligt, die in der Kamelschlacht 658 n. Chr. / 36 d.H. ihren Höhepunkt fand. Mit ihrer Niederlage kam es zur Spaltung zwischen Sunniten und Schiiten, wodurch auch die Sicht auf Aischa in beiden islamischen Glaubensrichtungen sehr unterschiedlich wurde. Im Jahre 678 starb sie 64jährig.

3.1. Aischa im Koran

Die Ehefrauen Mohammeds waren für die Etablierung der Rollenvorstellungen, Verbote und Gebote im Islam sehr wichtig. Obwohl die Koranverse, die sich direkt auf Frauen beziehen, oft an Alltagssituationen zwischen Mohammed und seinen Ehefrauen orientiert sind, werden jedoch keine Namen der einzelnen Frauen genannt. Die Situationen, in denen die Suren entstanden, können jedoch aufgrund von *Hadith*-Überlieferungen nachvollzogen werden. Nach Ansicht von Barbara Freyer-Stowasser (Freyer-Stowasser 1994:85f) werden Mohammeds Frauen im Koran durch ihren Elite-Status und ihre hohe moralische Verantwortung zu Vorbildern für Prinzipien einer ethischen Individualität. Durch ihr Verhalten wurden Aspekte der *sunna* (das Gesetz Allahs) geprägt – sie schafften *Präzedenzfälle*, die die Grundlage für die spätere Rechtsordnung der *Sharia* bildeten. Somit wurden die „Mütter der Gläubigen" (vgl. Der Koran 2001:292) also zu übermenschlichen, idealtypischen Modellen.

An den Suren zum *Hijab*[5] und zur Verschleierung (vgl. Der Koran 2001:297, 246) war Aischa nur mittelbar beteiligt, nämlich insofern, als dass diese einen großen Einfluss auf sie hatten. Wäh-

---

[5] Der *Hijab* bezeichnet einerseits den Vorhang, hinter dem sich die Frauen aufhalten müssen, wenn männliche Besucher im Raum anwesend sind, sowie symbolisch die strikte Zuordnung von Frauen in die private und Männern in die öffentliche Sphäre.

rend sie, wie die anderen Frauen Mohammeds auch, stark am öffentlichen Leben Medinas beteiligt war, regelte der *Hijab*-Vers nun die Grenze zwischen dem Privaten und dem Öffentlichen, während die Verse zur Verschleierung das Verhalten von Männern und Frauen im öffentlichen Raum klärt. Diese Verse wurden durch verschiedene Rechtsgelehrte sehr unterschiedlich ausgelegt und oft auch ausgeweitet (Freyer-Stowasser 1994:90ff). Außerdem wurden gerade diese Traditionen in den von Arabern eroberten Gebieten übernommen, wodurch die Frauen Mohammeds zu Quellen der Nacheiferung wurden.

Der Sure zur Verleumdung (Der Koran 2001:244ff) liegt direkt eine Begebenheit zwischen Aischa und Mohammed zu Grunde. Aischa, die Mohammed auf einem Feldzug gegen die Banu Mustaliq begleitete, entfernte sich eines Morgens von dem Lager um „ihr Bedürfnis zu befriedigen". Auf dem Rückweg merkte sie, dass sie ihre Halskette verloren hatte und ging noch einmal zurück, um sie zu suchen. Als sie sie gefunden hatte und zum Lager zurückgekehrt war, waren ihre Begleiter schon weiter gezogen. Sie beschloss zu warten, bis man sie holen kommt. Da kam ein junger Mann mit seinem Kamel, auf dem er sie schließlich bis nach Medina führte. Dieser Vorfall war die Grundlage für Gerüchte in Medina über einen Ehebruch Aischas. Sie beteuerte ihre Unschuld, jedoch wurde ihr, auch von Mohammed, zunächst nicht geglaubt. Einen Monat später wurden ihm die Verse offenbart, die Aischas Unschuld bewiesen und hohe Strafen für Verleumdung bekannt gaben.

Ein weiterer Konflikt, der sich zwischen Mohammed und seinen Ehefrauen entzündete, schlug sich in den Versen 33:28-29 nieder, in denen die Frauen dazu aufgefordert werden, sich zwischen Gott und seinem Propheten und der Welt und ihrem Schmuck zu entscheiden. Diesen Versen ging die Unzufriedenheit der Frauen über fehlenden Besitz, vielleicht aber auch ihre Eifersucht auf die christliche Konkubine Mohammeds, Marya, voraus. Mohammed zog sich einen Monat lang von seinen Ehefrauen zurück und empfing dann diese Verse. Aischa war die erste der Frauen, die sich allein für Mohammed und somit auch für Gott entschied.

In den Versen 33:30-34 wird den Ehefrauen Mohammeds die doppelte Strafe, aber auch die doppelte Belohnung für ihre Taten verkündet, da sie nicht wie andere Frauen wären. Sie werden aufgefordert, im Haus zu bleiben, ihre Schönheit / sexuelle Anziehung nicht auszustellen, zu beten, Almosen zu geben, sich Gott und seinem Propheten zu unterwerfen, sich an Gottes Verse und die Weisheiten, die in ihrem Hause rezitiert wurden, zu erinnern. Freyer-Stowasser schreibt, dass diese Verse von den mittelalterlichen Rechtsgelehrten auf alle Frauen übertragen wurden und zusammen mit dem *Hijab*-Vers die Geschlechtertrennung besiegelte. Häuslichkeit wurde ihrer Meinung nach zu einem „crucial criterion of a Muslim woman's true citizenship in the community of her faith" (Freyer-Stowasser 1994:98).

Als Konsequenz ihres Status als *Mütter der Gläubigen* war es den Ehefrauen Mohammeds, und so natürlich auch Aischa, nicht gestattet, nach Mohammed einen anderen Mann zu heiraten. Dies wird von einigen Interpreten des Korans mit dem Plan eines Cousins Aischas bzw. anderer Männer in Verbindung gebracht, Aischa noch Mohammeds Tod zu heiraten (Freyer-Stowasser 1994:99).

Zusammenfassend kann man sagen, dass Aischa indirekt im Koran an einigen Stellen vorkommt und somit ihr Verhalten als historische Figur die Stellung von Frauen im Islam entscheidend mitgeprägt hat. Gerade die *Hadith*-Literatur allerdings, die Aufschluss über die Hintergründe der einzelnen Koranverse und dadurch auch die einzelnen Interpretationen dieser Verse, geben kann, wird von feministischen Wissenschaftlerinnen sehr kritisch bewertet. Im nächsten Kapitel möchte ich einen kurzen Überblick darüber geben, wo und vor allem in welcher Position Aischa in verschiedenen *Hadithen* vorkommt.

3.2. Aischa in der *Hadith*-Literatur

Zunächst möchte ich auf die Rolle verweisen, die Aischa bei der Überlieferung von *Hadithen* spielte. Aischa hatte nach Mohammeds Tod vor allem in den Gebieten der religiösen Reinheit für Männer und Frauen, der Erfüllung der religiösen Pflichten für Frauen und ehelicher Treue eine große Autorität (vgl. Walther 1997:94). Ihr wurden rund 1200 *Hadithe* zugeschrieben, von denen jedoch nur ca. 300 in die frühen kanonischen Sammlungen aufgenommen wurden.

In der *Hadith*-Literatur kommt Aischa, wie auch die anderen Ehefrauen Mohammeds, in zwei verschiedenen und sich teilweise widersprechenden Positionen vor. Wie Freyer-Stowasser schreibt, wurden sie sowohl als *normale* Frauen wie auch als musterhafte Vorbilder für alle Frauen angesehen (Freyer-Stowasser 1994:104-118). In ihrer Beschreibung als *normale* Frauen dienen sie als perfekte Beispiele für ihr Geschlecht und sollen so genannte weibliche Eigenschaften wie Emotionalität, Irrationalität, Habsucht und Widerspenstigkeit verkörpern. Ein großer Teil der klassischen muslimischen *Hadith*-Literatur besteht aus Beschreibungen der Ehefrauen Mohammeds als von Eifersucht angetriebene, kleinliche, gierige, machthungrige und hinterhältige Menschen, während Mohammed als nicht hart genug ihnen gegenüber gilt (vgl. Freyer-Stowasser 1994:108). Eifersucht soll vor allem die Verteilung von Geschenken, der Status einzelner Frauen und eine neue Ehefrau bzw. Mohammeds Beziehung zu seiner Konkubine Marya hervorgerufen haben.

Außerdem wird oft über wundersame Geschehnisse in Zusammenhang mit Mohammed berichtet. In Aischas Fall soll Mohammed vor ihrer Hochzeit ein Zeichen empfangen haben, sie zu heiraten. Nicht zuletzt beruhte Aischas Sonderstatus auf der Tatsache, dass Mohammed nur in ihrer Gegenwart oder allein Offenbarungen erhalten haben soll.

In neueren Interpretationen wird auf Ereignisse wie die Eifersüchteleien unter den Frauen oder deren Vorahnungen und Träume laut Freyer-Stowasser jedoch weniger Wert gelegt. Hier steht eher ihre Position als Kämpferinnen für die Etablierung islamischer Werte durch ihre tadellose Moral und Lebensart im Vordergrund. Somit verkörpern sie ein modellhaftes Verhalten, dass moderne muslimische Frauen erkennen und nachahmen sollen.

Die intendierte Bedeutung dieser *Hadithe* ist laut Freyer-Stowasser nicht deskriptiv, sondern normativ:

„Each recorded detail represents a facet of *sunna*-in-the-making, while their sum reflects the proliferation of categories of acceptable, forbidden, or value-neutral behaviour first debated and then promulgated in early Islamic law. This process, then, involved a dynamic spiral of mutual reinforcement of its two

Aischa das Leben 49

constituent components, that is, the principle of these women's righteousness on the one hand, and their function as categorical norm-setters on the other." (Freyer-Stowasser 1994:115)

Darüber hinaus verkörpern die Ehefrauen Mohammeds in diesen *Hadithen* das Ideal der polygamen Familie, da beschrieben wird, wie sie miteinander in gegenseitiger Liebe und Mitgefühl gelebt haben sollen.

Als Ausnahme von diesen hohen moralischen Anforderungen wird Aischas politisches Engagement nach Mohammeds Tod, z.b. in der Kamelschlacht, gesehen. Jedoch wird in diesem *Hadith* nicht von Kritik von anderen an Aischa berichtet, obwohl ihr Verhalten vollkommen außerhalb der im Koran vorgeschriebenen Norm war. Stattdessen wird darauf hingewiesen, dass Aischa selbst im Nachhinein ihre Taten bereute und ihre letzten Tage vor ihrem Tod in Selbstvorwürfen verbrachte (vgl. Freyer-Stowasser 1994:116).

3.3. Religionswissenschaften und Trivialromane – Europäische Sichtweisen

In den europäischen religionswissenschaftlichen Publikationen zur Geschichte des Islam, die sich nicht ausdrücklich mit feministischen Themen beschäftigen, fällt auf, dass Aischa sehr selten oder nur am Rande erwähnt wird. Oft wird sie als wichtige Quelle für *Hadithe* benannt, während ihr politischer Einfluss vor und nach Mohammeds Tod im Hintergrund bleibt.

So wird in dem von der evangelischen Kirche herausgegebenen Führer „Was jeder vom Islam wissen muss" Aischa nur an einer Stelle erwähnt, nämlich beim Tod Mohammeds (Evangelische Kirche 2001:29). In anderen Publikationen, so z.B. in David Waines „An introduction to Islam" (Waines 1995:40), bleibt ihre Rolle bei der Entwicklung des Islam auf die Überlieferungen von *Hadithen* beschränkt. Wenn ihr Engagement bei dem Streit um die Rechtmäßigkeit des 4. Kalifen Ali ibn Talib und ihre Involvierung in die so genannte Kamelschlacht angesprochen wird, so bleibt Aischas Anwesenheit bei der Schlacht oft unerklärt, und sie wird als bloße Zuschauerin beschrieben (vgl. Endreß 1991:48;

Ohling 2000:164). So gerät sie als historische Figur genauso in Vergessenheit wie zahlreiche europäische Frauen auch.

Einen ganz anderen Zugang zum Leben und Wirken Aischas versucht der österreichische Schriftsteller Karl Frischler in seinem historischen Roman „Aischa – Mohammeds Lieblingsfrau" (Frischler 1981) zu geben. In den fiktiven Protokollen von Aussagen verschiedenster BegleiterInnen ihres Lebens soll die Biographie Aischas nachgezeichnet werden. Leider ist der Roman an entscheidenden Stellen historisch ungenau und mit kolonialistischen und frauenfeindlichen Stereotypen durchsetzt, so dass das Bild, das hier von Aischa gezeichnet wird, mehr über die Projektionen des Autors als über Aischa als historische Figur verrät. Auch Frischlers Beschreibungen vor allem der jungen Aischa changieren zwischen Mitleid für die in seinen Augen unterdrückte Frau, symbolisiert durch den Schleier, und der Lüsternheit bei der Beschreibung einer äußerst aktiven und zerstörerischen sexuellen Anziehung Aischas, sozusagen bei dem „Blick unter den Schleier" (vgl. Frischler 1981:55, 84).

Aischas politisches Engagement äußert sich in Frischlers Roman durch Intrigen und Hinterhältigkeiten. Seiner Interpretation zufolge bestimmt Aischa durch ihre sexuelle Anziehungskraft die Prophezeiungen, die Mohammed glaubt von Gott erhalten zu haben, sowie die gesamte Wahl der Kalifen nach Mohammeds Tod. Motiviert wird sie in seinen Beschreibungen durch ihr Unvermögen, Kinder zu gebären und durch ihren gnadenlosen Hass auf Mohammeds Tochter Fatimah. Frischler zeichnet also ein den europäischen Stereotypen entsprechendes Bild einer hinterhältigen, eifersüchtigen und durch ihre Sexualität gefährlichen Frau, die, unter anderem durch ihre Frustration darüber, keine *richtige* Frau (d.h. Mutter) zu sein, im Schatten ihres Mannes die wahre politische Macht im Lande hat.

Beide Sichtweisen, die religionswissenschaftliche und die (trivial)literarische, spiegeln europäische Sichtweisen auf orientalische[6] Frauen wider, in denen sie einerseits ihre historische Rolle negieren und andererseits sexualisieren.

---

[6] Zum Begriff orientalisch vgl. Said 1995.

4. Fatima Mernissis „Der politische Harem" und ihre feministische Neuinterpretation Aischas

Die marokkanische Soziologin Fatima Mernissi interpretiert in ihrem Buch „Der politische Harem – Mohammed und die Frauen" den Koran und einige *Hadithe* neu und argumentiert dabei ähnlich wie Beyza Bilgin oder Riffat Hassan.[7] Auch sie schreibt, dass die Diskussion um Frauenrechte eine Schlüsselposition in der Aushandlung einer islamischen Identität besetzt. Die Rückwendung zur Vergangenheit und Tradition, die von manchen muslimischen Männern gefordert wird, ist ihrer Meinung nach

„ein Mittel, die Dinge wieder in die alte ‚Ordnung' zu bringen. Eine Ordnung, die nicht mehr allen passt, vor allem nicht den Frauen, die sie niemals akzeptiert haben." (Mernissi 1992:33)

Dabei wird, wie Mernissi schreibt, die Zeit der Entstehung der islamischen Rechtsordnung und muslimischer Traditionen mythologisiert und verklärt. In Bezug zu dem muslimischen Religionswissenschaftler M. Jaberi argumentiert sie, dass die permanente Suche nach der Vergangenheit die Muslime daran hindert, sie zu verstehen. Um die alten Texte verstehen zu können, müsse man in der Gegenwart verwurzelt sein, damit man sie mit einer Distanz analysieren kann (vgl. Mernissi 1992:28). Sie schlussfolgert daraus, dass

„eine Reise in die Vergangenheit [...] unumgänglich [wäre], nicht weil die Pilgerfahrt nach Mekka eine Pflicht ist, sondern weil ihre Analyse weg von Mythos und Zuflucht führen soll." (Mernissi 1992:34)

Mernissi beschreibt den Islam als Religion mit ursprünglich egalitären Zielen, die bestrebt war, sowohl die Sklaverei wie auch die Unterdrückung von Frauen und Mädchen zu bekämpfen. Aufgrund der vorislamischen Bräuche und verschiedenen Machtkonstellationen in Mohammeds Gemeinde in Medina konnte dies jedoch nur zum Teil umgesetzt werden. Ihre Analyse der Texte zum Ursprung des Islam umfasst einerseits den Koran und Texte

---

[7] Vgl. Kapitel 2.3.

über das Zusammenleben in der ersten muslimischen Gemeinde unter Mohammed und andererseits die kritische Lektüre zur Entstehung einiger frauenfeindlicher *Hadithe* nach dem Tod Mohammeds. In beiden Teilen ihres Buches wird Aischa mehrmals erwähnt, wobei Mernissi oft andere Akzente bei der Beschreibung ihres Verhaltens und ihrer Charaktereigenschaften setzt als die in Kapitel 3 meiner Arbeit besprochenen Texte. In den nächsten Kapiteln möchte ich darauf näher eingehen.

4.1. Aischa als Mohammeds Ehefrau

Die Beziehung zwischen Aischa und Mohammed wird von Mernissi trotz des enormen Altersunterschiedes als gleichberechtigt und von gegenseitiger Achtung geprägt beschrieben. Sie zitiert nicht nur Mohammeds Aussage, der liebste Mensch auf der Welt sei für ihn Aischa, womit er eine Frau allen Männern vorzieht (vgl. Mernissi 1992:88f), er würdigt auch Aischas Sachverstand und ihre weitreichenden Kenntnisse der islamischen Texte (vgl. Mernissi 1992:106).

Die Beeinträchtigungen der Freiheit seiner Ehefrauen durch Mohammed selbst bzw. durch die ihm offenbarten Koranverse, z.B. durch den *Hijab* und die Verschleierung, bringt sie mit einer Krisenzeit des Islam und einem Konflikt zwischen Mohammed und seinen, in vorislamischen Geschlechterrollen verhafteten, männlichen Anhängern in Verbindung. Als Gegner von mehr Frauenrechten sieht Mernissi den Schwiegervater Mohammeds und den späteren 2. Kalifen Umar ibn Al Khattab. Sie interpretiert die Diskussion um die vermutete Untreue Aischas und die wachsende Belästigung von Frauen, u.a. auch der Ehefrauen Mohammeds, auf den Straßen Medinas während der Belagerung durch die Mekkaner, als Mittel der Kritiker Mohammeds ihn zu schwächen.

„Seine politischen Gegner machten aus der Beharrlichkeit seiner Haltung den Frauen gegenüber eine Waffe, mit der sie ihn angriffen, ihn verletzten, erniedrigten. Sie zwangen ihn schließlich zur Aufgabe seiner Pläne, die die Gleichheit der Geschlechter zum Ziel hatten. Seine politischen Widersacher machten sich sein Privatleben zunutze, um seine Machtposition zu schwächen, und dies zu einem Zeitpunkt, als er gleichzeitig auf zwei harte Proben gestellt wurde: die Ungewissheit seiner militärischen Karriere und das altersbedingte Nachlassen seiner körperlichen Kräfte." (Mernissi 1992:218)

Obwohl Mohammed also unter dem Druck seiner politischen Feinde letztendlich einigen frauenfeindlichen Regelungen, z.B. dem *Hijab* oder den Aussagen zu Sexualität und zum Schlagen von Frauen, zustimmte, interpretiert Mernissi seine private Beziehung zu Aischa als durchaus gleichberechtigt, liebevoll und partnerschaftlich.

4.2. Aischa als Überlieferin der *Hadithe*

Wie in anderen religionswissenschaftlichen Texten wird Aischa von Mernissi als wichtige Quelle von *Hadithen* beschrieben. Im Gegensatz zu diesen stehen hier jedoch vor allem der politische Einfluss, den sie dadurch gewinnen konnte, und die Meinungsverschiedenheiten, die sie auf diesem Gebiet nach Mohammeds Tod auszufechten hatte, im Mittelpunkt. Aischa wird nicht als reine Quelle von *Hadithen* dargestellt, sondern als Autorität für die Gläubigen, als Formerin muslimischen Rechts und Verfechterin der frauenfreundlichen Tendenzen des Islam im Gegensatz zu den vorislamischen Gesellschaften.

Bei ihrer Beschäftigung mit einem *Hadith*, der von Abu Huraira überliefert wurde, beschreibt Mernissi Aischa als seine Widersacherin. Der *Hadith* hat folgenden Wortlaut:

„Der Prophet hat gesagt, dass der Hund, der Esel und die Frau das Gebet unterbrechen, wenn sie vor dem Gläubigen vorbeigehen, denn sie stellen sich zwischen ihn und die Qibla[8]." (Mernissi 1992:88)

Mernissi betont hier, dass der Ausschluss der Frauen von der Qibla dem Ausschluss von der Sphäre des Heiligen und der Sphäre des Nationalen gleichkommt. Indem Frauen mit Tieren gleich-

---

[8] Qibla bezeichnet die Richtung nach Mekka, in die gebetet wird.

gesetzt werden und sie als Störfaktoren betrachtet werden, wird ein fundamentaler Widerspruch zwischen dem Göttlichen und dem Weiblichen aufgemacht (vgl. Mernissi 1992:95).

Doch neben der Aussage Abu Hurairas wird auch die Reaktion Aischas auf diesen *Hadith* überliefert. Sie sagte aus, dass sie selbst zwischen Mohammed und der Qibla gelegen hatte, während dieser betete, und dass er sich nicht daran störte. Doch trotz der Achtung der Gläubigen vor dem Sachverstand Aischas und ihrer guten Bildung sahen sich einige Sammler von *Hadithen*, in diesem Fall Bukhari, nicht verpflichtet, ihre Korrekturen zu übernehmen.

Ein ständiger Streitpunkt zwischen Aischa und Abu Huraira war, wie Mernissi schreibt, die Einstellung des Islam gegenüber der Menstruation und dem Geschlechtsverkehr. Sie stellt die vorislamische Ansicht von der Unreinheit der Frauen und des sexuellen Verkehrs mit ihnen, die auch in einigen von Abu Huraira überlieferten *Hadithen* vorkommt, gegen die Aussagen Aischas und der anderen Frauen Mohammeds, die bestätigten, dass Mohammed selbst diese Ansichten nicht vertrat.

„Aischa beharrte auf diesen Korrekturen, weil sie sich über die Auswirkungen bewusst war: Das vorislamische Arabien betrachtete die Sexualität und die menstruierende Frau im Besonderen als Ursprung der Unreinheit, des Makels, als Pol der negativen Kräfte. Diese Theorie der Unreinheit spiegelte eine Sicht des Weiblichen wider, die sich in einem ganzen System von Aberglauben und Glauben manifestierte, das Mohammed bekämpfte, da es einerseits den Inbegriff der Jahiliya (Epoche der Unwissenheit) und andererseits den des Glaubens der jüdischen Gemeinschaft Medinas verkörperte." (Mernissi 1992:100)

Während einige Sammler von *Hadithen*, wie z.B. Bukhari, die Korrekturen Aischas nicht oder nur teilweise beachteten, wurden sie im 8. Jh. d.H. / 14. Jh. n. Chr. von dem türkischen Religionswissenschaftler Imam Zarkachi schriftlich niedergelegt. Wie Mernissi schreibt, fand er dieses Buch auch äußerst wichtig, da er es einem Richter der Richter, der höchsten Justizautorität einer muslimischen Stadt, widmete. Allerdings lag das Buch in Manuskriptform bis 1939 vergessen in einer Bibliothek in Damaskus, bevor es bei Forschungen zu einer Biographie über Aischa wieder gefunden wurde (Mernissi 1992:105f).

Aischa wird also von Mernissi als Frau beschrieben, die sich zu ihren Lebzeiten aktiv und vehement für die aus ihrer Perspektive richtige, also frauenfreundliche und egalitäre, Überlieferung des Islam einsetzte. Sie ist nicht nur Quelle für *Hadithe*, sondern Korrektorin und Expertin auf dem Gebiet der religiösen Überlieferungen. Allerdings seien ihre Einwände auf Grund der männlich geprägten Religionswissenschaft und vorislamischer frauenfeindlicher Annahmen kaum rezipiert worden und sind so aus dem Bewusstsein moderner MuslimInnen verschwunden. Unter anderem auf Grund der Überlieferungen Imam Zarkachis formuliert Mernissi schließlich aufrüttelnde Fragen:

„Ist es möglich, dass der Einfluss des Islams nur eine begrenzte, oberflächliche Wirkung auf die tiefsitzende Voreingenommenheit gegenüber dem Weiblichen hatte? Kann es sein, dass der Hijab, der Versuch, die Frau zu verschleiern, den man heutzutage als grundlegenden Bestandteil der muslimischen Identität darzustellen bemüht ist, in Wirklichkeit nur ein Ausdruck der vorislamischen Mentalität ist, der Jahiliya-Mentalität, die der Islam zu überwinden sich zum Ziele gesetzt hatte?" (Mernissi 1992:110)

4.3. Aischa als Politikerin

Neben ihrem politischen Einfluss auf Grund der durch sie entstandenen oder korrigierten *Hadithe* ist Aischa auch als Politikerin und Feldherrin in die islamische Geschichte eingegangen.

Im Zusammenhang mit einem anderen frauenfeindlichen *Hadith* geht Mernissi auch auf die Vorgänge um die Kamelschlacht ein. Dabei wird Aischa als aktive Anführerin des Protestes gegen die Wahl Alis zum Kalifen beschrieben (vgl. Mernissi 1992:74f), nachdem sie auf einer Pilgerfahrt in Mekka von der Ermordung des dritten Kalifen Uthman ibn 'Affan und der Wahl Alis als viertem Kalifen erfuhr. Sie begab sich nach Basra, wo sie öffentlich in den Moscheen zu den Gläubigen sprach und sie aufrief, den ihrer Meinung nach ungerechten Kalifen Ali, der die Mörder Uthmans nicht bestraft hatte, zu bekämpfen. Die EinwohnerInnen Basras unterstützten sie und stellten ein Heer zusammen, um gegen Ali in den Kampf zu ziehen.

Aischa wird hier also als Anführerin des Heeres in der Kamelschlacht geschildert, als Politikerin und Feldherrin. Sie redete öffentlich in der Moschee zu den Gläubigen und positionierte sich in dem Konflikt um die Nachfolge Uthmans. Außerdem betont Mernissi nochmals die Achtung, die die Gläubigen, unabhängig von ihrer Einstellung zum Krieg, ihr gegenüber hatten.

5. Assia Djebars Darstellung Aischas in „Fern von Medina"

Einen völlig anderen Zugang zu der Person Aischas und anderen Frauenfiguren in der frühen Geschichte des Islam wählt die algerische Schriftstellerin, Historikerin und Filmemacherin Assia Djebar in ihrem Buch „Fern von Medina". Sie versucht auf Grundlage der historischen Quellen, die Lebensrealitäten von Frauen zu dieser Zeit nachzuzeichnen und teilweise auch intuitiv zu erfassen. Dabei lotet sie nicht nur die Erfolge, sondern auch die Begrenzungen und Schwierigkeiten dieser Frauen in den von Männern geprägten Überlieferungen aus, so z.B. die Namenslosigkeit einiger oder deren alleinige Beschreibung über männliche Verwandte. Djebar erzählt Geschichten über Frauen während der Entstehungszeit des Islam, sie stellt dort Fragen, wo die Überlieferungen schweigen und füllt die Lücken in den historischen Quellen erzählerisch aus.

Anders als Mernissi will Djebar vor allem gegen das Vergessen oder das Verleugnen von Frauen in der Geschichte des Islam anschreiben. Dabei entwirft sie eine eigene Perspektive auf die Geschichte und schreibt eine weibliche Chronik der Ereignisse zu Mohammeds Lebzeiten. Muslimische Frauen der Gegenwart sollen dadurch ihr eigenes Erbe kennen lernen und die Lebensrealitäten von Frauen verschiedener sozialer Schichten, Herkunft und Religion zu den Anfängen des Islam differenziert näher gebracht bekommen.

Djebars Darstellungen von Aischa beschränken sich auf die Zeit ihrer Ehe mit Mohammed. Zu Beginn beschreibt sie die sechsjährige Aischa an dem Tag, an dem die Heiratsvermittlerin Khawla bent Hakim im Auftrag Mohammeds die Ehe zwischen beiden

Aischa das Leben 57

vorschlägt. Auch hier versucht sie, die Geschichte der jungen Aischa eher durch Fragen zu ertasten als fertige Antworten zu liefern.

„Wer ist dieses kleine Mädchen von sieben oder acht Jahren, die Hände voll von Spielzeug aus Holz und Lumpen, mit nackten Füßen, die über den Boden des kleinen Hofes schlurfen, das Haar in Unordnung (rote Locken und helle Haut), mit lachenden Augen, einem grünen Leuchten in ihren Pupillen, ja, wer ist dieses kleine Mädchen, das in Gelächter ausbrechen möchte, während ihre Eltern, ganz zärtliche Nachsicht, sie behutsam aus der Sonne ins schattige Zimmer führen?" (Djebar 1997:336)

Aischa wird als sehr fröhliches, ausgelassenes, aber vor allem auch aufmerksames und sensibles Kind beschrieben. Bei der Abreise Mohammeds und ihres Vaters Abu Bakrs nach Medina ist sie als Neunjährige die stille Beobachterin, die sich alle Vorgänge genau einprägt um sie später weitergeben zu können. Djebar beschreibt Aischa als ein Mädchen, dem sein Schicksal als Ehefrau des Begründers des Islam und Chronistin seines Wirkens schon sehr früh unbewusst klar ist.

„Denn dieses Mädchen findet Eingang in die Geschichte des Islam; sein Gesicht ist vom Feuer seines Haars und der Fröhlichkeit seines vertrauensvollen Blickes erleuchtet. [...] Aischa das Leben." (Djebar 1997:338)

Djebars Beschreibungen der Ehe zwischen Mohammed und Aischa sind größtenteils positiv, sie erzählt von einer glücklichen Beziehung, die von gegenseitigem Verständnis und Zuneigung geprägt ist. Die Schattenseite ihrer Ehe ist für Aischa allerdings die Polygynie. Nachdem sie ein Jahr lang Mohammed für sich allein hatte, da seine erste Frau Sawda auf ihren Anteil der Ehenächte verzichtete, musste Aischa mit zwölf oder dreizehn Jahren ihren Ehemann mit einer anderen Frau teilen. Ihre Eifersucht wird von Djebar mit Verständnis und Empathie beschrieben, so dass am Beispiel Aischas Kritik an der durch den Koran erlaubten Polygynie ausgedrückt wird.

„Mit welchen Gefühlen hat Aischa ihre ersten Nächte einer vernachlässigten Gattin erlebt? [...] Mit offenen Augen, eingemauert im Schweigen der Erwachsenen, so liegt Aischa, „die Bewahrte", in diesen drei Nächten auf ihrem Lager. Oder betet sie vielleicht, weil sie keine Ruhe finden kann, betet sie verzweifelt, gierig, Gott und nur ihn zu Hilfe rufend, für sich als Frau? Eine Frau, die für den Augenblick vergessen ist. [...] Nagende Eifersucht auch bei den noch folgenden Hochzeiten; mehr als fünfmal wird sie ihren Gatten in eine andere verliebt sehen." (Djebar 1997:354f)

Die Zeit nach Mohammeds Tod beschreibt Djebar für Aischa als eine Phase der politischen Bildung, da die Besprechungen ihres Vaters, des Kalifen, in ihrer Wohnung abgehalten werden. Als auch ihr Vater stirbt, beginnt sie, nach einer Aufgabe in ihrem Leben zu suchen. Der Ausdruck *Mutter der Gläubigen* wird von Djebar als Aufgabe gedeutet, das Vermächtnis Mohammeds weiterzutragen und die islamischen Regeln so authentisch wie möglich zu vermitteln.

„Jetzt ist sie bedacht. Sie dankt Gott und seinem Sendboten. Mit den beiden Gräbern im Rücken, die ihr vertraut sein werden, sieht sie, wie sich ihr Schicksal abzeichnet: ja, der Erinnerung der Gläubigen Nahrung geben, mit diesem langen Sich-Gedulden beginnen, dieser unermüdlichen Arbeit, Tropfen für Tropfen diese Milch abzusondern. Für alle Töchter Ismaels das lebendige Wort zu bewahren." (Djebar 1997:379)

Wie auch Mernissi schreibt hier Djebar Aischa die Aufgabe zu, die Geschichtsüberlieferung aus weiblicher Sicht zu erhalten und somit die egalitären, frauenfreundlichen Wurzeln des Islam ins Gedächtnis zu rufen.

6. Zusammenfassung

Im Unterschied zu den in Kapitel 3 vorgestellten Darstellungen und Lesarten der Figur Aischa setzen Fatima Mernissi und Assia Djebar also durchaus andere Schwerpunkte in ihren Interpretationen über die Entstehungszeit des Islam. Beide sehen Aischa als Repräsentantin und Verfechterin der egalitären Aspekte des Islam und seiner Verbesserungen gegenüber den vorislamischen Geschlechterverhältnissen. Außerdem betonen beide die gegenseitige

Achtung und den Respekt in Aischas Ehe mit Mohammed. Djebar äußert sich jedoch kritisch über die Polygynie.

In den Beschreibungen der Ereignisse um die Nachfolge des 3. Kalifen Uthman beschreibt Mernissi Aischa als einflussreiche Politikerin und Feldherrin, während sie in anderen, meist europäischen Darstellungen, oft nur als bloße Zuschauerin erwähnt wird.

Die Strategie dieser beiden und vieler anderer Autorinnen, den Koran und andere Texte über die Anfänge des Islam kritisch zu lesen und feministisch zu interpretieren, hat vor allem den Vorteil, dass dies nicht als Nachahmung des westlichen Feminismus abgetan werden kann. Statt eine Abkehr von der Religion an sich zu fordern, wird die frauenfeindliche Interpretation der männlich geprägten islamischen Religionswissenschaft kritisiert und eine neue Deutung angeboten. So können auch Grundfesten des muslimischen Frauenbildes, z.b. das Tragen eines Schleiers, in Frage gestellt werden, ohne die Religiosität selbst in Frage zu stellen.

Diese Suche nach den *wahren* Wurzeln des Islam hat meiner Meinung nach jedoch auch problematische Seiten. So werden die Texte zwar neu interpretiert, können jedoch nicht grundsätzlich kritisiert werden. Mit ihrer Strategie kann Mernissi also die Entstehung des Koranverses, der das Schlagen von Frauen erlaubt, zwar erklären und historisch einordnen, sie kann jedoch nicht die Existenz des Verses an sich in Frage stellen.

Meiner Meinung nach ist die feministische Auslegung der islamischen Texte eine spezifisch muslimische feministische Strategie, die Lebensverhältnisse von Frauen innerhalb ihrer Religion zu verbessern. Dies halte ich im islamischen Kontext für durchaus Erfolg versprechender als eine säkulare Frauenbewegung.

Literaturverzeichnis

Bilgin, Beyza 1997: Das emanzipatorische Potential des Koran. In: Schöning-Kalender, Claudia; Neusel, Aylâ; Jansen, Mechthild M. (Hrsg.): *Feminismus, Islam, Nation – Frauenbewegungen im Maghreb, in Zentralasien und in der Türkei*. Campus Verlag, Frankfurt (Main). S. 199-216.

Paret, Rudi 2001: *Der Koran*. (Digitale Bibliothek 46). Übersetzung von Rudi Paret. 8.Aufl. Direktmedia, Stuttgart.

Djebar, Assia 1997: *Fern von Medina*. Unionsverlag, Zürich.

Enay, Marc-Edouard 2000: *Schuld sind die Männer – nicht der Koran. Zur Situation der muslimischen Frau.* Verlag im Orient-Antiquariat, Saanenmöser.

Endreß, Gerhard 1991: *Der Islam. Eine Einführung in seine Geschichte.* C.H. Beck Verlag, München.

Freyer-Stowasser, Barbara 1994: *Women in the Qur'an, traditions, and interpretations.* Oxford University Press, New York

Frischler, Karl 1981: *Aischa. Mohammeds Lieblingsfrau.* Moewig Verlag, Wien.

Göle, Nilüfer 1997: Feminismus, Islamismus und Postmodernismus. In: Schöning-Kalender, Claudia; Neusel, Aylâ; Jansen, Mechthild M. (Hrsg.): *Feminismus, Islam, Nation*. Campus Verlag. Frankfurt (Main). S. 33-54

Hassan, Riffat 1997. Feministische Interpretationen des Islam. In: Schöning-Kalender, Claudia; Neusel, Aylâ; Jansen, Mechthild M. (Hrsg.): *Feminismus, Islam, Nation*. Campus Verlag, Frankfurt (Main). S. 217-234.

Kandiyoti, Deniz 1991: Islam and patriarchy. A comparative perspective. In: Keddie, Nikki R.; Baron; Beth (Hrsg.). *Women in Middle Eastern history. Shifting boundaries in sex and gender.* Yale University Press, New Haven. S. 23-41.

Laudowicz, Edith 1992: Frauen im Islam. Ein Überblick. In: dies. (Hrsg.): *Fatimas Töchter. Frauen im Islam.* PapyRossa Verlag, Köln. S. 7-61.

Lutherisches Kirchenamt der Vereinigten Evangelisch-Lutherischen Kirche Deutschlands und Kirchenamt der Evangelischen

Kirche in Deutschland (Hrsg.) 2001: *Was jeder über den Islam wissen muss.* Gütersloher Verlagshaus Mohn, Gütersloh.

Mernissi, Fatima 1992: *Der politische Harem. Mohammed und die Frauen.* Herder Verlag, Freiburg.

Ohlig, Karl-Heinz 2000: *Weltreligion Islam. Eine Einführung.* Matthias-Grünewald-Verlag, Mainz/Luzern.

PM Perspektive, Nr. 2/2003

Said, Edward 1995: *Orientalism.* Routledge, London.

Schöning-Kalender, Claudia 1997: Feminismus: Islam, Nation, Moderne. Zur Einführung. In: Schöning-Kalender, Claudia; Neusel, Aylâ; Jansen, Mechtild M. (Hrsg.): *Feminismus, Islam, Nation.* Campus Verlag, Frankfurt (Main). S. 13-32.

Serauky, Eberhard 2003: *Geschichte des Islam. Entstehung, Entwicklung und Wirkung von den Anfängen bis zur Mitte des 20. Jahrhunderts.* Edition Q, Tübingen.

Waines, David 1995: *An introduction to Islam.* Cambridge University Press, Cambridge.

Walther, Wiebke 1997: *Die Frau im Islam.* Edition Leipzig, Leipzig.

Frauen, Säkularismus und Religion im Iran: Ist Gleichberechtigung in einem auf dem Islam basierenden theokratischen Staat möglich?

Miriam Hutter[1]

Zusammenfassung: Die Autorin dieses Beitrages befasst sich mit der Fragestellung, ob es in einem auf dem Islam beruhenden Staat eine Gleichberechtigung zwischen den Geschlechtern geben kann. Als Länderbeispiel hat sich die Autorin den Iran ausgesucht und versucht, indem sie die Geschichte der Frauenbewegung im Iran skizziert, die Frage nach Gleichberechtigung zu beantworten. Sie geht dabei auf die verschiedenen Revolutionen im Iran ein und umreißt, welche Veränderungen diese in Bezug auf Rechte und Selbstbestimmung von Frauen brachten. Des Weiteren zeichnet sie ein Bild des Westens, wie er in islamischen Kulturen wahrgenommen wird und deutet dessen Einfluss auf das Geschlechterverhältnis im Islam.

Schlüsselwörter: Feminismus. Frauenbewegung. Iran. Geschichte. Gleichberechtigung.

---

[1] Miriam Hutter ist Studentin der Gender Studies und der Skandinavistik an der Humboldt-Universität zu Berlin. Die Abgabe des Beitrags erfolgte im 6. Fachsemester. Ihre Forschungsschwerpunkte sind Islam und Gender (u.a. Hausarbeit zum Thema: „Integration von Muslimen in Deutschland") sowie die Repräsentationen von Frauen in den Medien. Zudem absolvierte sie ein Praktikum beim One World Filmfestival in Berlin im November 2006/07.

"Ich glaube, im Gespräch der großen Weltreligionen muss man zunächst vom Respekt der wechselseitigen Traditionen ausgehen. Und dann muss man darauf sehen, dass sich das praktische Verhalten entfernt von manchen in der Tat intoleranten Bestandteilen dieser großen Schriftreligionen." (Maier in Said 2005:39)

1. Einleitung

Frauen und Islam: Ist Gleichberechtigung in einem theokratischen Staat, der auf dem Islam beruht, möglich?

Gerade in der Zeit, in der ich mich mit dieser Frage auseinander setzte, hat Ahmadineschad, der amtierende Präsident des heutigen Iran, die Frauen auf ihrem Weg zur Gleichberechtigung ein ganzes Stück zurückgeworfen, indem er die Menschenrechtsorganisation der Friedensnobelpreisträgerin Shirin Ebadi am 5. August 2006 für illegal erklärte. Der Grund hierfür liegt vermutlich in Ahmadineschads Ablehnung des Westens, da der Nobelpreis ein westliches Produkt sei. Damit stellt sich die Frage, ob nicht die schlechten Beziehungen zwischen dem Westen und dem Iran ein großes Hindernis auf dem Weg zu einer Demokratisierung sind.

Trotz Ahmadineschad möchte ich die Fragestellung theoretisch erörtern, da die Amtszeit eines jeden Präsidenten von begrenzter Dauer ist und „die persische Zivilisation, trotz Ahmadineschad, ungeheuer stark und hoch entwickelt ist" (Medebb in Die Zeit 39/2006). Es erscheint also vorstellbar, sofern Gleichberechtigung im Islam möglich ist, dass die Frauenbewegungen im Iran ihr Ziel noch erreichen werden.

Die Autoren der Literatur, die ich verwendet habe, sahen voller Hoffnung in die Zukunft. Mit fingierten Wahlen, die einen Hardliner wie Ahmadineschad als Präsident zur Folge haben würden, hatten sie einfach nicht gerechnet. Die anti-westliche Politik und die Suppression Andersdenkender sind den Autoren schon aus den ersten Jahren der Islamischen Republik bekannt. Das heißt, die verwendete Literatur, sofern dem iranischen Volk nicht noch jegliches Stimmrecht entzogen wird, ist weiterhin aktuell.

1.1. Vorgehensweise

Um die Frage danach, ob Gleichberechtigung im Islam möglich ist, überhaupt sinnvoll zu machen, ist es notwendig zu sehen, auf welche Weise Veränderungen im Iran vor sich gehen. Nach einem kurzen historischen Abriss werde ich den Fokus auf verschiedene Frauenaktivitäten im Zeitraum zwischen *Konstitutioneller Revolution* und der *Iranischen Revolution* richten, die Veränderungen nach sich zogen.

Anschließend gehe ich, unter den hierfür geschaffenen Voraussetzungen, auf die Frage nach einer möglichen Gleichberechtigung im Islam ein, denn zumindest in der Vergangenheit hat der Islam

„[...] den Frauen eine große Anzahl von Rechten und Privilegien ein(ge)räumt, die jedoch zum Teil im Laufe der Jahrhunderte verschüttet und umgangen worden sind, von männlichen Juristen, Theologen und politischen Entscheidungsträgern." (Safwat 1999:35)

Dies wird zu den verschiedenen Lesarten des Korans führen, in denen die reformorientierten IranerInnen ihre Chance auf Veränderungen liegen sehen.

Abschließend konzentriere ich mich auf das Verhältnis zwischen Westen und Iran, da dieses damit zu tun haben kann, dass sich die iranische Regierung gegen bestimmte Entwicklungen sträubt.

2. Historischer Abriss zur Situation der Frauen

2.1. Die Situation heute

„Girls were taught from infancy onward to sit quietly, not to stir, not to ask questions, not to be curious, with the result that they became physically weakened and unattractive, and mentally incapable of self-reliance. They were trained to be humble, feeble, servile and dull. What they might do and not to do was dictated to them by the male sex, even in the case of younger brothers to older sisters. Thus the dominant feelings in their minds were self-disparagement, fear and submissiveness." (Bamdad in Sansarian 1982:14)

Auf diese Weise charakterisiert Bamdad die Situation der Frauen im Iran, die in dieser Form auch heute noch gilt oder zumindest doch wieder zu erkennen ist. Aber trotz dessen, dass die Frauen diskriminierende Struktur gleich geblieben ist, fanden und finden natürlich Veränderungen statt. Diese zeigen sich vor allem an der großen Zahl der Frauen, die mittlerweile Teil des öffentlichen Lebens sind. So stellen die Frauen ein Drittel der Arbeitskräfte im heutigen Iran, und im Jahr 2002 waren 63% der Studienanfänger weiblich (vgl. Amirpur 2003:62). Für die jüngere Generation ist es selbstverständlich, Seite an Seite mit Frauen zu arbeiten (vgl. Mir-Hosseini 1999:275).

2.2. Das Tragen des Hijab

Obgleich das Tragen des *Hijab* (Kopftuch) in den westlichen Ländern als Ausdruck der Diskriminierung der Frau per se gesehen wird, wären die Frauen in diesem Ausmaß in der Öffentlichkeit wohl nicht sichtbar, würden sie es nicht tragen. Erst das Tragen des *Hijab* hat den Frauen ermöglicht, in dieser Form am öffentlichen Leben teilzunehmen. Trotzdem wäre natürlich eine Situation ideal, in der die Frauen selbst entscheiden können, ob sie das Kopftuch tragen oder nicht, solange dies nicht der Fall ist, kann von wirklicher Gleichberechtigung nicht die Rede sein. Dieser Meinung sind auch selbst die stark religiös orientierten Zeitschriften, die dafür sind,

„dass islamische Kleidung freiwillig und aus eigener Überzeugung getragen werden soll, und dass sie unter Zwang ihren moralischen Wert verliere." (Abid 1999:128)

Der *Hijab* ist zwar das sichtbarste Zeichen für die unterschiedliche Stellung von Mann und Frau, aber eines der geringsten Probleme der Iranerinnen (vgl. Abid 1999:64).

Der Gebrauch des *Hijab*, die indoktrinierende Praxis der islamischen Religion, die etablierte legale, politische und soziale Untergeordnetheit der Frauen in muslimischen Ländern und die strikt traditionelle Erziehung der Töchter sprach in den Augen des Westens gegen eine Frauenbewegung im Iran (vgl. Sanasarian 1982:1). Zwar gab es nie die „eine" große Frauenbewegung, aber schon seit Beginn des 19. Jahrhunderts gab es eine kleine Gruppe von Frauen, die sich für die Rechte der Frauen einsetzten (vgl. Sanasarian 1982:1). Aber auch vor dem 19. Jahrhundert gab es regelmäßig Aufstände von armen Frauen, die sich gegen ansteigende Preise und Steuern auflehnten.

2.3. Die Beteiligung der Frauen bei der *Konstitutionellen Revolution*

Als eigene politische Kraft erschienen die Frauen erstmals 1905 in dem nationalen Kampf für eine konstitutionelle Regierung auf der Bildfläche. Zuvor hatten es die Einschränkungen bezüglich Ausbildung, bezahlter Arbeit außerhalb des Heims und sozialer Aktivitäten den Frauen erschwert, ein politisches Bewusstsein und daraus folgend politische Aktivitäten zu entwickeln. Die Kleriker vertraten die Meinung, dass die Ausbildung von Frauen dem Islam widerspreche, was zur Folge hatte, dass gebildete Frauen dies zu verstecken suchten. Die einzige erlaubte wirtschaftliche Aktivität außerhalb des Heims war vor der *Konstitutionellen Revolution* die Prostitution (vgl. Moghissi 1996:27). Die Teilnahme der Frauen an der Revolution erfolgte in der Hoffnung auf einen sozialen Wandel, der die Lebenssituation der Frauen verbessern sollte (vgl. Moghissi 1996:29). Aber:

> „If anything, the first Iranian Constitution further entrenched female subordination and gender inferiority in the law." (Moghissi 1996:29)

2.4. Erste Aktivitäten

Das Hauptmedium für diese aktiven Frauen bildeten die Frauenzeitschriften, die sie zu Beginn des 20. Jahrhunderts gründeten und die von großer gesellschafts- und kulturpolitischer Bedeutung für den Iran waren und noch sind (vgl. Badran 2001:234). Ihr Schwerpunkt lag auf den Bereichen Bildung und Erziehung und war unter dem Gesichtspunkt als politisch zu verstehen, dass Frauen ihre Meinung auf diese Weise erstmals in die Öffentlichkeit tragen konnten (vgl. Abid 2001:233). Dass es möglich war, politische Anliegen der Frauen in größerem Zusammenhang zu diskutieren, hing mit der Freiheit zusammen, die sich aus dem Umstand ergab, dass die Zeitschriften als unpolitisch galten (vgl. Abid 2001:233).

In der auf die *Konstitutionelle Revolution* folgenden Dekade, beschäftigten sich die politisch aktiven Frauen erstmals mit der Frage der Geschlechterungleichheit und damit, wie sich die Lebensqualität der Frauen durch legale soziale Reformen verbessern lassen würde. Ihre Aktivitäten wurden von dem Verlangen nach einer ökonomischen, politischen und sozialen Modernisierung Irans beeinflusst (vgl. Moghissi 1996:31). Unter der Androhung von Gefängnis und Peitschenhieben errichteten Frauen in den 1910er Jahren die ersten Mädchenschulen. In den 20er Jahren begann unter dem neu gewählten Schah Reza Khan die Formierung eines modernen Staates in Iran (vgl. Moghissi 1996:32). Bis 1930 wurden mehr als 20 Frauenzeitschriften gegründet,

„[...] each criticizing the inferior position of women in the family and society and making specific demands for change." (Moghissi 1996:32)

2.5. Prozesse der Modernisierung

Unter dem Schah wurden viele sozio-ökonomische Reformen durchgeführt, und Iran entwickelte sich zu einem starken, zentralisierten, modernen Staat. Fortgeführt wurde diese Regierungsweise durch den Sohn des Schahs, Muhammad Reza Pahlavi, unter dem religiöse Richter durch Richter und Anwälte mit säkularer Ausbildung ersetzt wurden und die islamische *Scharia* erheblich an Einfluss verlor. Doch nahezu unverändert blieb ihre Wirkmacht bezüglich der Gesetze zu Ehe, Scheidung, dem Sorgerecht und dem Erbe, die weiterhin die Frau stark diskriminierten. Aber von nun an mussten Ehe und Scheidung registriert werden, das Heiratsmindestalter von Mädchen wurde auf fünfzehn heraufgesetzt, und es bestand die Möglichkeit, im Ehevertrag das Recht zur Scheidung festzulegen (vgl. Moghissi 1996:36ff).

1936 wurden die Frauen gezwungen (auch mit Gewalt, im Falle von Widerstand), ihren *Hijab* abzulegen, da Reza Schah das Bild eines modernisierten, verwestlichten Staates zu schaffen versuchte.

Die Regierungszeit von Mohammad Reza (Sohn von Reza Schah Pahlavi) brachte den Frauen vor allem zwei positive Veränderungen: das Wahlrecht, das sie 1963 erhielten, und der vermehrt stattfindende Zugang zu Bildung, der durch den Prozess der ökonomischen Modernisierung möglich wurde (vgl. Moghissi 1996:39ff). Doch förderten die Modernisierungsprozesse

„[…] growing disparities between the social classes and strata of the female population, and between rural and urban women." (Moghissi 1996:21)

2.6. Etablierung der Islamischen Republik

Wegen der Verwestlichung, die durch Muhammad Reza stattfand, fühlten sich „viele tief gläubige Iraner brüskiert [...], für die ihre Religion ein identitätsstiftender Faktor war" (Gronke 2003:104). Gleichzeitig brachte sich der Schah durch innenpolitische Repressionen um das Wohlwollen der westlich orientierten Iraner, die nach den Freiheiten einer Demokratie verlangten (vgl. Gronke 2003:109). Diese Situation wurde durch soziale und wirtschaftliche Missstände verschärft, so dass es 1979 zur *Islamischen Revolution* kam, die von Ayatollah Khomeyni angeführt wurde. Von den iranischen Frauen wurde er deshalb unterstützt, weil er die „Beibehaltung des Gesellschaftssystems, demokratische Freiheiten und die Gleichberechtigung von Mann und Frau" (Gronke 2003:109) versprach. Doch nach der Etablierung der *Islamischen*

Republik sah es für die Frauen schlecht aus. Statt mehr Rechten gab es neue Einschnitte, die sie hinnehmen mussten, so auch die Rückkehr zum *Hijab*:

> „As the symbol of reasserting Islamic identity and purification of society from Western culture, Hijab is the focal point of the state propaganda and gender politics." (Moghissi 1996:184)

Wieder ergaben sich die Frauen dem Kopftuchzwang nicht freiwillig, sondern mussten erst mit Gewalt bzw. Gewaltandrohungen dazu gezwungen werden.

Die *Islamische Revolution* kann als ausschlaggebend dafür betrachtet werden, dass in den Reihen der Frauen ein neues *gender-consciousness* (d.h. ein neues Bewusstsein für die für Frauen benachteiligenden Strukturen) aufkam, da durch sie das Auseinanderklaffen von Wirklichkeit und „intellektueller Vorstellung" (Kar 2001a:251) vor allem im Alltag der Frau sichtbar wurde. Die Männer, die während der Revolution noch auf ihrer Seite zu sein schienen, lösten nach Erreichen des Ziels ihre Versprechungen zur Verbesserung des Status der Frau nicht ein (vgl. Badran 2001:223). Die Verletzungen, die den Frauen nach der Revolution zugefügt wurden, verstärkten deren dissidentes Bewusstsein (vgl. Kar 2001a:253). Sie begannen nun verstärkt „nach Autonomie von maskuliner Hegemonie im Rahmen der Parteipolitik zu suchen" (Badran 2001:224).

Von den Veränderungen, die die Revolution mit sich brachte, fast gänzlich unberührt blieben die Menschen in den ländlichen Gegenden: „[...] village life continues much as it always has, dominated by the sheer hard work of making a living" (Howard 2002:20).

3. Frauenaktivitäten

3.1. Feminismus

Während der 1990er Jahre kamen die „unverfrorensten feministischen Initiativen" (Howard 2002:20) aus dem Iran. Nur durch die Hilfe der Frauen kam es zu dem überraschenden Sieg des Reformers Khatami bei den Präsidentschaftswahlen 1998.

Viele Iranerinnen können sich mit dem Begriff Feministin nicht identifizieren, da er in ihren Augen für die westliche Frauenbewegung steht, und bezeichnen sich lieber als Menschenrechtsverteidigerinnen, da hier der Anspruch auf Gleichberechtigung impliziert ist.

Ich werde, trotz dessen es sich manchmal explizit um Frauenthemen handeln mag, anstatt Feministin den Begriff der Menschenrechtsverteidigerin verwenden.

3.2. Konformistinnen und Nicht-Konformistinnen

Die säkulare Menschenrechtlerin Mehranguiz Kar unterscheidet zwei Gruppen von Iranerinnen: die einen nennt sie konformistisch, die anderen nicht-konformistisch (vgl. Kar 2001b:177). Die konformistischen Frauen sind für die islamische Frauenpolitik, die nicht-konformistischen dagegen, wobei sich die religiösen, konformistischen Frauen letzteren immer mehr angleichen. Die konformistischen Frauen verhielten sich loyal gegenüber den traditionellen Interpretationen des Islam, realisierten aber trotzdem, dass die Gesetze und Regulierungen, welche die Frauen betreffen, „[...] do not reflect the promising slogans of the revolution in the realm of the family, politics and society" (Kar 2001b:181).

Es wurden zwar Forderungen und Beschwerden dieser Frauen veröffentlicht, doch die weibliche Elite, deren politische Macht auf dem damals regierenden traditionellen rechten Flügel basierte, erlaubte sich nur vage, generelle Stellungnahmen, um ihre Machtposition nicht zu gefährden (vgl. Kar 2001b:181). Also waren es die konservativen Frauen, die nach der Revolution als erste die politische Arena betreten konnten, als Opposition zu den anders denkenden, unverschleierten, gebildeten Frauen. Für diese wurde der soziale Raum, in dem sie sich bewegen konnten, immer enger und unerträglicher. Einige verließen den Iran, einige zogen sich in ihr Heim zurück und nur wenige blieben bei ihrer Arbeit, die sie unter sehr schwierigen Bedingungen weiterverfolgen konnten (vgl. Kar 2001b:177).

Aufgrund ihrer Erfahrungen mit dem Familiengericht wuchsen Dissens und Desillusionierung unter den islamischen Frauen, und viele begannen nun, die patriarchale Politik in Frage zu stellen. Doch den Frauen mangelte es an unabhängigen und effektiven Organisationen, um den Staat unter Druck zu setzen, und so kamen sie erst während des Iran-Irak-Krieges zu ersten Erfolgen.

3.3. Erste Erfolge: Abänderungen von Gesetzen

Das Sorgerecht, das mit dem Tod des Vaters an den Großvater fällt, wurde nach regelmäßigen massiven Petitionen durch protestierende Witwen den Frauen zugesprochen. Der Erfolg in dieser Sache verstärkte die kritische Sichtweise der Rolle der Frau gegenüber dem konservativen und traditionellen Denken (vgl. Kar 2001b:180). Trotz der vielen Schwierigkeiten, denen sich diese Frauen gegenüber gestellt sahen, konnten sie erreichen, dass einige Gesetze so geändert wurden, dass sie eine Verbesserung der weiblichen Lebensbedingungen zur Folge hatten. So wurde zum Beispiel 1992 das Scheidungsgesetz dergestalt umgeändert, dass die Frau bei einer durch den Mann gewünschten Scheidung, ohne dass sie Ehebruch oder ähnliches begangen habe, ihre Aussteuer, die Ausgaben, die 100 Tage überleben erforderlich machen und den Lohn für Hausarbeit und Kinderpflege, die sie während der Ehe leistete, erhalten sollte. Damit wurde das Gesetz nicht in seiner Frauen diskriminierenden, patriarchalen Struktur verändert, aber die Veränderung machte das Leben der Betroffenen etwas einfacher (vgl. Kar 2001b:181).

Mitunter setzten sich die Konformistinnen für neue Gesetze ein, die den Traditionalisten sehr entgegenkamen und deshalb problemlos sanktioniert wurden. Dies war 1997/1998 bei drei neuen Gesetzen der Fall: einmal das Keuschheitsgesetz, das die

Notwendigkeit des *Hijab* noch einmal betonte, um sich von westlicher Kleidung zu distanzieren, die von den Islamisten mit der Kolonisierung durch den Westen assoziiert wird.
Zweitens das Pressegesetz, das mit einer neuen Klausel versehen wurde, die besagte

> „[...] that using either men or women in pictures and texts in such a way as to belittle or insult women, advertising illegal luxuries, defending women's rights illegitimately, or raising subjects that will create dissension between men and women is to be prohibited." (Kar 2001b:182)

Die Ambiguität, in der diese Klausel formuliert worden war, ermöglichte nun eine völlig willkürliche Definition von *Gefährdung*. Die Veröffentlichung von Frauenbildern und Einwände gegen diskriminierende Gesetze konnten nun noch einfacher verhindert werden.

3.4. Die Nicht-Konformistinnen

Als reformistische religiöse Menschenrechtlerinnen kann man die Frauen bezeichnen, die eine Exegese des Korans betreiben, welche zeigt, dass der Islam die Gleichberechtigung der Geschlechter befürwortet:

> „Allgemein geht es islamischen Feministinnen um einen korrekt interpretierten und praktizierten Islam, das heißt einer Islamauslegung, in der es keine geschlechtsspezifischen Ungerechtigkeiten gibt." (Badran 2001:216)

Doch an dieser Stelle gilt es zu unterscheiden zwischen mehr traditionellen und eher modereren Menschenrechtlerinnen. Die traditionellen Frauen postulieren die gleichen aber nicht dieselben Rechte, die den Männern zugestanden werden, da der Islam in ihren Augen nicht dieselben Rechte und Pflichten für Männer und Frauen vorsieht (vgl. Kar 2001b:185).

4. Säkularismus und der Westen

4.1. Säkularismus

Säkularismus hat im Iran eine andere Bedeutung als in westlichen Ländern. In den muslimischen Ländern hat der Begriff im Laufe des 20. Jahrhunderts eine Bedeutungsveränderung durchgemacht, beziehungsweise unterlief er einem Wertverfall. Zur Zeit des letzten Schahs hatte er im Rahmen des säkularen Nationalismus, damit ist die Bewegung gemeint, die in den vom Westen kolonisierten Ländern eigene Nationalstaaten aufbauen wollte (Badran 2001:217) und der damit einhergehenden Modernisierungsprozesse, eine positive Bedeutung. Doch zum Ende des 20. Jahrhunderts, mit der Etablierung der Islamischen Republik, formten die Islamisten „die beiden Begriffe ‚Säkularität' und ‚säkular' in antiislamisch und / oder unislamisch um" (Badran 2001:221). Grundsätzlich wird Säkularismus im Iran gleichgesetzt mit Modernisierung.

Die „Freizügigkeit" (Rasuly-Paleczek 1999:9) westlicher Frauen und der für die Islamisten damit im Zusammenhang stehende Frauenemanzipation dient diesen als anschauliches Beispiel für eine Warnung vor dem damit einhergehenden Gesellschaftsverfall. Würden sich die Individuen, besonders die Frauen, in zu großem Maße emanzipieren, so würde das

„[...] die Grundthese vieler Islamisten, aber auch zahlreicher muslimischer Traditionalisten (vor allem im ländlichen Raum), die Gesellschaft in ihren Grundfesten erschüttern." (Rasuly-Paleczek 1999:10)

Die Angst vor einer solchen Entwicklung führt zu einem Festklammern an traditionellen Normen und Werten.

4.2. Die Sicht des Westens

„Dem Westen dient der Hinweis auf die Gleichstellung und Gleichberechtigung von Mann und Frau in Staat und Gesellschaft dazu, die Rückständigkeit der orientalischen Gesellschaften aufzuzeigen und gleichzeitig die Forderungen westlicher Frauen nach einer vollständigen Realisierung der sozialen Gleichheit zu relativieren." (Rasuly-Paleczek 1999:21)

Von den westlichen Ländern wird Säkularität, verstanden als Trennung von Religion und Staat, als Grundlage für die modernen westlichen Gesellschaftsformen betrachtet und damit als Hauptargument gegen eine theokratische Staatsform angeführt. Dabei hat Säkularität

„[...] won a reputation for humiliating Muslims – humiliating them through the exercise of Western double standards in Kuwait, Algeria and Palestine, through the corrupt despotism of comprador governments, and through the permanent threat of being crushed by the economic, technological, political, cultural and military might of the American-led West." (Keane 2000:36)

Somit wird Säkularität von Muslimen häufig gleichgesetzt mit Verwestlichung und erscheint damit nicht als erstrebenswert. Andererseits gibt es gläubige Iranerinnen, wie z.B. Mehranguiz Kar, die sich selbst als eine säkulare Reformerinnen verstehen. Diese SäkularistInnen, die sich selbst als muslimisch begreifen, werden von islamistischen Kreisen als Nicht-Muslime gebrandmarkt. Damit versuchen die Islamisten, diejenigen gesellschaftlich zu delegitimieren, die ihre Ziele nicht mit denen des politischen Islam teilen (vgl. Badran 2002:221).

4.3. Religion und Politik

„Als din wa dunya (Religion und Welt) beherbergt der Islam sowohl das Religiöse als auch das Säkulare." (Badran 2001:222)

Die Dichotomie von säkularen und religiösen feministischen Diskursen ist im Iran so nicht zu finden, da säkulares und religiöses Gedankengut im feministischen Diskurs zusammenfinden (vgl. Badran 2001:222). Dies ist ein typisches Beispiel dafür, dass Religion häufig als Politikum missbraucht wird. So hat Religion im Laufe der Geschichte schon oft dazu gedient,

„[...] to reinforce national identities, to legitimate governments, to mobilise popular support and even to justify actions that have led to ethnic cleansing." (Esposito / Termimi 2000:1)

Dieses Phänomen ist spezifisch für den Mittleren Osten: dass ein Unabhängigkeitskrieg oder eine Revolution *nicht* dazu führt, hinterher die Gleichheit der Geschlechter gesetzlich zu verankern (vgl. Moghissi 1996:13). „And there are few cases other then Iran where women were worse off after the revolution" (Moghissi 1996:13). Das heißt, es muss eine Verbindung geben zwischen dem Islam und anderen kulturellen, ökonomischen und politischen Kräften, die dem autoritären Impuls des Mittleren Osten entgegenkommen und gleichen Rechten für Frauen und ihrem Veränderungswunsch entgegenwirken (vgl. Moghissi 1996:13).

„Therefore, while we recognize a lack of autonomy and choice within the wider context of not belonging to powerful nations, races or classes, we are directed by the crucial importance of taking back control of at least our own bodies and our own lives that at present are dominated by male power and male authority." (Moghissi 1996:17)

5. Menschenrechte und Islam – Die Auslegung des Koran

„Der ursprüngliche Islam sieht keine Benachteiligung der Frauen vor. Sie finden Verse im Koran, die auf Gleichheit von Mann und Frau hindeuten. Darin wird betont, dass sich die Menschen nur aufgrund ihres Charakters unterscheiden. Es sind die unterschiedlichen Auslegungen der religiösen Quellen, die teilweise zu einer rechtlichen Ungleichheit zwischen Mann und Frau geführt haben [...]. Dazu kommt, dass sich im Laufe der Jahrhunderte viele Traditionen in den Islam eingeschlichen haben, die die Frauen einschränken, die aber mit der reinen Lehre nichts zu tun haben." (Hashimi in Badran 2001:242)

Dies ist die Meinung von Hashimi, die im Westen jedoch nicht besonders populär ist. Denn behauptet wird, dass in den muslimischen Ländern die Diskriminierung von Frauen am weitesten geht.

Die religiösen ReformerInnen sehen die Ursache dafür aber nicht im Islam selbst, sondern in den konservativen Traditionen des rechten Flügels, die auf einer veralteten, patriarchalen Auslegung des Korans beharren. Dafür sprechen auch die unterschiedlichen Interpretationen der *Scharia* (das von Gott offenbarte islamische Recht), die es im Laufe der Geschichte gegeben hat und durch die der Handlungsspielraum von Frauen entweder vergrößert oder verkleinert wurde (vgl. Rasuly-Paleczek 1999:17 u. Beitrag von Florian Holzknecht in diesem Band).

Viele islamistische Iraner setzen die Menschenrechte mit dem imperialistischen Westen gleich (vgl. Kar 2001b:178). Da die Menschenrechte sowieso schon im Koran festgeschrieben seien, wird die Allgemeine Erklärung der Menschenrechte von ihnen als westliches Ideal abgelehnt (vgl. Rasuly-Paleczek 1999:12). Die Abneigung gegen den Westen richtete sich insbesondere gegen die Vereinigten Staaten von Amerika, die den demokratisch gewählten Mossadegh wegen Ölinteressen 1953 stürzten und wieder die autokratische Monarchie des Schahs erzwangen. Mit der Etablierung der Islamischen Republik und später mit dem Iran-Irak-Krieg wurden diese anti-westlichen Gefühle erneut mobilisiert (vgl. Rasuly-Paleczek 1999:12).

Diese Veränderungen erstrecken sich nicht nur auf die Abänderung von Gesetzen, sondern es findet auch ein Bewusstseinswandel innerhalb der Frauenreihen statt. Der Wandel zeigt sich am deutlichsten im eher traditionell-konformistischen Lager der Frauen, da er dort einen verstärkten Reformwillen hervorbringt.

Literaturverzeichnis

Abid, Lise J. 1999: Die iranischen Frauenzeitschriften als Katalysator für den sozialen Wandel. In: Vauti, Angelika; Sulzbacher, Margot (Hrsg.): *Frauen in islamischen Welten. Eine Debatte zur Rolle der Frau in Gesellschaft, Politik und Religion.* Brandes & Apsel Verlag, Frankfurt (Main).

Abid, Lise J. 2001: Journalistinnen und Gesellschaftspolitik im Iran: Drei Beispiele aus einem breiten Spektrum. In: Pusch, Barbara (Hrsg.): *Die neue muslimische Frau*. Ergon, Würzburg.

Amirpur, Katajun 2003: *Gott ist mit den Furchtlosen*. Herder Verlag, Freiburg.

Badran, Margot 2001: Zur Verortung von Feminismen: Die Vermischung von säkularen und religiösen Diskursen im Mashriq, der Türkei und dem Iran. In: Pusch, Barbara (Hrsg.): *Die neue muslimische Frau*. Ergon, Würzburg.

Gronke, Monika 2003: *Geschichte Irans. Von der Islamisierung bis zur Gegenwart*. C.H. Beck Verlag, München.

Howard, Jane 2002: *Inside Iran: Women's lives*. Mage Publishers, Washington D.C.

Kar, Mehranguiz 2001a: Zum rechtlichen Status iranischer Frauen. In: Pusch, Barbara (Hrsg.): *Die neue muslimische Frau*. Ergon, Würzburg

Kar, Mehranguiz 2001b: Women's Strategies in Iran from the 1979 Revolution to 1999. In: Bayes, Jane H.; Tohidi, Nayereh (Hrsg.): *Globalization, gender, and religion. The politics of women's rights in Catholic and Muslim contexts*. Palgrave Macmillan Publishers, Basingstoke.

Keane, John 2000: The limits of secularism. In: Esposito, John L.; Tamimi, Azzam (Hrsg.): *Islam and secularism in the Middle East*. New York University Press, London.

Medebb, Abdelwahab: *Dem Islam ist die Gewalt in die Wiege gelegt worden*. In: Die Zeit, Nr. 39, 21.9.2006

Mir-Hosseini, Ziba 1999: *Islam and gender*. I.B. Tauris Publishers, London.

Moghissi, Haideh 1996: *Populism and feminism in Iran*. St. Martin's Press, New York.

Rasuly-Paleczek, Gabriele 1999: Frauen in islamischen Welten- Anmerkungen aus westlich-europäischer Sicht. In: Vauti, Angelika; Sulzbacher, Margot (Hrsg.): *Frauen in islamischen Welten. Eine Debatte zur Rolle der Frau in Gesellschaft, Politik und Religion.* Brandes & Apsel, Frankfurt (Main).

Safwat, Iris 1999: Die Stellung der Frau im Islam, In: Vauti, Angelika; Sulzbacher, Margot (Hrsg.): *Frauen in islamischen Welten. Eine Debatte zur Rolle der Frau in Gesellschaft, Politik und Religion.* Brandes & Apsel, Frankfurt (Main).

Said, Edward 2005: *Ich und der Islam*. C.H. Beck, München.

Sanasarian, Eliz 1982: *The women's rights movement in Iran. Mutiny, appeasement & repression from 1900 to Khomeini.* Praeger Publishers, New York.

II. FRAUENRÄUME

Frauenräume im Alltag

Antje Czudaj[1]

Zusammenfassung: In dem vorliegenden Aufsatz befasst sich die Autorin mit den öffentlichen und privaten Räumen und deren Gestaltungsmöglichkeiten für muslimische Frauen. Ein besonderes Augenmerk wird dabei auf die Situation der muslimischen Frauen im Iran gerichtet. Anhand verschiedener Autorinnen wird die Geschichte der iranischen Frauenbewegung betrachtet und die mit sich bringenden Veränderungen der Situationen für Frauen analysiert. Auch die verschiedenen Ansätze zur Interpretation des Korans und deren Auswirkungen auf die Rechte vorn Frauen finden Berücksichtigung.

Schlüsselwörter: Iran. Frauenbewegung. Geschichte. Patriarchat. Gestaltungsmöglichkeiten. Private und öffentliche Räume.

1. Einleitung

In den Ländern des so genannten Westens besteht eine Vorstellung von Frauen in islamischen Ländern, die sie auf ihre Unterdrückung von Seiten des Mannes und des Patriarchats reduzieren. Durch die Medien erhalten wir das Bild der muslimischen Frau als Opfer. Der Koran gilt dabei als Quelle der Ungerechtigkeit zwischen den Geschlechtern. Häufig wird der Fakt nicht erkannt bzw. unter den Tisch gekehrt, dass die Position von Frauen in islamischen Ländern

---

[1] Antje Czudaj war bis Februar 2006 Studentin der Amerikanistik (1.HF) und der Gender Studies (2.HF). Die Abgabe der Hausarbeit erfolgte im 7. Fachsemester. Ihre Forschungsschwerpunkte waren Theorien der Postmoderne bezüglich Hybridity, Chicano/a Studies und Race in der amerikanischen Literaturwissenschaft und Kulturwissenschaft, feministische Filmwissenschaft sowie die Geschlechterdebatte in der islamischen Welt. Sie absolvierte zwei Auslandssemester an der University of Sydney. Im Moment arbeitet sie als Assistentin der Geschäftsführung in einem Berliner Marktforschungsinstitut und ist dort u.a. für die internationale Kundenkommunikation zuständig.

durchaus von Aktivität und auch von Protest gekennzeichnet ist. Während im Westen die Vorstellung von der homogenen islamischen Gesellschaft existiert, sind Unterschiede bezüglich der Gesetzgebung sowie der Stellung der Frau im wirtschaftlichen und privaten Raum regional spezifisch. So spielt bei der Beschreibung von weiblichen Lebenssituationen nicht nur die Länderdifferenz eine Rolle, sondern auch die Unterschiede zwischen Stadt und Land.

In dieser Arbeit werde ich Stimmen von WissenschaftlerInnen zusammentragen, die sich aus feministischer Perspektive der Erforschung von weiblichen Lebenssituationen im islamischen Kontext gewidmet haben. Aufgrund meiner Selbstverortung im westlichen Kontext wird es sich hierbei um eine Annäherung an das Themengebiet handeln. Es wird sichtbar werden, dass Frauen Handlungsspielräume in islamischen Gesellschaften besitzen. Vor allem soll dies am Beispiel der Geschichte der iranischen Frauenbewegung verdeutlicht werden. Ihre anfänglichen Strategien und Ziele werden vorgestellt, um dann auf die heutige Situation im Iran einzugehen. Dabei soll der wissenschaftliche feministische Diskurs in Verbindung mit einer Neuinterpretation des Korans seine Erwähnung finden. Einige zentralen Fragen werden sein: Inwiefern unterdrücken patriarchale Strukturen Frauenrechte? Welche Möglichkeiten haben Frauen, sich innerhalb der Gesellschaftsstrukturen Räume zu schaffen? Neben der wissenschaftlichen Arbeit von Frauenrechtlerinnen werden auch die realen Lebenssituationen in islamischen Gesellschaften betrachtet. Dies soll Aufschluss geben über Strategien, derer sich Frauen in der Stadt und auf dem Land bedienen, um sich Freiräume zu schaffen.

2. Die iranische Frauenbewegung

Am Beispiel der iranischen Frauenbewegung lässt sich erkennen, dass Frauen unter einer islamischen Regierung die Möglichkeit haben, sich Räume für ihre Interessen und Rechte zu erschließen und diese auch zu nutzen. Im Folgenden möchte ich auf einige herausragende Daten dieser Geschichte eingehen und ihre Strategien vorstel-

Frauenräume im Alltag 85

len. Hierzu wird Eliz Sanasarians Buch „The Women's Rights Movement in Iran" als Grundlage dienen. Anschließend werde ich auf die Frauenbewegung der heutigen Zeit im weiteren islamischen Kontext eingehen.

Eliz Sanasarian rekapituliert die Anfänge der iranischen Frauenbewegung, ihre geschichtliche Einbettung und ihre Ziele. Sanasarian stellt fest,

„to the casual observer it would appear that women in the Middle East (and the Muslim World) have never been involved in any social movement on their own behalf". (Sanasarian 1983:1)

Sanasarian fordert diese oberflächliche Sichtweise heraus, indem sie Aktionen und Stimmen von Frauen zusammenstellt, die in der patriarchalen Geschichtsschreibung versteckt worden waren. Sie betont, dass die Geschichte des Irans im 20. Jahrhundert von Machtwechseln und ideologischem Wandel gekennzeichnet war, was sich auch auf die Möglichkeiten der Frauen bezüglich ihrer Selbstermächtigung auswirkte. Wie Sanasarian deutlich macht, ist der Weg der Emanzipation nie stetig gewesen und abhängig von geschichtlichen Rahmenbedingungen und der Regierungsform.

Bereits zur Zeit der Konstitutionellen Revolution 1906 verließen Frauen aller Klassen ihren traditionellen Aufgabenbereich im Haus, um sich für die Revolution zu organisieren und dem Eindringen fremder Nationen in den Iran entgegenzutreten. Dieses Betreten eines neuen Raumes wurde vom Klerus unterstützt – verfolgten sie doch gemeinsam ein Ziel. Die Frauen waren unzufrieden mit ihrem Status als Unterdrückte, was sie jedoch dem Eindringen fremder Mächte in den Iran zuschrieben, während der Klerus von ihrer Kritik nicht betroffen war (Sanasarian 1983:21). Da Frauen zu dieser Zeit mit dem Klerus eine Meinung vertraten und ein Ziel verfolgten, beurteilt Sanasarian ihre Aktivitäten nur teilweise als revolutionär. Frauenermächtigung wurde nur bis zu einem gewissen Grad toleriert und unterstützt.

„While patriotic demonstrations by veiled women had the support of the nationalists, a march by unveiled women demanding freedom from religious impediments was too demeaning for any group to grant recognition." (Sanasarian 1983:22)

Nach der Revolution zogen sich die Frauen der Unterschichten wieder zurück, so dass die Bewegung geschwächt wurde. Während sich die Treffen und Organisationen von Frauen zu Zeiten der Konstitutionellen Revolution noch durch eine lose Struktur auszeichneten, begannen die Rechtlerinnen ab 1910 klarere organisatorische Formen anzunehmen und explizit ihre Ziele zu formulieren. Dies taten sie durch das Publizieren von Frauenzeitschriften. Mit der Gründung der ersten Frauenzeitschrift *Danesh* (Wissen) im Jahre 1910 wurde der erste Stein für den Weg der schriftlichen Artikulation von Fraueninteressen gelegt. Zeitschriften wie *Danesh* forderten das Recht der Frauen auf Bildung und ökonomische Unabhängigkeit vom Mann und legten Wert auf die Heranführung der Frauen an Literatur.

Die meisten Zeitschriften, immer verbunden mit relativ lose strukturierten Frauenrechtsorganisationen, erschienen nach dem Ersten Weltkrieg. Als einen wichtigen Grund für die Anhäufung weiblicher Stimmen gerade zu diesem Zeitpunkt nennt Sanasarian die politische Uneinigkeit im Iran:

„It was this disunity that might have created a system sufficiently flexible to allow women's groups to rise to the surface." (Sanasarian 1983:38)

Nur in einer instabilen Zeit sieht sie die Möglichkeit für das unterdrückte Geschlecht aufzubegehren. Sanasarian beurteilt die Frauenrechtlerinnen im Iran insgesamt als zu unorganisiert und ihre Ziele als zu kurzlebig, um überleben zu können. Des Weiteren zeichnete die Frauen dieser Organisationen aus, dass sie hauptsächlich aus gebildeten Familien kamen. Sie erreichten die Frauen auf dem Lande nicht und organisierten sich hauptsächlich in Teheran und wenigen anderen großen Städten Irans. Zudem gab es kaum stärkende Kommunikation zwischen den einzelnen Organisationen, weshalb sie in den 1930ern ausstarben.

Auswirkungen der frühen Frauenbewegung zeichnen sich, meiner Einschätzung nach, dennoch heute deutlich ab. Denn was die Frauenzeitschriften unter anderem artikulierten, nämlich das Recht der Frauen auf Bildung, wurde auch in die Tat umgesetzt. Die erste Mädchenschule im Iran wurde zwar von Amerikanern im Jahre 1874 errichtet, doch gründeten einzelne iranische Frauen und Gruppen Anfang des 20. Jahrhunderts die ersten Mädchenschulen für Muslime. Erst 1918 wurde die erste staatliche Mädchenschule ins Leben gerufen. Die ersten schulischen Einrichtungen für Mädchen mussten es von Seiten des Klerus mit heftigen Protesten aufnehmen, die sie aber überstanden. Heute sind Mädchenschulen ein unverzichtbarer Teil des Bildungssystems. Nach der Revolution 1979 startete die iranische Regierung eine Alphabetisierungskampagne, so dass heute 91% der iranischen Mädchen eine Schule besuchen. Dies ist eine bemerkenswerte Verbesserung zur früheren Situation: in der Generation ihrer Mütter ist es ungefähr die Hälfte, in der Generation ihrer Großmütter noch immer 86%, die nicht lesen und schreiben können (vgl. Allafi 2001:75). Über die heutige Situation der Mädchenbildung im Iran berichtet Sabine Allafi:

„Früh scheinen sich die iranischen Mädchen an den streng reglementierten äußeren Rahmen zu gewöhnen, in dem ihr Leben verläuft, aber in dem sie sich zunehmend ihre Freiheiten erkämpfen." (Allafi 2001:78)

Die Regierung sieht in der Schule die Chance, die jungen Mädchen zur Glaubensfestigkeit zu erziehen. So dürfen seit August 2000 auch Frauen die Gemeinschaftsgebete an islamischen Mädchenschulen halten. Die Regierung möchte so die Identifikation der Mädchen mit dem Glauben gewährleisten. Es hat aber auch den Effekt, dass die Mädchen Frauen als Akteurinnen zum Vorbild haben. Allerdings beinhaltet die Schule auch Elemente, die die Mädchen auf die traditionelle Rolle der Frau im Islam verweisen.

„Am Inhalt der Schulbücher setzt heute in Iran eine feministische Kritik an, die an der tradierten Rollenfixierung Anstoß nimmt." (Allafi 2001:79)

Die Schulen sind also eine ambivalente Institution für Mädchen. Während der Staat sie unter anderem dazu nutzt, Mädchen ideologisch auf ihren Platz in der Gesellschaft als gläubige Muslime zu verweisen, bietet ihnen die Bildung Möglichkeiten, diesen Platz selbst bestimmen zu können. Allafi fasst die Situation wie folgt zusammen:

> „Eine zunehmende Gleichberechtigung von Mädchen, ein emanzipiertes Frauenbild, ihr ungehinderter Zugang zu mehr Bereichen der Gesellschaft wird mittlerweile von Seiten des Staates mit der Frage der Zukunftsfähigkeit der Islamischen Republik verknüpft." (Allafi 2001:80)

Durch Bildung und Studium erschaffen sich Mädchen und Frauen im heutigen Iran also Räume, die durch mehr Unabhängigkeit gekennzeichnet sind.

Was Feministinnen aus dem Westen häufig nicht nachvollziehen können, ist, dass Frauenrechtlerinnen in islamischen Gesellschaften meist innerhalb ihres Glaubens argumentieren. So kann Sanasarian als Fazit über die Frauenbewegung im Iran sagen, dass nur wenige vereinzelte Frauen den Islam als Grund für ihre Unterdrückung empfinden.

> „They generally emphasized Islam's superiority and condemned men and the religious clergy rather than the religion for their inferior condition." (Sanasarian 1983:47)

Ob in diesem Falle von einem islamischen Feminismus die Rede sein könne, stellt Valentine M. Moghadam in Frage. Denn in der Revolution von 1979 waren Frauen, die Khomeini unterstützten, zwar diejenigen, die die islamischen Werte hochhielten, doch seien sie als „kulturelles Kapital" zu seinen Zwecken eingesetzt worden. Hier legt sie die Betonung auf die Benutzung der Frau, aber nicht auf ihre aktive Teilnahme. Sie neigt deshalb dazu, diesen Frauen einen islamischen Feminismus abzusprechen. Die postrevolutionäre Situation dieser Frauen beschreibt Moghadam wie folgt:

„Participation in politics and the social sphere both during and after the revolution has been a turning point in the lives of those women, most of whom have a traditional middle-class background. Of course, the official mobilization of women was not intended to liberate women but to strengthen the Islamic state. Nevertheless, the very politicization of women and their continuous exposure to ideological and political challenges undermine efforts to redomesticate and privatize them. These women, who now have gained status, legitimacy, and respect, feel rather empowered and self-confident." (Moghadam 1996:166)

Die Emanzipation iranischer Frauen gilt für Moghadam also als ein von der Regierung unerwünschter Nebeneffekt der Mobilisierung der Frauen während der Revolution. Wie Sanasarian geht sie davon aus, dass Krisenzeiten im Iran den Wandel des Geschlechtersystems begünstigen. Das während der Revolution Erlernte nutzen die Frauen der Mittelschicht heute noch, um für ihre Sichtbarkeit zu kämpfen. Jane Howard dagegen beurteilt die Situation der iranischen Frauen nach der Revolution kritischer:

„Some two decades after the revolution, women still live in fear of a flogging for showing more than a couple of inches of hair in violation of religious tradition and the ‚Islamic Penal Code'." (Howard 2002:12)

Miteinander verglichen bezeugen die Aussagen dieser Wissenschaftlerinnen, dass sich die Frauen weiterhin in einem Kampf gegen das Patriarchat und für ihre Rechte und Selbstbestimmung befinden. Hierzu sind Strategien nötig, die von den islamischen Regierungen gebilligt werden, aber gleichzeitig einen Wandel hervorrufen können.

Solche Strategien stellt Moghadam vor. In ihrem Kapitel zu Islamistischen Bewegungen erklärt sie, dass Feminismus besonders für Islamisten eine Bedrohung darstelle.

„In many Middle Eastern countries, especially where Islamist movements are strong, women who try to defend their rights are frequently accused of being westernized." (Moghadam 1996:168)

Diesen Vorwurf versuchen Feministinnen zu umgehen, da sie sonst Gefahr laufen, nicht akzeptiert zu werden. Sie können nicht damit rechnen, dass in einem islamischen Staat Stimmen erhört werden, die aus einer säkularen Orientierung stammen. Die Angst vor dem Verfall der islamischen Werte und die Abgrenzung vom Westen sind zu groß, als dass sie einen Platz im islamischen Diskurs haben könnten. Moghadam zitiert Hélie-Lucas bezüglich dreier Strategien, die von Frauenbewegungen im islamischen Kontext verfolgt werden: Frauen, die sich der Strategie *Entryism* bedienen, fühlen sich fundamentalistischen Gruppen zugehörig, was ihnen eine gesicherte finanzielle Situation und den Zugang zum Studium ermöglicht. Sie kommen vor allem nicht in die Verlegenheit, dass ihnen Verwestlichung vorgeworfen werden könnte. Durch das Tragen des Schleiers bekommen sie Zugang zu Studium und Beruf, unterwerfen sich aber gleichzeitig der traditionellen Ordnung.

„In this context, hijab makes possible women's entry into and activity within the public spaces dominated by men." (Moghadam 1996:168)

Als eine weitere Strategie wird der *säkulare Feminismus* genannt, der sich an den weltlichen Menschenrechten orientiert, und somit den Kontrast zu fundamentalistischen Positionen darstellt.

„To these women, hijab is a form of social control and a patriarchal legacy, and they reject it, as they do Muslim personal laws." (Moghadam 1996:169)

Eine weitere Strategie ist es, innerhalb einer islamischen Argumentation einen Wandel der Situation der Frau herbeizuführen. Frauen, die sich dieser Art der Frauenbewegung zugehörig fühlen, fördern eine Interpretationsweise des Korans, die auf Gleichberechtigung der Geschlechter abzielt. Von den Fundamentalisten kritisch beäugt, finden diese Frauen doch Gehör bei der Mehrheit ihrer MitbürgerInnen und der Regierung.

3. Der Koran und die Rechte der Frau

Die islamische Seite der Frauenbewegung geht davon aus, dass der Islam nicht für die Ungerechtigkeiten zwischen den Geschlechtern verantwortlich ist. Wie oben bereits angeführt, argumentieren sie, dass der Koran selbst nicht für die Missstände in den Geschlechterarrangements in islamischen Gesellschaften verantwortlich ist, sondern dass die Patriarchate ihn für ihre Zwecke benutzt haben. Wichtig ist es zu erwähnen, dass diese Auslegung des Korans lokal unterschiedlich ist. Zwar gilt er in den islamischen Ländern als Rechtsgrundlage, jedoch wird er auf unterschiedliche Gebiete des Rechts angewandt. Patriarchale Strukturen sind ebenfalls regional spezifisch. Deniz Kandiyoti macht in ihrem Text „Islam and Patriarchy: A Comparative Perspective" deutlich, dass Islam und Patriarchat nicht gleichgesetzt werden können:

„It may be, and has been argued, that the spread of Islam has expedited the demise of varied local systems in favor of a more uniformly patriarchal mode, with an emphasis on patrilineality and patrilocality, and with characteristic modes of control of female sexuality and spatial mobility. This does not, however, justify the use of imprecise expressions such as ‚Muslim patriarchy' to denote the sexual asymmetries encountered in contexts as varied as those of a Bedouin tribe, a Hausa village, or an upper-class harem in Cairo or Istanbul." (Kandiyoti 1991:24)

Was Traditionalisten, Fundamentalisten und FeministInnen gemein haben, sei, so Kandiyoti, das sie auf die Richtigkeit ihrer Lesart des Korans bestünden. Neben den für Frauen restriktiven Konsequenzen einer Auslegung des Korans von Patriarchen bietet er genauso viele Chancen für die Gleichberechtigung der Geschlechter.

Die islamische Feministin Fatima Mernissi aus Marokko schreibt in ihrem Buch „Der politische Harem" über die Vergewaltigung des Korans durch das Patriarchat:

„Das Heilige Buch ist nicht nur stets manipuliert worden, seine Manipulation ist sogar ein strukturelles Charakteristikum der Machtausübung in den muslimischen Gesellschaften." (Mernissi 1992:17)

Die Deutung des Korans ist subjektiv, weshalb sie von der Perspektive der ihn lesenden Person abhängig ist. Wie Katajun Amirpur erklärt, gehört es zur Geschichte des Korans, dass er immer wieder neu interpretiert worden ist. Anders als Kandiyoti nimmt Amirpur wahr, dass nur die islamistischen Bewegungen behaupteten, es gäbe nur eine wahre Interpretation des Korans.

„Weil der Koran so deutbar ist, gibt es heute auch Theologen und Theologinnen in der islamischen Welt, die zu sehr liberalen Interpretationen beispielsweise hinsichtlich der Stellung der Frau gelangen." (Amirpur 2003:164)

Einer dieser Theologen ist Abdolkarim Soroush. Er geht davon aus, dass Islam und das westliche Konzept der Menschenrechte vereinbar sind. Er argumentiert, dass die Menschenrechte vernünftig seien, und dass nichts Unvernünftiges Gottes Wille sein könne. Soroush teilt die religiösen Werte zum einen in Werte ersten Grades, die religionsübergreifend sind. Hierzu gehört beispielsweise die Gerechtigkeit. Zum anderen sind die Werte zweiten Grades die Detailvorschriften des Glaubens, wozu er die Bekleidungsvorschrift zählt.

„Zwar gebiete der Islam das Tragen des Kopftuches durchaus, aber eine Frau, die es nicht trage, habe nicht gegen einen essentiellen Bestandteil der Religion verstoßen." (Amirpur 2003:168)

Stimmen wie die Mernissis und Soroushs unterstützen die Gerechtigkeit zwischen den Geschlechtern, ohne den islamischen Kontext zu verwerfen. Sehr liberal lässt Soroush jedoch auch westliche Ideologie für das Funktionieren einer islamischen Gesellschaft zu. Diese Mischung lässt ihn sicher als Exoten unter den Theologen Irans gelten, jedoch hat er einen Platz im Diskurs und wird gehört. Dies gilt in ähnlicher Weise für Fatima Mernissi, die als Wissenschaftlerin beispielhaft die Stimme gegen das Patriarchat erhebt. Beide zeigen, dass eine Raumerschaffung für alternative Stimmen und für Frauen innerhalb islamischer Gesellschaften möglich ist.

4. Frauenräume im Alltag

Neben der Erläuterung des wissenschaftlichen Diskurses ist es auch wichtig, den Alltag von Frauen zu betrachten. In ihm spiegeln sich die strukturelle Unterdrückung und die Geschlechterideologie wider. Zudem können hier die Strategien erkannt werden, die Frauen benutzen, um sich gegen das Patriarchat zu wenden und sich Räume zu erschaffen. Kandiyoti schreibt,

> „a useful point of entry for the identification of different systems of male dominance may be found through analyses of women's strategies of dealing with them". (Kandiyoti 1991:27)

Im Folgenden werden qualitative Beobachtungen des Alltags islamischer Frauen vorgestellt, um nachvollziehen zu können, unter welchen strukturellen Unterdrückungsweisen Frauen leiden, und wie sie dagegen angehen. Es wird uns die Frage begleiten, inwieweit sie ihre Räume selber aktiv bestimmen und inwiefern sie auf Grenzen stoßen.

Traditionell verweisen islamische Gesellschaften Frauen auf ihren Platz im Haus, also im privaten Bereich. Hier ist sie für die reproduktiven Tätigkeiten zuständig. Diesen Ort teilen sich die Geschlechter, während der öffentliche Raum allein den Männern gehört. Erika Friedl beschreibt in „The Dynamics of Women's Spheres of Action in Rural Iran", wie sich die Möglichkeiten zur weiblichen Raumerschließung im Mikrokosmos eines iranischen Dorfes über einen Zeitraum von drei Generationen verändert haben. Friedl betont:

> „Contrary to some popular romantic notions, the seeming relative freedom of rural women (signified by casual veiling, outdoor work, and spatial mobility) is not securely grounded anywhere in ideology or in practice, but is a function of circumstantial, largely economic, necessity. It is a brittle freedom." (Friedl 1991:197)

Die Unterscheidung zwischen öffentlichem und privatem Raum macht auf das iranische Dorf bezogen kaum Sinn, da eine Frau, die am Fluss ihre Wäsche wäscht zwar den öffentlichen Raum betritt, diese reproduktive Tätigkeit jedoch dem privaten Raum zugeordnet werden muss. Friedl geht davon aus, dass die Position der Frau die schwächere ist, da sie vollkommen vom Mann und von der patriarchalen Gesellschaftsstruktur abhängig ist. Frauen haben nicht die Möglichkeit, aus der Struktur auszubrechen. Eher bestimmen wirtschaftliche Faktoren, inwieweit das Geschlechtermodell aufgebrochen werden kann:

> „As long as there was an overriding economic need for women's activities that challenged the ideal order, mechanisms were activated that made it possible to tolerate women's gathering parties." (Friedl 1991:203)

Die Treffen unter Frauen, die dazu dienten Nahrung zu sammeln, gaben ihnen ein Zusammenhaltsgefühl und die Möglichkeit zum Informationsaustausch, was in weiblicher Aktivität und Autonomie resultierte. Die Stärkung der Wirtschaft im Dorf und der Zugang der Männer zu Geld zerstörte diese Möglichkeit für die Frauen jedoch wieder, da ihre Treffen dann als überflüssig angesehen wurden. Öffentlicher Raum gehört den Männern, weshalb Frauen einen Grund vorweisen müssen, um diesen zu betreten. Zudem erkennt Friedl keinen Raum, der den Frauen immer zusteht:

> „The spaces that women occupy, however, are feminine spaces only as long as they are not challenged by men." (Friedl 1991:208)

Im Fazit erkennt Friedl keine Möglichkeit der Frauen zur aktiven Raumerschließung.

Wie Erika Friedl geht auch Salma Nageeb davon aus, dass sich Frauen dem Patriarchat, repräsentiert durch den Staat und den Mann, unterordnen. Sie untersucht den Markt im Sudan als Schnittstelle zwischen Frauen- und Männerraum, also als öffentlichen sowie privaten Raum. Nageeb zeigt die Interaktion von Frauen mit dem Raum *Markt* an drei Eckpfeilern auf:

> „Erstens sind soziale Interaktionen im Raum „Markt" in eine geschlechtliche Definition von öffentlichem Raum eingebettet. Zwei-

Frauenräume im Alltag 95

tens ist der Markt ein Ort sozialer Kräfte und konkurrierender Mächte (d.h. Männer und staatliche Autorität), die um die Bestimmung dessen, was ‚öffentlich' und was ‚privat' ist, miteinander kämpfen. (...) Als dritter Eckpfeiler schließlich ist das Wissen der Frauen über den sozialen Raum „Markt" zu nennen, welches ihnen erlaubt, demselben Raum eine andere Bedeutung zu geben, und dies trotz ihrer ungleichen Machtposition und Autorität in der gesellschaftlichen Geschlechterordnung." (Nageeb 2001:191)

Nageeb gesteht den Frauen also einen Handlungsspielraum innerhalb eines sie unterdrückenden Gesellschaftssystems zu. Es kann sich hierbei jedoch nur um eine Subversion handeln. Die Frauen agieren innerhalb des Systems, und ordnen sich den männlichen Definitionen unter. Sie benötigen eine Legitimation, den Markt zu betreten. Der offizielle Grund darf ausschließlich ökonomischer Natur sein.

„Dennoch verweisen die sozialen Interaktionen der Frauen auf dem Markt auf deren Akteurstatus – indem sie den Markt als Frauenraum entlang ihres Wissens um die Bedingungen der vorgegebenen sozialen Eigenschaften konstruieren." (Nageeb 2001:192)

Für die Frauen bedeutet der Marktbesuch zum einen Freiraum. Hier machen sie ihre „Füße frei" und können „atmen" (vgl. Nageeb 2001:192). Zudem ist es den Frauen wichtig, in Interaktion mit den Händlern und anderen MarktbesucherInnen zu treten. Nageeb erkennt den Markt als einen Ort der sozialen Interaktion für Frauen, und nicht zuletzt konnte sie Ansätze politischer Organisation und Netzwerkbildung bezeugen. Zwar könne der Markt wegen seines großen Anteils von Männern nicht als weiblicher Raum betitelt werden. Doch

„die Art, in der Frauen auf dem Markt interagierten, stellt eine Art der Dekonstruktion eben dieser Definition des Raumes Markt als männlich dar." (Nageeb 2001:195)

An Nageebs Untersuchung lässt sich wie auch an Friedls beweisen, dass Frauen in islamischen Gesellschaften einen Raum benötigen, der ihnen vom Patriarchat zugestanden wird. Nur solch ein Raum ermöglicht ihnen zu agieren. Durch Institutionen wie den Markt oder im Falle des iranischen Dorfes durch die Zusammenkünfte der Frauen zur Nahrungssuche ist ihnen ein erster Schritt zum Interessenaustausch gewährleistet. Hierbei spielt die ökonomische Macht eine wichtige Rolle. In den ärmeren Zeiten des iranischen Dorfes erlaubten es die Männer den Frauen zusammenzukommen. Der Grund, der diese Zusammenkunft legitimierte, war wirtschaftliche Not. Im Falle des sudanesischen Marktes legitimiert das Einkaufen den Marktbesuch, jedoch wird der Raum von den Frauen anders interpretiert. Das Betreten des öffentlichen Raumes bedeutet Freiraum für die Frauen. Dennoch wird durch beide Artikel deutlich, dass Frauen sich den patriarchalen Strukturen unterordnen, und anstatt ihre Stimme zu Gunsten der Einhaltung ihrer Räume zu erheben, sie auf subversive Taktiken setzen, die dem Mann weismachen, er alleine bestimme die Inhalte der Frauenräume. Somit bleiben die Frauen unsichtbar, und ihre Rolle als aktive Subjekte wird nicht wahrgenommen.

Auch Parto Teherani-Krönner geht in ihrem Aufsatz „Women in Rural Production, Household and Food Security: An Iranian Perspective" auf die oberflächliche Betrachtung der Frau als passives Gesellschaftsmitglied ein. Sie widerlegt die Annahme, Frauen nähmen in der ländlichen Gesellschaft und Ökonomie des Irans eine passive Stellung ein. Dabei kritisiert sie die Perspektive von Forschern der Ernährungssicherheit. Viele Projekte zur Ernährungssicherheit basierten entweder auf der Annahme, Frauen seien die Verletzlichen der Gesellschaft oder sie seien ein ökonomischer Faktor, der entwickelt werden müsse. Teherani-Krönner plädiert für eine Anerkennung der Frauen als aktive Subjekte im Entwicklungsprozess:

„In general, strategies for attaining food security are still based upon an image of women that depicts them as vulnerable or deprived, and that wholly underestimates women's active share to food and household security." (Teherani-Krönner 1999:195)

Qualitative Forschung im Iran habe ergeben, dass der Frauenanteil in der Agrarproduktion 40% betrage. Andere empirische Forschung besage, dass ihr Anteil sogar bei 50 bis 90% liege. Dennoch seien es vor allem Frauen im ländlichen Bereich, die unter schlechter Ernährung litten. Die unterschiedlichen Forschungsergebnisse sowie die ungerechte Nahrungsverteilung im Iran zeugten, so Teherani-Krönner, von einer Voreingenommenheit bezüglich der Geschlechter (vgl. Teherani-Krönner 1999:199). Tatsächlich sei ein neues Konzept von Haushalt notwendig, um zu einer gerechten Nahrungsmittelverteilung im Iran zu gelangen:

> „A new concept of household must overcome traditional and modern cultural barriers and gender ideology." (Teherani-Krönner 1999:204)

In anderen Worten, das Männer als die Brotverdiener gelten, müsse für einen produktiven Ansatz hinter uns gelassen werden. Denn tatsächlich sind es junge Mädchen und Frauen auf dem Land, die das zweitgrößte Exportgut des Irans herstellen: Teppiche. Doch der patriarchale Diskurs lasse es kaum zu, Frauen diese mächtige Position einzuräumen. Die Ernährungssicherheitsdebatte würde hauptsächlich von Männern geführt, was zu einem *gender bias* beitrage. Es sind jedoch die Frauen, die aus Rohmaterialien das Essen zubereiten, was Wissen über dieses Gebiet und Zeit erfordert. Diese aktive Rolle der Frau in der Nahrungssicherheit dürfe nicht mehr übersehen werden. Um die Arbeit von Frauen zu erfassen, sei in der Forschung eine neue methodische Fokussierung vonnöten:

> „Even if the new trend towards empirical field research in different rural areas can be seen as one positive outcome, there is a methodological shortcoming: research still follows mainstream statistical quantitative survey research without considering qualitative or participatory methods like participatory rural appraisal (PRA)." (Teherani-Krönner 1999:198)

Jane Howard beschreibt in ihrem Buch „Inside Iran: Women's Lives" ihre Eindrücke zu einem Seminar vom Ministerium des Jihad, und gefördert von der UN, welches „participatory decision making" (Howard 2002:203) zum Ziel hatte. In einem Dorf östlich von Teheran wurden Frauen wie Männer gefragt, wie sie ihren

Arbeitsumfang in der Gemeinschaft charakterisierten. Beide Geschlechter kamen zu dem Schluss, dass Frauen eine größere Anzahl von Aufgaben zu erfüllen haben als Männer. Hier bekamen die Frauen die Möglichkeit, ihre Unzufriedenheit über die ungerechte Aufgabenverteilung auszusprechen. Die Frauen, die auf dieses Seminar eingeladen wurden, waren vor allem solche, die sich durch den Besuch von religiösen Einrichtungen bereits einen Namen gemacht hatten.

„I realized that Koran classes and pilgrimages were an important opportunity for girls to broaden their horizons." (Howard 2002:206)

Auf den ersten Blick schien es für Howard, dass bei dieser Methode die Geschlechter gleichberechtigt zu Wort kämen. Doch wurde Howard bei einem Treffen in einem anderen Dorf, von welchem sie sich versprach, *participatory decision making* in seiner Praxis zu sehen, enttäuscht. Obwohl Frauen theoretisch mit einbezogen werden sollten, waren sie von dem Dorfbeauftragten schlichtweg vergessen worden (vgl. Howard 2002:208). Dies zeugt von der marginalen Stellung der Frau und ihrer Meinung. Obwohl Bemühungen zur Integration auch von Seiten der Männer vorhanden sind, scheint es schwer, aus gewohnten Strukturen auszubrechen.

Bei einem Gespräch mit der Frauenbeauftragten des Gouverneurs der Region erfuhr Howard, dass es unter den verschiedenen nomadischen Gesellschaften Unterschiede im Geschlechtersystem gibt. Während bei den Luren die Männer eine absolute Machtposition über die Frauen einnähmen, wüssten die Frauen der Qashqa'i Gemeinden sich mehr zu behaupten. Über das Geschlechterarrangement schreibt Howard:

„The great variety of ethnic origins and different lifestyles make it a hopeless task to describe a typical day in the life of an Iranian woman." (Howard 2002:208)

Folglich gibt es auch regional spezifische Probleme, die einzeln erforscht und angegangen werden müssen. Howard macht in ihrem Buch deutlich, dass qualitative Forschung und Partizipation gefördert werden sollten. Hierbei müssen Frauen zu Wort kommen und ihre Forderungen gesondert Berücksichtigung finden.

Grundsätzlich gehen alle oben genannten Wissenschaftlerinnen davon aus, dass Isolation der Frauen voneinander und von den Männern nicht zu einer Ermächtigung führen kann. Deshalb sind Gemeinschaft und Netzwerkbildung wichtige Aspekte der Emanzipation. Dies zeigt sich bei Howard am Beispiel der Frauenbeauftragten, die sich dank Beziehungen offen gegen das Patriarchat artikulieren kann, ohne mit schwerwiegenden Konsequenzen rechnen zu müssen. Auf Howards Nachfrage, wie sie es sich leisten könne, derart offen zu sprechen, antwortet sie:

„Oh, by having connections with the governor general's wife. I can still get things done. It's a kind of women's networking." (Howard 2002:211)

Auch in Teherani-Krönners Aufsatz wird deutlich, dass sich die Situation der Frau durch Isolation verschlechtert. Durch die Landflucht im Zuge der Modernisierung haben Frauen ihr dichtes soziales Netzwerk verloren, das ihnen bei der Verrichtung ihrer häuslichen Tätigkeiten Unterstützung bot. Nun sind sie bei Aufgaben wie zum Beispiel dem Kochen auf sich alleine gestellt, was die Arbeit für sie erschwert (vgl. Teherani-Krönner 1999:210).

Neben dem ökonomischen Bereich und dem des Haushalts bietet auch religiöse Praxis einen Raum, innerhalb dessen Frauen ihre Interessen stärken. Zahra Kamalkhani beschreibt in ihrer Studie zu religiösen Treffen unter Frauen, dass diese religiöse, soziale sowie politische Aspekte vereinen:

„The religious meetings strengthen women's social networks, friendship relations and their religious knowledge." (Kamalkhani 1998:31)

Durch Informationsaustausch wird in diesen „arenas for female interaction" (Kamalkhani 1998:24) ein weibliches Netzwerk gesponnen. Nicht zuletzt stärkt religiöses Wissen die Position und den geistlichen Rang der Frauen in der Gesellschaft.

5. Schlussfolgerungen

Frauen in islamischen Gesellschaften sind wissenschaftlich sowie alltäglich bemüht, sich ihre Freiräume zu sichern. Wie Frauen in den Ländern des Westens stoßen sie dabei auf Grenzen, die ihnen das Patriarchat setzt. Die Mehrzahl der Feministinnen greift bei ihrer Arbeit nicht die heilige Schrift und den Glauben an, sondern sieht die durch männliche Machtstrukturen auferlegten Unterdrückungsmethoden als Grund ihrer ungleichen Stellung. Die verschiedenen Formen des Patriarchats verlangen spezifische Strategien von Seiten der Frauen, um innerhalb der Strukturen, in denen sie leben, ihre Räume zu definieren. Islamische Feministinnen erlangen Gehör und Handlungsspielraum, da sie sich für Neuinterpretationen des Korans stark machen und dabei innerhalb des religiösen Diskurses argumentieren. Der Eindruck, der bei westlichen Feministinnen häufig vorherrscht, islamische Frauen seien passiv, wird von Wissenschaftlerinnen, denen der islamische Diskurs nicht fremd ist, herausgefordert. Regional spezifisch werden Alltagssituationen von Frauen untersucht, um deren Handlungsspielräume einzuschätzen. Was dem öffentlichem und was dem privaten Raum zugeordnet wird, wird zwar von Männern bestimmt, jedoch dekonstruieren die Frauen diese Definitionen durch subversive Strategien. Leider scheinen diese Methoden unzulänglich, um Wandel im Geschlechtersystem hervorzurufen, da sie unsichtbar bleiben. Frauen können sich nur ermächtigen, indem sie Netzwerke bilden und sich Gehör verschaffen. Eine Chance hierfür bieten partizipative Methoden.

Literaturverzeichnis

Allafi, Sabine 2001: *Bitteres Erbe. Frauenleben in Iran heute*. Glaré Verlag, Frankfurt (Main).

Amirpur, Katajun 2003: Sind Islam und Menschenrechte vereinbar? Zeitgenössische Menschenrechtsbegründungen: von der demokratieorientierten Deutung des Korans zur Akzeptanz außer-religiöser

Werte. In: Gerhard, Ute; Jansen, Mechthild M.; Rumpf, Mechthild (Hrsg.): *Facetten islamischer Welten. Geschlechterordnung, Frauen- und Menschenrechte in der Diskussion.* Transcript Verlag, Bielefeld. S. 63-173.

Friedl, Erika 1991: The Dynamics of Women's Spheres of Action in Rural Iran. In: Keddie, Nikki R.; Baron, Beth (Hrsg.): *Woman in Middle Eastern history: Shifting boundaries in sex and gender.* Yale University Press, New Haven. S. 195-214.

Howard, Jane 2002: *Inside Iran. Women's lives.* Mage Publishers, Washington.

Kamalkhani, Zahra 1998: *Women's Islam: Religious practice among women in today's Iran.* Kegan Paul International Ltd, London.

Kandiyoti, Deniz 1991: Islam and patriarchy: A comparative perspective. In: Keddie, Nikki R. and Baron, Beth (Hrsg.): *Women in Middle Eastern history: Shifting boundaries in sex and gender.* Yale University Press, New Haven. S. 23-42.

Mernissi, Fatima 1992: *Der politische Harem. Mohammed und die Frauen.* Verlag Herder, Freiburg.

Moghadam, Valentine M. 1993: *Modernizing women. Gender and social change in the Middle East.* Lynne Rienner Publishers, Colorado.

Nageeb, Salma 2001: Der Markt: Weibliche Inbesitznahme öffentlicher Räume. In: Lachenmann, Gudrun; Dannecker, Petra (Hrsg.): *Die geschlechtsspezifische Einbettung der Ökonomie. Empirische Untersuchungen über Entwicklungs- und Transformationsprozesse.* Lit Verlag, Hamburg. S. 183-199.

Sanasarian, Eliz 1983: *The Women's Rights Movement in Iran. Mutiny, appeasement, and repression from 1900 to Khomeini.* Praeger Publishers, New York.

Teherani-Krönner, Parto 1999: Women in rural production, household and food security: An Iranian perspective. In: Kracht, Uwe; Schulz, Manfred (Hrsg.): *Food security and nutrition: The global challenge.* Lit Verlag, Münster. S. 189-218.

Definition und Aushandlungsstrategien öffentlicher und privater Räume – Aufgezeigt an ausgewählten Theorien und der Studie „New spaces and old frontiers" von Salma Nageeb

Heidi Diewald[1]

Zusammenfassung: Die Arbeit basiert auf der Feldforschungsstudie „New spaces and old frontiers. Women, social space, and Islamization in Sudan", die Salma Nageeb in den Jahren 1998/99 und 2000/2001 in Karthoum durchführte, und sich kritisch mit dichotomen, geschlechtsspezifischen Zuschreibungen und tatsächlichen Aushandlungsprozessen von öffentlichen und privaten Räumen befasst. Theoretische Überlegungen zu öffentlichem und privatem Raum, die Hannah Arendt in „Vita Activa. Oder vom tätigen Leben" und Erving Goffman in „Wir alle spielen Theater. Die Selbstdarstellung im Alltag" anstellten, sind in einem zweiten Teil skizziert. In einem dritten Teil werden die Theorien und die Feldforschungsstudie zusammen gedacht.

Schlüsselwörter: Frauen. Islam. Geschlechterdifferenz. Öffentlicher und privater Raum. Aushandlungsstrategien.

---

[1] Heidi Diewald studierte an der Ludwig-Maximilians-Universität München Neuere Deutsche Literatur, Psychologie und Kunstgeschichte und wechselte 1999 an die HU Berlin, um dort Gender Studies im ersten Hauptfach zu studieren (2. HF Neuere Deutsche Literatur). Derzeit arbeitet sie an ihrer Magisterarbeit zum Thema „Gender und Genre" im Bereich Feministische Filmwissenschaft. Weitere Publikationen: „Intersexualität: Die alltägliche Folter in Deutschland – Ein Forschungsbericht." verfasst zusammen mit Andreas Hechler und Fabian Kröger erschienen in: *Transray system for transsexual matters*. Zugänglich unter: http://transray.com//db.php?i= 1.6070.

1. Was ist öffentlicher, was ist privater Raum?

„Die räumliche Trennung der Geschlechter ist eines der prägendsten Strukturmerkmale islamisch geprägter Gesellschaften. [...] Einem Mann kann es passieren, dass ihm der Zutritt zu seiner eigenen Wohnung verwehrt bleibt, wenn seine Frau gerade Gäste hat. [...] Dem Mann ‚gehört' dagegen die Öffentlichkeit. Der Frau ist sie nur bei Einhaltung bestimmter Spielregeln, z.B. Verschleierung zugänglich." (Pinn / Wehner 1995:31-32)

Diese zunächst ziemlich pauschalen Aussagen treffen Irmgard Pinn und Marlies Wehner in ihrem Buch „EuroPhantasien. Die islamische Frau aus westlicher Sicht". Im Anschluss daran differenzieren sie ihre Aussage weiter. Salma Nageeb hat dies ebenso getan in ihrer Feldforschungsstudie „New spaces and old frontiers: women, social space and Islamization in Sudan" (Nageeb 2004). Ihren Ergebnissen soll in dieser Arbeit nachgeforscht werden. Daran knüpfen sich zunächst einmal vielfältige Fragen, welche die Kategorien *öffentlich* und *privat* betreffen:

Ist es denn so einfach zu sagen was *öffentlich*, was *privat* ist? Ist ein Cafe ein öffentlicher Ort? Ja und nein. Es ist ein öffentlicher Ort insofern dort Unbekannte in einem Raum beisammen sind – indem die Menschen dort von den anderen gesehen und gehört werden können, ist es ein solcher. Was passiert aber, wenn in einem Cafe umhüllt von der Lautstärke der Musik ein vertrauliches Gespräch geführt wird? Wird dann der Tisch, an dem die GesprächspartnerInnen sitzen, plötzlich zum privaten Raum?

Wenn ein Kriterium für öffentlichen Raum ist, dass er für alle Menschen gleichermaßen frei zugänglich ist, dann ist ein Cafe kein öffentlicher Raum mehr. Das ist es deshalb nicht, weil sich dort nur Menschen aufhalten dürfen, die käuflich erworbene Getränke oder Lebensmittel verzehren.

Einkaufszentren mit eigener Hausordnung führen, so gedacht, zu einem Schwinden des öffentlichen Raums, da sich Menschen dort nicht ebenso frei bewegen können, wie in einer beliebigen Einkaufsstraße.

Sind die eigenen vier Wände privat? Sind sie privat in einem Sinne, in dem alle dort tun und lassen können, was ihnen beliebt? Was passiert aber, wenn in den eigenen vier Wänden Verhaltensregeln des öffentlichen Raums auch befolgt werden, weil diese so sehr internalisiert sind? Gibt es dann überhaupt einen privaten Raum, eine Intimität, eine Privatsphäre?

Meine Arbeit soll zweierlei leisten: zunächst stelle ich mit Salma Nageeb die Frage, ob denn öffentliche Räume wirklich automatisch männlich besetzte und private Räume weiblich besetzte sind. Zur Beantwortung dieser Frage verfolge ich mit Salma Nageeb die Wege der von ihr in ihrer Feldforschung begleiteten Frauen.

Dann will ich anhand der Theorien des Soziologen Erving Goffman und der Philosophin Hannah Arendt darstellen, wie Räume definiert werden können, und wie unterschiedlich diese Definitionen abhängig von der jeweiligen wissenschaftlichen Perspektive ausfallen können.

Schließlich versuche ich, Salma Nageebs Feldforschung mit Hannah Arendts Ausführungen in Verbindung zu bringen, beziehungsweise die Theorie zu den Räumen und die Beobachtungen von Salma Nageeb wieder zusammenzuführen.

Meine Fragestellung unter dem besonderen Fokus von Geschlecht ist: Wie werden öffentliche und private Räume ausgehandelt?

2. Salma Nageeb: „New spaces and old frontiers"

In ihrer Feldforschungsstudie „New spaces and old frontiers. Women, social space, and Islamization in Sudan", die Salma Nageeb in den Jahren 1998/99 und 2000/2001 in Karthoum durchführte, versucht sie die dichotomen Zuschreibungen vom öffentlichen Raum, der ein männlicher ist und dem privaten Raum, der ein weiblicher ist, zu überwinden. Salma Nageeb nennt als voraussetzungsvolle Annahme ihrer Studien die dialektischen Prozesse des sozialen Lebens:

„Similarly, by studying 'women' I do not wish to emphasize segregation of the sexes, which is undeniably a mode of social differentiation; rather, I wish to highlight the *dialectical process of social life* (Lachenmann 1999:7-8) and the relational

dimension between various socially differentiated categories."
(Nageeb 2004:2; Hervorhebung H.D.)

Für sie ist es wichtig zu zeigen, dass Frauen nicht nur durch soziale Prozesse bestimmt werden, sondern aktiv an deren Gestaltung teilnehmen.

Bedeutsam für ihre Studie ist der soziokulturelle Wandel im Sudan seit den frühen 1980er Jahren, der auf Grund der Islamisierung des Staates[2] stattfand (vgl. Nageeb 2004:2). Nageeb schreibt zu ihrer Methode:

„Thus, as analytical dimension of this book, class, gender, and ethnicity are employed to deconstruct both the social category 'women' and the essential link between gender positioning and islamization (since women are often viewed as those most affected by these processes)." (Nageeb 2004:2f)

Ein zentraler Aushandlungsort der diskursiven Präsentation im sozialen Raum ist der Körper: Körperdiskurse können gesehen werden als eine Alltagspraxis im sozialen Feld[3].

Die Feldforschung bewegt sich im Kontext der situationsabhängigen Definitionen von: *Hinterbühne* und *Vorderbühne* (back region and front region); öffentlich und privat (public and priva-

---

[2] Islamisierung (gemäß Nageebs Definition): Ein Prozess, der anstrebt die islamische Umma herzustellen, wodurch neue internationale Loyalitäten definiert werden und der Sudan eine neue Position in der Welt finden soll - oder findet. Ein Prozess, der die neuen Weisen von sozialer Differenzierung kennzeichnet.

[3] Der Begriff *soziales Feld* geht auf Pierre Bourdieu zurück. „Mit seiner Theorie sozialer Felder [...] entwirft Bourdieu das plurale Bild einer in spezifische Felder differenzierten sozialen Welt, in der permanente Kämpfe um die Aneignung und Bewahrung von Kapitalressourcen und um die Definition der in sozialen Auseinandersetzungen relevanten Einsätze und Gewinnmöglichkeiten stattfinden." (Schwingel 1995:102). Dazu merkt Salma Nageeb in ihrer Schlussbemerkung kritisch an: „Social space as focus for doing ethnography is in a way simplifying the vision. It brings sense of orientation and social mapping though imagining society as an arrangement of social spaces, some of which are even defined by physical boundaries (like the home as a family space), but some of which are situationally defined (like private or public space).[...] the process of constructing social spaces can be seen as the 'operationalization' of everyday life." (Nageeb 2004:196)

Definition und Aushandlungsstrategien von Räumen 107

te); staatlich und gesellschaftlich (state and societal); öffentlicher und nicht öffentlicher Bereiche (official and nonofficial zones). Inhalt sozialer Interaktion ist, so Salma Nageeb zu diesen Zweiteilungen, sich zwischen diesen Bereichen hin- und herzubewegen.

2.1. Die Feldforschung: Amel, Dalia, Hiba und Nana

Salma Nageebs praktische Forschungsarbeit in Karthoum war es, die vier Frauen, Amel, Dalia, Nana und Hiba über längere Zeit hinweg in ihrem Alltagsleben zu begleiten und zu erfahren, in welcher Weise sich die Frauen in öffentlichen und privaten Räumen bewegen, beziehungsweise wie sie diese gestalten.

Bemerkenswert an Salma Nageebs Darstellungen der vier Frauen ist, dass eine jede auf ihre einzigartige Weise die ihr qua Geschlecht, Ethnizität und sozialem Stand zugewiesenen räumlichen Positionen auszuhandeln versucht. Jede einzelne Frau entwickelt eine eigene Strategie. Gemeinsam ist diesen Strategien vor allem, dass sie stark an den Körper als Aushandlungsort gebunden sind.

2.1.1. Amels Körperkonstruktion: Aushandlung von Räumen über die Kategorien von Klasse und Ethnizität

Für Amel, die noch bei ihren Eltern lebt und somit der Autorität ihres Vaters untersteht, ist Heirat das erklärte Ziel, wodurch sie ihren Raum verändern und ihre Bewegungsfreiheit vergrößern will.

In ihrem Mikrokosmos des elterlichen Hauses finden alltägliche Verhandlungen über ihre Bewegungsfreiheit und immer wieder neue Definitionen der gegebenen Räume statt. Im Haus von Amels Eltern gibt es eine klare Grenze zwischen dem Teil der Frauen (*Harem*; hinterer Bereich des Hauses) und dem Teil der Männer (*D'aywan;* vorderer / Eingangsbereich des Hauses). Den Frauen ist es nicht gestattet, sich ohne einen guten Grund im Bereich der Männer aufzuhalten, wenn sie dies doch tun, müssen sie *toob* (großes rechteckiges Tuch mit dem sich Frauen verhüllen) tragen. Andererseits dürfen die Männer die Frauenräume auch nicht ohne weiteres betreten und Amel empfindet es auch als Erleichterung, dort ungestört sein zu können:

„The best thing is having a room of your own. [...] But the best of all is that we have our own section, it is a mercy from Allah that my mother and I have this place and my brothers and father are not to live with us here; they would have made it hell for us by putting their nose in everything." (Nageeb 2004:58)

Wenn es der Ablauf des alltäglichen Geschehens erfordert, werden die Grenzen zwischen *Harem* und *D'aywan* durchlässig. Beispielsweise bleibt der ‚Harem' Frauenraum, wenn der Milchmann ihn betritt – so wie generell Männer aus niedriger gestellten Klassen den *Harem* betreten dürfen.

Der *Harem* ist der Status gebende Bereich der Familie. Dort hängen Bilder von Amels großer Schwester, die durch ihre Heirat in eine höher gestellte Klasse aufgestiegen ist; diese Heirat spiegelt sich auch im Interieur der Frauenräume wieder. Ebenso sind die Frauen mit ihrem Verhalten und ihrer Erscheinung für den Status der Familie verantwortlich. Diese Widersprüchlichkeit macht es unmöglich, den Bereich der Frauen als ganz und gar der Öffentlichkeit verschlossenen privaten Bereich zu bezeichnen. Mit Erving Goffman ist er die *Hinterbühne*, wo die Handlungen auf der *Vorderbühne* vorbereitet und ermöglicht werden.

Das Haus, mit seinem allein den Frauen bestimmten Bereich, ist für Amel nicht nur ein privilegierter Bereich, sondern sie empfindet es ebenso als Gefängnis. Durch die Anforderung an sie, sie solle die Familie repräsentieren, sind ihr Verhaltensregeln auferlegt, die auch definieren, wie weit und wie sie sich in der Öffentlichkeit bewegen darf. Um die Grenzen des Hauses zu öffnen, bedient sie sich beispielsweise der wöchentlichen „Wadd'a – gatherings" (Nageeb 2004:70). Diese Treffen sind Frauennetzwerke. Dort werden Erfahrungen, Neuigkeiten und Dinge ausgetauscht, sowie eigentlich verbotene Treffen mit Männern organisiert, indem sich die Frauen gegenseitig unterstützen, diese geheim zu halten.

„Amel invested a lot in the wadd'a gathering as a social space that provided her with a platform to expand her life-world beyond the limit of her house's physical and social limits. [...] This women's subculture was then used as bridge to a social space beyond the one 'traditionally' ascribed." (Nageeb 2004:70)

Eine weitere Strategie, um ihre Bewegungsmöglichkeiten zu verändern, ist für Amel die Veränderung des eigenen Körpers. Grenzen sind ihr durch den Rassismus in der Gesellschaft gesetzt, durch den Menschen durch ihre Hautfarbe und die Beschaffenheit des Haars kategorisiert und diskriminiert werden. Da dunkle Hautfarbe bedeutet diskriminiert zu werden als auch einen gesellschaftlich niedrigeren Stellenwert zu haben, bleicht Amel ihre Haut mit speziellen Präparaten. Diese Veränderung des eigenen Körpers zieht gegensätzliches nach sich: einerseits argumentieren ihre Brüder, sie könne nicht aus dem Haus gehen, keiner Lohnarbeit nachgehen, da sie ihre gebleichte Haut nicht dem Sonnenlicht aussetzen dürfe; andererseits verleiht ihr die hellere Hautfarbe gegenwärtig eine Identifikation mit der „dominanten ethnischen Gruppe" (Nageeb 2004:76), somit mehr Freiheit und für die Zukunft lässt sie dies auf eine Heirat über ihre Klassengrenze hinaus hoffen, die wiederum mehr Freiheiten mit sich bringt.

Des Weiteren diszipliniert sich Amel über ihren Körper, indem sie ihr Aussehen und Auftreten maßgebend verändert: sobald ein möglicher Heiratskandidat sie sehen kann, verändert sie ihre Körpersprache.

Zusammenfassend lässt sich zu Amel sagen: es zeigt sich erstens, dass die Grenzen zwischen so bezeichnetem öffentlichen und privaten Raum oszillieren. Die jeweiligen Möglichkeiten sich im Raum zu bewegen sind zweitens geknüpft an Identität, welche hier dominant hergestellt wird durch die Kategorien *Klasse*, *Ethnizität* und *Geschlecht*. Drittens verlaufen Herstellungsprozesse und dadurch die Aushandlungsprozesse über die Bewegungsfreiheit in Räumen vorrangig über den Körper, dessen Erscheinen, seine Gestaltung und seine Präsentation.

Schließlich merkt Salma Nageeb an, das Konstruktion Rekonstruktion bedeutet, sofern sie bestehende Verhältnisse nicht durchbricht:

„Similarly, it disclosed the reproductive circle in the production of social order: the construction of social space through the relaxation of the patriarchal norms at the same time led to the reproduction of the same norm and the structuring of the society in accordance with it." (Nageeb 2004:79)

2.1.2. Dalia und Hiba: Religiosität als Aushandlungsstrategie von Räumen

Jenseits der Kategorien von Klasse, ethnischer Zugehörigkeit und Geschlecht konstruieren Dalia[4] und Hiba ihre Identität mit Hilfe ihrer Religiosität. Beide Frauen haben eine höhere Schulbildung. Dalia allerdings ging eine arrangierte Heirat ein, bevor sie ihr Medizinstudium beginnen konnte, wogegen Hiba ihren Abschluss an einer islamischen Universität machte.

Hibas Studienschwerpunkt lag auf der *D'awa*, der islamischen Missionierung. Ihre spezifische Religiosität, im Zusammenhang mit ihrer Heirat, eröffnet ihr den öffentlichen Bereich von missionarischer Arbeit, sowie die Möglichkeit, ins Ausland zu reisen, da es ihre Zukunftspläne sind, mit ihrem Ehemann Hatim zusammen in Afrika missionarisch tätig zu sein.

Dalia hat sich über ihre Teilnahme an einer wöchentlichen Korangruppe Freiheiten erschlossen, die es ihr ermöglichen, sich aus ihrer Oberschichtumgebung zu lösen, in der sie eine „first-class-housegoddess" (Nageeb 2004:92) ist. Durch ihre Zugehörigkeit zu dieser Gruppe schafft sich Dalia auch Freiheiten von ihrer Rolle als Frau, genauer gesagt Ehe- und Hausfrau. Einerseits fügt sie sich in diese Rolle:

> „Such a wife was classified as 'rational', since her demands were few and her basic philosophy was support for her husband and his work." (Nageeb 2004:99)

Andererseits benutzt sie ihre Bescheidenheit, um ihre Interessen geltend zu machen. Wenn sie nämlich etwas will, argumentiert sie ihrem Ehemann gegenüber, sie würde ohnehin nicht viel verlangen, aber dies müsse ihr nun wirklich zugestanden werden.

Anzumerken ist auch noch, dass Dalias Haus in seiner Gestaltung auf einem so bezeichneten westlichen modernen Stil basiert,

---

[4] „In short, she was conscious of defining her social identity on the basis of the new religiosity rather than traditions, class, or ethnicity." (Nageeb 2004:96).

wodurch die klare Trennung der Bereiche in *D'aywan* und *Harem* sich auflösen, anders als das in Amels Haus der Fall ist. Zum Beispiel befindet sich die Küche in Dalias Haus im Eingangsbereich: sie wird dadurch zum öffentlichen Raum und die Frauen müssen *toob* tragen, wenn sie sich dort aufhalten.

Hibas Haus wird über strenge Religiosität strukturiert. Als oberstes Gebot gilt „purity" (Nageeb 2004:142). Dadurch wird das Haus zu einem vor der Außenwelt verschlossenen Bereich, in dem strenge religiöse Regeln gelten, die das gesamte Haus zu einem Frauenraum machen. Innerhalb des Hauses gibt es keine Geschlechtergrenzen, nur zur Schlafenszeit wird eine Grenze zwischen dem Raum der Eltern und dem der Kinder gezogen. Nach Außen hin ist die stets verschlossene Haustür eine Barriere: es wird zuerst nach dem Geschlecht, Alter und der Religion der BesucherInnen gefragt, dann werden nur muslimische Frauen sofort eingelassen. Bei Männern über dreißig oder anderen Frauen legt Hiba *neqab* an, bevor sie die Tür öffnet. Auch ihre Familie versucht Hiba zur Einhaltung dieser Regeln zu erziehen.

Zwar konstruieren Hiba und Dalia ihre Identität und ihre Zugänge zu öffentlichem und privatem Raum über Religion, während Dalia aber mittels derer taktiert, stellt Hiba eine Autorität her, die es ihr erlaubt, sich in ihren Aushandlungsprozessen über familiäre, sogar über staatliche Autorität hinwegzusetzen.

Hiba ist *munaqaba*, eine authentisch religiöse junge Frau, wozu auch *neqab* gehört, die Verhüllung des ganzen Körpers, samt des Gesichts in schwarz.

Interessant ist, dass diese Verhüllung des Körpers gleichsam einen mobilen Raum von intimer Privatheit eröffnet. Dalia fragt Salma Nageeb, als sie zusammen das Haus verlassen wollen: „Are you ready to accompany a black mobile object?" (Nageeb 2004:138). So bedeutet dies natürlich einerseits eine letztendliche Zurückweisung der Frau auf den unentrinnbaren Bereich des Privaten. Andererseits ist die Verhüllung ein Schutz für die Person und ihren Körper. Da von Außen keine ethnische oder klassenspezifische Identifikation vorgenommen werden kann, muss der Körper nicht, wie im Fall von Amel, verändert werden (Hiba benutzt z.B. keine Bleichcremes für ihre Haut). Die Verhüllung der ganzen Person ist zweifaches: einerseits bedeutet sie eine Grenze, eine Trennung vom öffentlichen Raum, andererseits ist sie eine notwendige Brücke zur Öffentlichkeit, da Bewegung und Kontaktaufnahme im öffentlichen Raum nur vermittelt, also hinter der Verhüllung geschehen kann. Nicht jedoch wird eine Identifizierung von außen verhindert, nämlich die des Geschlechts, da klar ist, hinter einer schwarzen Verhüllung verbirgt sich eine Frau. So wird eine Zuweisung der Bereiche öffentlich und privat, gemäß der Dichotomie männlich und weiblich, wieder vorgenommen.

2.1.3. Nana: Aushandlung von Räumen durch Rollenzuweisungen

Nana, die vierte Frau in Salma Nageebs Feldforschung bedient sich nicht, wie Dalia oder Hiba, entweder strategischer oder strenger Religiosität, um ihre Räume zu verhandeln. Sie befindet sich in der besonderen Position geschieden zu sein, was ebenfalls Salma Nageebs Interesse an ihr weckte.

Nach der Scheidung ist Nana mit ihrer kleinen Tochter wieder in das Haus ihrer Eltern zurückgezogen und musste damit die Privilegien einer verheirateten Frau aufgeben. Beispielsweise wurde ihr und ihrer Tochter ihr altes Jugendzimmer wieder zugewiesen. Da sie nun aber kein unverheiratetes Mädchen mehr ist und auch keine verheiratete Frau, befindet sie sich in einem Zwischenraum (Status), für den es keine eigenen Rechte gibt.

Trotz ihrer schlechten Erfahrungen in der Ehe erachtet Nana, so wie Amel, eine Heirat als die einzige Möglichkeit, ihren nun wieder viel begrenzteren Raum aufs Neue zu erweitern.

Eine weitere Strategie für sie ist es eine Art Gegenöffentlichkeit mittels *falaha* („which literally means cleverness" – Nageeb 2004:112) im von der öffentlichen Ökonomie abgekoppelten Tausch herzustellen. Dazu Nageeb:

> „For women, the market, with its socioeconomic and gender nature, was outside of their reach. [...] Women's networks and innovative means of securing resources represent a social field that embedded their economic activities." (Nageeb 2004:112)

Zu verstehen ist unter diesen ökonomischen Strategien der Frauen, dass sie einmal Dinge untereinander austauschen, dann zum Beispiel Geschenke von Verwandten aus dem Ausland bekommen und nicht zuletzt ist es in Nanas Fall die materielle und finanzielle Unterstützung, die sie von ihren Verehrern bekommt.

Dadurch zeigt sich einmal mehr, dass Räume nur in Abhängigkeit von den strukturellen Gegebenheiten konstruiert werden können. In diesem Fall ist die strukturelle Gegebenheit die ökonomische Abhängigkeit der Frau vom Mann oder abstrakter gesagt von der öffentlichen Ökonomie. Diese Abhängigkeit muss aber nicht vollkommene Passivität bedeuten, wie sich an der von den Frauen geschaffenen Sphäre der ökonomischen Gegenöffentlichkeit veranschaulichen lässt. Es zeigt sich noch einmal, dass eine genaue Unterteilung in öffentliches und privates Leben hinfällig wird, sofern die Grenzen fließen und neue Räume eröffnet werden.

Eine Episode aus Nanas Leben ist im Hinblick auf die Konstruktion von Identität und Raum interessant. Zu den zweimal wöchentlich von Nanas Tante veranstalteten *Coffee Gatherings* sind sowohl Männer als auch Frauen eingeladen. Nun müsste eigentlich durch die Anwesenheit der Männer die Veranstaltung zu einer werden, bei der für Frauen die Regeln des öffentlichen Raumes gelten. Kurzerhand werden die Männer aber einfach in den Kreis der Frauen aufgenommen. So kann sich zum Beispiel Nana erlauben zu rauchen, was ihr im öffentlichen Raum nicht erlaubt wäre. Die Umdefinierung findet statt, indem den Männern Aufgaben zugewiesen werden, die eigentlich der Rolle der Frau zugeschrieben sind. „What do you want to do here, sit like a pillow and wait for the coffee to be served to you?" – wird da argumentiert, und so fangen die Männer an, Kaffee zuzubereiten und aus dem Kaffeesatz die Zukunft zu lesen, was eigentlich nur Aufgabe der Frauen sein sollte.

3. Theorien zu öffentlichen und privaten Räumen: Erving Goffman und Hannah Arendt

Nun soll dargestellt werden, was Erving Goffman und Hannah Arendt jeweils zu öffentlichen und privaten Räumen schreiben. Mit einer theoretisch fundierten Sichtweise soll im Anschluss daran nochmals auf Salma Nageebs Feldforschung eingegangen werden.

3.1. Erving Goffman: „Wir alle spielen Theater. Die Selbstdarstellung im Alltag."

Der Soziologe Erving Goffman geht in seinem Buch „Wir alle spielen Theater" (Goffman 2005) davon aus, dass Interaktion in der menschlichen Gesellschaft vergleichbar einem Theaterstück funktioniert. Die einzelnen Individuen spielen auf der Bühne des gesellschaftlichen Lebens ihre Rollen, indem sie in ihrem Alltag Erwartungen – ihrem sozialen Status und der spezifischen Situation gemäß – durch ein bewusstes, sowie unbewusstes Verhaltensrepertoire aus verbaler und nonverbaler Kommunikation bestehend bedienen.

Unbewusst kann die Darstellung einer eigenen Rolle insofern ablaufen, als dass es beispielsweise für bestimmte Berufe eine klare Fassade der Darstellung gibt, die unreflektiert erlernt und automatisiert angewendet werden kann.

Das gesellschaftliche Schauspiel ist nach Erving Goffmans Auffassung ein geschicktes Taktieren. Informationen werden gegeben oder vorenthalten, je nachdem ob das ein Aus-der-Rolle-fallen bedeutet oder ob es sich für die / den SelbstdarstellerIn, beziehungsweise das *Ensemble*[5] in das Individuen zumeist eingebunden sind, günstig oder ungünstig auswirkt.

---

[5] Dazu: „Ein Ensemble kann also definiert werden als eine Gruppe von Individuen, die eng zusammenarbeiten muss, wenn eine gegebene Situationsbestimmung aufrechterhalten werden soll. Ein Ensemble ist zwar eine Gruppe, aber nicht in Bezug auf eine soziale Struktur oder eine soziale Organisation, sondern eher in Bezug auf eine Interaktion oder eine Reihe von Inter-

Definition und Aushandlungsstrategien von Räumen 115

Das, was Erving Goffman dabei als Bühne bezeichnet ist der Raum, in dem sich gesellschaftliches Leben abspielt. Dabei entspricht die *Vorderbühne* (front region) (Goffman 2005:100) dem öffentlichen Raum, die *Hinterbühne* (back region) (Goffman 2005:104) dem privaten Raum.

3.1.1. Der öffentliche Raum: die *Vorderbühne* (front region)

„Wenn wir eine bestimmte Darstellung als Bezugspunkt wählen, wird es sich manchmal empfehlen, für die Region, in der die Vorstellung stattfindet, den Ausdruck ‚*Vorderbühne*' zu verwenden." (Goffman 2005:100)

Die *Vorderbühne* ist der Ort an dem die Vorstellung, also die Interaktion der Individuen im Rahmen ihrer Rollen, stattfindet. Die Darstellung auf der *Vorderbühne* funktioniert nach bestimmten Normen, die unterteilt werden können in jene des Anstands und jene der Höflichkeit. Weiter bezieht sich nun im Selbstdarstellungsrepertoire der *Vorderbühne* das Verhalten auf die Höflichkeit, da diese sich in aktiven Handlungen äußert. Das Erscheinen, also das passive Auftreten, bezieht sich auf den Anstand. Um das Geschehen auf der *Vorderbühne* zu einer öffentlichen Darstellung zu machen, bedarf es eines Publikums, das nicht zum Ensemble gehört, also ein Außen ist und zusieht.
Dazu erläutert Goffman weiter:

„Es ist klar, dass solche Betonungen in dem Raum auftauchen, den ich als „Vorderbühne" bezeichnet habe; es sollte ebenso klar sein, dass es eine andere Region – eine ‚hintere Regio' oder ‚Hinterbühne' geben kann, wo das, was man unterdrückt hat, in Erscheinung tritt. [...] Die Hinterbühne kann definiert werden als der zu einer Vorstellung gehörige Ort, an dem der durch die Darstellung hervorgerufene Eindruck bewusst und selbstverständlich widerlegt wird." (Goffman 2005:104)

---

aktionen, in denen es um die relevante Definition der Situation geht." (Goffman 2005:96).

3.1.2. Die *Hinterbühne*: der private Raum (back region)

Die *Hinterbühne* ist der private Raum. Sie ist der Ort an dem zum einen die Vorstellung auf der *Vorderbühne* vorbereitet wird, zum anderen findet dort all das statt, was auf der *Vorderbühne* keinen Raum hat. Beispielsweise können dort DarstellerInnen aus der Rolle fallen, auch Geheimnisse werden dort gehütet.

Da ohne die Vor- und Nachbereitung auf der „Hinterbühne" das Schauspiel auf der *Vorderbühne* nicht funktionieren kann, grenzen diese zumeist aneinander an. An der Bauweise vieler Häuser lässt sich dies wieder finden. Ein repräsentativer Bereich befindet sich im unteren Stockwerk beziehungsweise im Eingangsbereich. Oder in Restaurants grenzt die Küche an den Besucherinnenraum an und ist durch eine Schwingtür begrenzt.

Beim Durchschreiten der Grenze zwischen *Hinter- und Vorderbühne* ist, so Goffman, das An- und Ablegen des räumlich gebundenen Rollencharakters besonders gut beobachtbar. Goffman nennt dafür ein Beispiel: ein Tellerwäscher beobachtet aus der Perspektive der *Hinterbühne* einen Hilfskoch. Dieser beschimpft in einem Augenblick noch mit wüsten Worten einen Kellner in der Küche, im nächsten Moment tritt er in den Speiseraum und verhält sich den Gästen gegenüber äußerst zuvorkommend.[6]

Die Grenzen zwischen *Hinter- und Vorderbühne* sind nicht stets klar definiert. Entscheidend für den Charakter des Raumes ist nicht dessen Beschaffenheit, sondern das Rollenverhalten der Personen, die sich darin bewegen. So kann beispielsweise der repräsentative Bereich eines Hauses, in dem Gäste empfangen werden, öffentlicher Raum sein, solange Menschen zugegen sind, die nicht zur Familie gehören oder aber Vertraute jener sind. Sind diese nicht anwesend, wird der Empfangsbereich zum privaten

---

[6] Ein Beispiel dafür, wie sich Komik die Trennung zwischen *Hinterbühne* und *Vorderbühne* zunutze macht, ist eine Szene aus Blake Edwards Film „Der Partyschreck". In dieser Szene ist eine vornehme Gesellschaft in offiziellem Rahmen zum Dinner versammelt. Die Küche ist durch eine Schwingtür von der speisenden Gesellschaft abgetrennt. Immer wieder schwingt die Tür auf und gibt den Blick frei auf das Szenario in der Küche, wo das Personal miteinander kämpft oder Essen zu Boden fallen lässt. Die Komik entsteht durch das Ineinanderfallen, der auf das Einhalten der Etikette bemühten Tischgesellschaft und dem Aus-der-Rolle-fallen des Küchenpersonals.

Definition und Aushandlungsstrategien von Räumen 117

Raum. Die Anwesenden pflegen dann einen vertrauten Umgang miteinander, der sich beispielsweise im Verwenden von Umgangssprache oder zwangloser Kleidung äußert.

Aber auch das Informelle auf der *Hinterbühne* unterliegt allgemeinen Beschränkungen: auch dort wird jede Person vor ihren Ensemblemitgliedern als loyale/r, disziplinierte/r DarstellerIn auftreten wollen. Die Ensemblemitglieder stützen sich in manchen Situationen hinter der Bühne moralisch, indem sie sich versichern, alles sei bei der Darstellung gut gelaufen oder werde gut laufen. Schließlich gibt es zwischen den unterschiedlichen sozialen Schichten auch hinter der Bühne Grenzen der Diskretion.

„Die wichtigste soziale Trennungslinie ist sicher die zwischen den Geschlechtern, denn es scheint keine Gesellschaft zu geben, in der Angehörige der beiden Geschlechter, wie eng sie auch miteinander verwandt sein mögen, sich nicht irgendwelchen Anschein voreinander zu geben suchen." (Goffman 2005:119)

Erving Goffman hält also die Dichotomie der Geschlechter aufrecht. Letztlich bleibt diese auch auf der *Hinterbühne*, also im privaten Raum bestehen. Zwar wird die *Vorderbühne* nicht als männlicher Raum definiert, sowie die *Hinterbühne* nicht als weiblicher, aber die *Hinterbühne* verliert an Informalität, solange beide Geschlechter anwesend sind. Dies hat wiederum zur Folge, dass es sich nur um einen tatsächlich privaten Raum handelt, wenn entweder nur Frauen oder nur Männer anwesend sind. Darin steckt im Kern doch die Zuweisung von Weiblichem und Privatem.

3.2. Hannah Arendt: „Vita Activa. Oder vom tätigen Leben."

Anders als Erving Goffman gewinnt Hannah Arendt ihre Erkenntnisse über öffentlichen und privaten Raum nicht über die Beobachtung des Rollenverhaltens in den jeweiligen Bereichen, und sie gewinnt ihre Erkenntnisse auch nicht durch qualitative, soziologisch-empirische Forschung. In „Vita Activa. Oder vom tätigen Leben" (Arendt 2005) stellt sie die Frage „Was tun wir, wenn wir tätig sind?" (Arendt 2005:14) – weiter schreibt sie dazu:

> „Was ich daher im folgenden vorschlage, ist eine Art Besinnung auf die Bedingungen, unter denen, soviel wir wissen, Menschen bisher gelebt haben und diese Besinnung ist geleitet, auch wenn es nicht ausdrücklich gesagt ist, von den Erfahrungen und den Sorgen der gegenwärtigen Situation." (Arendt 2005:13)

Historische Schwerpunkte ihres Nachdenkens sind die Polis der griechischen Antike und der Übergang zur Neuzeit, deren Ende der Beginn des zwanzigsten Jahrhunderts ist. Für ihr Denken sind Aristoteles Schriften von Bedeutung.

In ihren Ausführungen geht Arendt stets von der Einzigartigkeit des Menschen aus und sie erläutert,

> „[…] dass der Mensch ein Jemand ist und dass wir dies Jemand-Sein nicht definieren, weil wir es mit nichts in Vergleich setzen und qua Wer-Sein keine andere Art des Wer-Seins absetzen können." (Arendt 2005:223)

Die Einzigartigkeit des Menschen bestimmt sein Leben in der Gemeinschaft als ein pluralistisches. Zwar können die Menschen unter einer Gattung subsumiert werden, dies sagt jedoch nichts über ihr „Jemand-Sein" aus.

Arendt nennt Grundaspekte menschlichen Daseins. Die Welt, in der sich der Mensch bewegt, ist von seiner eigenen Hand gemacht und steht im Gegensatz zur Natur, an die der Mensch durch die Last der Arbeit und das Joch der Notwendigkeit, also die Anforderungen seines physischen Überlebens, gebunden ist. Weiter ist das menschliche Dasein ein endliches, das Arendt von der Geburt des Menschen her denkt. Dieses in die Welt Hineingeboren-Sein gibt dem Menschen die Möglichkeit des Handelns, welches bedeutet, etwas beginnen zu können und eine eigene Initiative ergreifen zu können, wobei ein Ergebnis des Handelns nicht vorhersagbar ist. So steht das Handeln in diesem Punkt im Gegensatz zum Arbeiten und Herstellen, bei letzteren kann nach einem Plan auf ein Ziel hin gewirkt werden.

Das *tätige Leben* schließt für Hannah Arendt die drei genannten Tätigkeiten Arbeiten, Herstellen und Handeln mit ein. Diese

Definition und Aushandlungsstrategien von Räumen

drei analysiert sie in einzelnen Kapiteln ihres Buches. In diesem Zusammenhang stellt sie die Frage nach dem *Raum des Öffentlichen* und dem *Bereich des Privaten*. Da die drei Tätigkeiten in diesen Räumen zu verorten sind, mehr noch die Beschaffenheit der Räume im Wechselspiel mit jenen steht, ist eine genauere Betrachtung der Räume relevant.

3.2.1. *Öffentlicher Raum* und *Privater Bereich* in der griechischen Polis, Mittelalter und Neuzeit

In der griechischen Polis lag die Sorge um die grundlegenden Bedürfnisse des menschlichen Lebens, also Produktion und Reproduktion, im Bereich des privaten Haushalts.

„Dass die Sorge für die Erhaltung der Gattung der Frau oblag, schien von der Natur selbst so vorgezeichnet, und die beiden natürlichsten Funktionen des Menschen, das Arbeiten des Mannes, das der Nahrung dient, und das Gebären der Frau, das der Fortpflanzung dient, waren in gleicher Weise dem Drang und Trieb des Lebens untertan. Das natürliche Zusammenleben im Haushalt hatte daher seinen Ursprung in der Notwendigkeit, und Notwendigkeit durchherrschte alle Tätigkeiten, die in diesen Bereich fielen." (Arendt 2005:40)

Durch die Trennung der Sphären von Haushalt und Polis ergibt sich eine Freiheit des Handelns und Sprechens im öffentlichen Bereich der Polis. (Was heute wie selbstverständlich dem Öffentlichen angehört, ja wodurch die moderne Öffentlichkeit strukturiert wird, nämlich das Arbeiten, war in der Antike eine dem Privaten zugehörige Notwendigkeit, von der Vortrefflichkeit das letzte war, was man von ihr erwarten durfte.)

In der Neuzeit ist dieses Verhältnis umgekehrt. Die Freiheit ist im Bereich der Gesellschaft zu finden, während Zwang und Gewalt dem Bereich des Politischen angehören. Die Polis basierte auf dem Zusammensein unter Gleichen, wohingegen der private Haushalt hierarchisch strukturiert war. In der modernen Welt sind Angelegenheiten die in der Antike in den Bereich des Privaten gehörten – im speziellen der Haushalt und alle ökonomischen

Angelegenheiten – zu gesamtgesellschaftlichen Angelegenheiten geworden.

Als Übergangsbereich von der Antike zur Neuzeit nennt Hannah Arendt das Mittelalter. Im Mittelalter gab es laut ihr den Abstand zwischen Öffentlichem und Privaten noch. Gewährleistet wurde dieser durch die Trennung der Welt in eine religiöse Öffentlichkeit der Kirche und den Feudalismus, den Arendt dem Privaten zuordnet. Also alles, was die Ökonomie – das Arbeiten und Herstellen – anbelangt und nicht zum Bereich des Öffentlichen gehört. Während alle Tätigkeiten im Privathaushalt verrichtet wurden, waren sie doch über das Gemeinwohl an die Öffentlichkeit gebunden – die Kirche war dazu ein prunkvoller, tatsächlich öffentlicher Gegenpol. Öffentlichkeit konnte in diesem Zusammenhang entstehen, da im Rahmen der Kirche ein Zusammensein unter Gleichen möglich war.

In der Neuzeit nun gilt es angesichts verwischter Grenzen zwischen Privatem und Öffentlichem, die Privatsphäre nicht nur gegenüber der Öffentlichkeit, sondern auch gegenüber der Gesellschaft zu verteidigen. Privates bedeutet Intimes, und durch den Individualismus kommt es in diesem schwindenden Raum zu Bereicherungen. Auch das Subjekt ist ein Produkt des Mangels an Privatem:

„In dieser Rebellion des Herzens gegen die eigene gesellschaftliche Existenz wurde das moderne Subjekt geboren mit seinen dauernd wechselnden Stimmungen und Launen, verstrickt in endlose innere Konfliktsituationen, die alle aus der doppelten Unfähigkeit stammen, sich in der Gesellschaft zu Hause zu fühlen und außerhalb der Gesellschaft zu leben." (Arendt 2005:49)

3.2.2. Der *öffentliche Raum*

Für Hannah Arendt bezeichnet *öffentlich* zwei Phänomene: erstens ist es alles, was vor der Allgemeinheit erscheint. Alles, was für jedermann sichtbar und hörbar ist, ist öffentlich.

Wirklichkeit entsteht im öffentlichen Raum, indem sich Menschen über eine gemeinsame Sache verständigen. Aufgrund ihrer Einzigartigkeit und damit ihrer grundlegenden Verschiedenheit voneinander brauchen die Menschen ein Dazwischen, über das sie sich verständigen können. Nicht darüber vermittelbar sind die stärksten Kräfte unseres Innenlebens, die immer erst entprivatisiert und individualisiert werden müssen, um in der Öffentlichkeit zur Geltung kommen zu können. Als Beispiele dafür nennt Hannah Arendt die Liebe und den Schmerz. Letzterer entzieht sich der Möglichkeit einer Mitteilung, da wir im Augenblick des Schmerzes ganz bei uns sind und dabei die Welt um uns herum verschwindet.

Demzufolge ist zweitens die Welt selbst, insofern sie das Gemeinsame nicht das Private ist, öffentlich. Wobei die Welt wie gesagt ein Gebilde von Menschenhand ist. Sie ist der Inbegriff aller sich zwischen Menschen abspielenden Angelegenheiten, sie ist das Dazwischen, das gleichsam trennt und verbindet. So ist die Welt den Menschen das Dazwischen, über welches sie sich verständigen können. Der öffentliche Raum versammelt die Menschen in ihrer Vielfalt und Einzigartigkeit und verhindert eine Homogenisierung der Menschen. Wenn öffentlicher Raum nur durch Gesehen- und Gehörtwerden entstehen kann, so muss jeder Mensch in seiner Verschiedenheit von dem anderen sprechen und handeln können, und er muss von den anderen Menschen als einzigartiger Mensch darin gesehen und gehört werden können. Ansonsten entsteht ein gleichförmiges Nebeneinander, das kein gemeinsamer Raum ist, da dieser nur ein Miteinander sein kann. Für dieses Miteinander ist eine gemeinsame Wirklichkeit notwendig, die wiederum nur entstehen kann, wenn alle Versammelten wissen, dass sie sich ihnen in äußerster Verschiedenheit zeigt.

In der modernen Massengesellschaft tritt das Sich-Verhalten innerhalb homogenisierender Strukturen an die Stelle des einzigartigen Handelns jedes Menschen. Durch diese Homogenität gehen Trennlinien, die unabdingbar für ein Gesehen- und Gehörtwerden, also eine tatsächliche Gemeinsamkeit sind, verloren. In einer Massengesellschaft kann es Öffentlichkeit in Hannah Arendts Sinn kaum geben.[7] Außerdem muss eine Welt, die Platz für Öffentlichkeit haben soll, die Lebensspanne sterblicher Men-

---

[7] „Eine gemeinsame Welt verschwindet, wenn sie nur noch unter einem Aspekt gesehen wird; sie existiert überhaupt nur in der Vielfalt ihrer Perspektiven." (Arendt 2005:73).

schen übersteigen, ansonsten kann es keine Politik, keine gemeinsame Welt und keine Öffentlichkeit geben.

3.2.3. Der *private Bereich*

In der Massengesellschaft ist nicht nur der öffentliche, sondern auch der private Raum gefährdet, was zu einer Verlassenheit der Menschen führt.

Hannah Arendt versteht erstens das Private als das Privative, d.h. es ist ein Zustand, in dem der Mensch um bestimmte menschliche Dinge beraubt ist, nämlich um das Gesehen- und Gehörtwerden, das nur in der Öffentlichkeit möglich ist. Der Mensch ist im Privaten beraubt einer *objektiven* und gegenständlichen Beziehung, und er ist beraubt einer Möglichkeit etwas zu leisten, das beständiger ist, als das eigene Leben (vgl. Arendt 2005:73). Der privative Charakter des Privaten liegt in der Abwesenheit von anderen.

Zweitens hat das Private ein nicht privatives Merkmal, das aber auch nur durch das Privateigentum gewährleistet werden kann, nämlich die Verborgenheit vor dem öffentlichen Leben. Der Bereich des Privaten ist wesentlich an das Eigentum gebunden, wie sich in der griechischen Polis noch genau beobachten lässt.

Das Eigentum war, so Arendt, ursprünglich an die Familie (nicht bürgerliche Familie, sondern Haushalt der griechischen Polis) geknüpft – ohne dieses Eigentum konnte es keinen angestammten Platz in der Welt geben. Als Privates war das Eigentum der Ort, an dem sich vollziehen konnte, was seinem Wesen nach verborgen war. Nur durch die eigenen vier Wände und durch eine Grundversorgung, die das Leben ermöglicht, ist solch ein Rückzug in das Verborgene möglich. Dieses Verborgene ist lebensnotwendig, da alle körperlichen Funktionen privat sind und verschlossen werden müssen, ja alles, wozu der Lebensprozess unmittelbar nötigt, muss verschlossen bleiben können.

In der modernen Gesellschaft sind die Menschen dieses Eigentums beraubt, da es in Form des Kapitals in den Besitz der Gesellschaft übergegangen ist. Nach Arendt kann die Steigerung des gesellschaftlichen Reichtums nur mit dem Schwinden des Privateigentums einhergehen.

Wie bereits erwähnt, wurden das Arbeiten und die Reproduktion in der griechischen Polis den Sklaven und den Frauen zugewiesen. Darum, erklärt Hannah Arendt, wurden diese auch in den Bereich des Verborgenen verwiesen, weil eben ihr Leben arbeitsam und von den Funktionen des Körpers bestimmt und genötigt war. Daraus folgert sie:

„Dass die Neuzeit die Arbeiter und die Frauen in nahezu dem gleichen historischen Augenblick emanzipiert hat, geht nicht nur auf das Konto einer größeren Vorurteilslosigkeit, sondern hängt aufs engste mit den Lebensnotwendigkeiten verbundenen Tätigkeiten und Funktionen aus ihrem jahrtausendealten Versteck zusammen, die sie an das Licht der Öffentlichkeit gebracht hat." (Arendt 2005:89)

Eindrücklich zeigt sich hier noch einmal, welch lange Denktradition die geschlechtsspezifische Arbeitsteilung hat. Schon in der Antike wurde die Frau auf die Gebärfunktion ihres Körpers reduziert und der Sphäre der Reproduktion zugewiesen. Dadurch war sie in ihrer so genannten Natur in den Raum des privaten Haushalts verwiesen. Zwar besteht für den Mann auch die Notwendigkeit im Privaten zu arbeiten, da sein Körper jedoch nicht mit der Reproduktion direkt verbunden ist, steht ihm die Möglichkeit eines Wirkens in der Öffentlichkeit offen. Zur Befreiung der Männer von der Arbeit diente die hierarchische Unterordnung der Sklaven unter die freien Bürger der Polis.

Daran zeigt sich zweitens, welche Tradition die dichotome Trennung von der männlichen Öffentlichkeit und dem weiblichen Privaten hat.

4. Salma Nageebs Forschung und die theoretischen Ansätze Hannah Arendts und Erving Goffmans

4.1. Verbindungslinien zwischen Arendts und Goffmans Theorien

Bei allen Unterschieden ist den Theorien von Hannah Arendt und Erving Goffman gemeinsam, dass für sie Bedingung des öffentlichen Raumes ein Gesehen- und Gehörtwerden ist.

Es handelt sich dabei jedoch nicht um ein betrachtet oder beobachtet werden einer sich passiv verhaltenden Person. Die öffentliche Wahrnehmung ist besonders bei Hannah Arendt eine wechselseitige. Nur indem wir in der Öffentlichkeit handeln und sprechen, können wir auch wahrgenommen werden, und nur dann können wir auch andere wahrnehmen.[8]

Während Hannah Arendt genau zu ergründen versucht, was für den *Raum des Öffentlichen* weiter unabdingbar ist, nämlich das Sprechen und Handeln und sich Verständigen über eine Wirklichkeit freier, gleicher und einzigartiger Menschen, die in einem Miteinander eine gemeinsame Welt erschaffen, beobachtet Erving Goffman die scheinbar selbstverständlichen Gegebenheiten von *Vorderbühne* und *Hinterbühne*, ohne den Entstehungsprozess dieser zu hinterfragen.

Das Schauspiel der eigenen Rolle in der Öffentlichkeit, so wie es Erving Goffman beschreibt, entspricht mit Hannah Arendt gedacht, keinem Handeln und Sprechen, sondern einem bloßen *Sich-Verhalten*.

Salma Nageeb wiederum bezieht sich in ihren Ausführungen zwar auf die Theorie Erving Goffmans, aber der Feldforschung, also dem Bericht über die vier Frauen, schickt sie eine Darstellung der Gesellschaft voraus, in deren Rahmen sie die individuellen Erfahrungen einbettet.

---

[8] So betrachtet sind Medien, wie Film und Fernsehen, gleichwohl sie eine große Masse erreichen und ihre AkteurInnen eine große öffentliche Bekanntheit erlangen, nur pseudo-öffentlich, da keine wirkliche Begegnung stattfinden kann.

4.2. Homogenisierung der Gesellschaft: Schwinden des öffentlichen Raumes

Gesellschaftlicher Hintergrund der Feldforschung in Karthoum ist die, wie bereits erwähnt, in den 1980er Jahren einsetzende Islamisierung.

„Islam has long been part of the cultural, social, and political fabric of Sudanese society. However, after the Islamist coup in June 1989, the islamization project was adopted to represent the state ideology. Islamism came to form the basis for state policies, legislation, practices, and laws and the state's political discourse. In their political discourse and practices the Islamists divided Sudanese society into two categories: 'traditional' and 'modern'." (Nageeb 2004:16)

Ziel der Islamisierung ist es, eine islamische Nation zu schaffen, die sich international in die *umma* eingliedert. Der Weg dorthin führt über die „education revolution" (Nageeb 2004:19), welche Islamische Studien als obligatorisch einführt. Eine Zugangsvoraussetzung zu diesen Studien wiederum ist gebunden an einen islamischen Standard von Verhalten und Aussehen.

Zur Islamisierung gehört auch eine Trennung der Geschlechter in der Öffentlichkeit. Wo auch immer Frauen und Männer zugegen sein könnten, muss es auch in der Öffentlichkeit für beide Geschlechter die Möglichkeit geben, sich getrennt voneinander aufzuhalten (z.B. extra Sitze für Frauen und Männer in öffentlichen Verkehrsmitteln).

Nach Hannah Arendts Theorie handelt es sich bei diesen Homogenisierungsprozessen um solche, die den öffentlichen Raum beinahe verschwinden lassen. Freies Handeln und Sprechen sind nicht möglich, was einzig erlaubt ist, ist ein Sich-Verhalten im Rahmen streng vorgegebener Regeln. Der Raum, im Sinne eines solchen, der auch die Bewegungsfreiheit und Interaktion der einzelnen Menschen gewährleistet, verschwindet.

Eine zweifache Homogenisierung findet durch die strikte Trennung der Geschlechter statt. Im ohnehin schon durch Verhaltensregeln vorstrukturierten Raum werden Bewegungsfreiheiten doppelt reglementiert und das insbesondere für Frauen.

Mit Erving Goffman gedacht ist diese Reglementierung nur eine weitere Modifizierung der, ohnehin durch die auf der *Vorderbühne* zu spielenden Rollen, gegebenen Regeln.

Weiterhin nennt Salma Nageeb das Prinzip *Harem* als gesamtgesellschaftliches Prinzip. Sie erklärt *Harem* folgendermaßen:

> „Harem means the physical and social segregation of the sexes. It is a practice of assigning each sex a particular section of the house, with the women's section located at the back of the house. [...] Harem is also characteristic of women's social interaction." (Nageeb 2004:24)

Im Gespräch mit Frauen erklärten diese, dass sie *Harem* nicht als Kontrolle über Frauen empfänden oder einen Ausdruck von männlicher Dominanz. Vielmehr ist *Harem* für sie ein eigener Bereich, in dem sie alleine bestimmen und dies muss auch von den Männern akzeptiert werden, die sich nicht in ihren Bereich einmischen dürfen, „[...] harem as a practice of spatial organization was never expressed as a control over women or domination by men." (Nageeb 2004:24).

Mit Hannah Arendt gedacht ist *Harem* genau jener Bereich des Privaten, den alle Menschen brauchen, für jene Dinge, die im Bereich des Verborgenen liegen und im Licht der Öffentlichkeit verloren gehen. Es ist nicht ein Privates in einem Sinne des Privativen, also des Mangels der Möglichkeiten, die nur die Öffentlichkeit bietet.

Salma Nageeb äußert aber weiterhin, dass es zu einer Romantisierung des Prinzips *Harem* kommt zu dem Zweck, sich von der Neustrukturierung der Gesellschaft im Zuge der Islamisierung abzugrenzen.

Der Rückbezug auf *Harem* ist auch eine Abgrenzung von *Neo-Harem*. Dazu schreibt Salma Nageeb:

> „Neo-harem is the systematic policing – through the political project of creating the umma – of women as deterritorialized subjects in order to force them into the territorial context of the umma. [...] Neo-harem is an intensified sense and practice of gender segregation and boundary construction according to a rigified definition of Islamic social order or disorder." (Nageeb 2004:33)

Neo-Harem ist, mit Hannah Arendt gedacht, das Schwinden des privaten Raumes, das mit dem Schwinden des öffentlichen Raumes einhergeht. Da die gesamte Gesellschaft im Zuge der Islamisierung neu geordnet wird, kommt es nicht nur zu einer Homogenisierung im öffentlichen Raum, sondern auch zu einer Entprivatisierung des privaten Raums. *Harem* ist nicht länger der Bereich, in dem Frauen einen Raum für sich haben, sondern er wird ebenso von außen strukturiert.

4.3. Brüchige Homogenität: Strategien des selbst bestimmten Agierens

Wie ein selbst bestimmtes Agieren innerhalb der gegebenen Strukturen dennoch möglich ist, zeigt Salma Nageeb, indem sie von den alltäglichen Aushandlungsprozessen der vier Frauen schreibt.

Zwar zeigt sie mit Goffman auf, wie Amel, Dalia, Hiba und Nana verhaftet sind in den ihnen qua Geschlecht, Ethnizität und Schichtzugehörigkeit zugewiesenen Rollen, entscheidend ist jedoch wie sich die Frauen diese Kategorien zunutze machen und an manchen Punkten durchbrechen.

Im Fall von Amel ist dieser Bruch ein eigener Raum, den sie zusammen mit anderen Frauen schafft, indem sie sich mit ihnen vernetzt und regelmäßig trifft. Diese Vernetzung der Frauen ist zwar insofern privat, als dass sie abgeschlossen vom öffentlichen männlichen Raum stattfindet. Aber sie ist auch öffentlich, insofern die Frauen bei diesen Treffen handeln und sprechen unter Gleichen. Weiter ist dadurch bei diesen Treffen für die Frauen auch ein Gesehen- und Gehörtwerden möglich. Eine eben solche Gegenöffentlichkeit schafft Dalia in ihren Korangruppentreffen. Dort wird vermittelt über die Religion das Sprechen unter gleichen jenseits der Schichtgrenzen ermöglicht.

Wird das Kriterium hinzugenommen, dass öffentliche Räume nur solche sind, wenn sie für alle Menschen gleichermaßen zugänglich sind, so sind die von den Frauen geschaffenen Räume freilich nicht wirklich öffentlich, da sie nur funktionieren können, weil Männer keinen Zutritt haben. Die *Coffee Gatherings* bei Nanas Tante wiederum ermöglichen ein Beisammensein unter Gleichen zwischen Männern und Frauen. Hier wird in einem privaten Rahmen eine Gegenöffentlichkeit geschaffen, indem durch Verwischen der Geschlechtergrenzen das Beisammensein von Männern und Frauen möglich ist.

Die Frauen agieren nicht nur, indem sie Gegenöffentlichkeit schaffen. Als Beispiel sei nur Hibas Schaffung von Autorität durch die Überaffirmation der vom Staat vorgegebenen Regeln genannt. So widersetzt sich Hiba mit Erfolg, als sie für ein Passfoto in einer öffentlichen Behörde ihr Gesicht enthüllen soll. Dadurch bringt sie auch ihre kritische Haltung gegenüber der staatlichen Politik zum Ausdruck, da sie der Auffassung ist, diese solle die Islamisierung nicht durch Bestrafung, sondern durch Überzeugung vorantreiben (vgl. Nageeb 2004:161).

5. Resümee

Abschließend bleibt zu sagen, dass erstens die Definition von *Öffentlich* und *Privat* abhängig ist von der jeweiligen Fragestellung und theoretischen Herangehensweise. So fällt beispielsweise die gesamte Ökonomie in Hannah Arendts „Vita Activa" in Anlehnung an die griechische Polis in den Bereich des Privaten.

Dies hat zweitens auch Salma Nageebs Studie zum Ergebnis, zeigt sie doch, dass Räume keine statischen, feststehenden Größen sind, sondern geschaffen werden durch das Agieren der Menschen.

Und drittens, das ist meiner Meinung nach auch eine der vorrangigen Leistungen von Salma Nageebs Studie, agieren in diesem Zusammenhang nicht nur Männer, besonders im Bereich des Öffentlichen, sondern auch Frauen gestalten das gesamte öffentliche und private Leben mit.

Durch diese Erkenntnis wird auch die Vorstellung von absoluter, männlicher Dominanz in der islamischen Gesellschaft differenzierter betrachtet.

„Das islamische Verständnis der Geschlechterbeziehungen stellt sich aus westlicher Sicht als Ausdruck einer Männer extrem begünstigenden Doppelmoral dar [...]. Segregation, Schleier und Kopftuch gelten nach *unseren* Maßstäben als Mittel, Frauen aus dem öffentlichen Leben zu verbannen und an einer freien Entfaltung ihrer Persönlichkeit zu hindern. Und die ‚Fundamentalisten', heißt es, seien erschreckend erfolgreich in ihren Bestrebungen, während der letzten Jahrzehnte erreichte Emanzipationsschritte wieder rückgängig zu machen." (Pinn / Wehner 1995:31)

Genau diesem vereinfachenden Blickwinkel aufzusitzen laufe ich Gefahr, da ich aus der Position einer weißen Westeuropäerin heraus diese Arbeit geschrieben habe.

Mein Lösungsansatz dem – zu Teilen – zu entgehen, war es, mich in meinen Ausführungen sehr nahe an Salma Nageebs Feldforschung zu halten. Selbst schreibt sie zu ihrer Positionierung:

„Social spaces are a construct and a tool of the researcher; it is a medium of making the own culture strange. [...] This understanding I gained by contesting the cultural coherence I had acquired as a person living in that culture." (Nageeb 2004:197)

Literaturverzeichnis

Arendt, Hannah 2005: *Vita Activa. Oder vom tätigen Leben.* (Original 1985: The human condition. Chicago.) Piper, München.

Eggers, Maureen M.; Kilomba, Grada; Piesche, Peggy; Arndt, Susan 2005: *Mythen, Masken und Subjekte. Kritische Weißseinsforschung in Deutschland.* Unrast Verlag, Münster.

Goffman, Erving 2005: *Wir alle spielen Theater. Die Selbstdarstellung im Alltag.* Piper, München.

Schwingel, Markus 1995: *Pierre Bourdieu zur Einführung.* Junius Verlag, Hamburg.

Nageeb, Salma 2004: *New spaces and old frontiers. Women, social space, and Islamization in Sudan.* Lexington Books, Oxford.

Peripherie – Zeitschrift für Politik und Ökonomie in der Dritten Welt. Nr. 95. *Gender und Islam,* 24. Jahrgang, 08/2004.

Pinn, Irmgard; Wehner, Marlies 1995: *EuroPhantasien. Die islamische Frau aus westlicher Sicht.* Duisburger Institut für Sprach- und Sozialforschung. Duisburg.

III. DIE KOPFTUCHDEBATTE

Der Diskurs um das Kopftuch – Eine Analyse verschiedener Positionen

Verena Armenkow[1]

Zusammenfassung: Verena Armenkow zeichnet in ihrer Arbeit aus dem Jahr 2005 die unterschiedlichen Positionen innerhalb des Kopftuchdiskurses nach. Dafür geht sie zunächst auf die unterschiedlichen Interpretationen des Korans ein und verdeutlicht dann am konkreten Beispiel der Türkei die unterschiedlichen Bedeutungen des Kopftuches. Das Kopftuch erscheint dabei u.a. als Symbol für die Geschlechterordnung, als Ausdruck politischer Interessen und auch als Repräsentation des Weiblichen.

Schlüsselwörter: Islam. Kopftuch. Diskurs. Hijab. Türkei. Geschlechterordnung. Koraninterpretation.

1. Einleitung

Die heutige Bedeutung des *Hijab* als ein „Symbol muslimischer Identität" ist umstritten. Das „Manna der muslimischen Frau", wie Mernissi (1989:129) über das Kopftuch schreibt, hat viele Bedeutungen. Jede dieser Bedeutungen versinnbildlicht einen von vielen Meilensteinen einer fortschreitenden diskursiven Redefinition des Kopftuchgebots und -verbots innerhalb islamischer und europäischer Öffentlichkeiten. Das Kopftuch und dessen Verwendung wird und wurde als Symbol in verschiedensten Diskursen, insbesondere dem über nationale Identität, instrumentalisiert und funktioniert als ein Indikator gesellschaftlicher Transformati-

---

[1] Verena Armenkow studierte Sozioökonomie, Soziologie und Gender Studies an der Humboldt-Universität zu Berlin, sowie der Universität Potsdam mit Studienaufenthalten in Paris und Zürich. Ihre Studienschwerpunkte waren Wissenschaftsgeschichte, Ideologiekritik und Theorien des sozialen Wandels. Ihre Magisterarbeit schrieb sie zum Thema „Irrationale Ganzheitslehren – Frauenkommunen und Körperkultur während der Weimarer Republik".

onsprozesse innerhalb der *okzidentalen* und der *orientalen* Öffentlichkeit. Das Symbol Kopftuch ist gleichsam Katalysator eines Diskurses über die Verfasstheit von Okzident und Orient und widersprüchlicher Ausdruck einer Auseinandersetzung und Positionsbestimmung. Am Kopftuch selbst manifestiert sich das Ringen um Positionen zu Fragen der Nation, der gesellschaftlichen Einheit und Eigenheit, der Definition des Anderen und des Fremden.

Dieser Diskurs macht die heterogenen Positionen, wie die der national-konservativen Kopftuchgegnerin, oder des an universalistischen Werten orientierten liberalen Kopftuchgegners und der an Geschlechterdifferenz entlang denkenden Kopftuchbefürworterin lesbar. Es ist ein politischer Streit um Deutungshoheit und Definitionsmacht. In seiner Konsequenz ist diese Auseinandersetzung nichts weniger als ein Wettstreit verschiedenster Ideologien.

Die Methode der Diskursanalyse geht von dem strukturalistischen Paradigma aus, dass Bedeutung / Signifikation innerhalb und durch Sprache hergestellt wird. Als Diskurs werden Formen der Repräsentation bezeichnet, die kulturelle und historische Bedeutungen erschaffen. Für Foucault sind *diskursive Formationen* ein Set von Diskursen, die Ordnungen von Wahrheit generieren und zuordnen. Auf diese Weise wird Realität erschaffen. Diskursive Formationen spiegeln ein hierarchisches Arrangement wieder und verstärken bestimmte, bereits etablierte Identitäten / Subjektivitäten. Diese dominanten Diskurse werden reziprok verstärkt durch die bestehenden Rechts-, Bildungs- und Mediensysteme.

Unabhängig von Bildungsstand der Diskursteilnehmer oder der Arena, in der dieser hergestellt wird, werden bereits implizit bestehende Dichotomien reproduziert. Die Geschlechterdifferenz und weibliche Stereotypisierungen werden erneut festgeschrieben. Dem biologischen weiblichen Geschlecht werden scheinbar typische angeborene oder zwingend sozialisierte Eigenschaften der Frau zugeordnet.

Die historische und aktuelle Bedeutungsverschiebung des Kopftuchs zeigt auf der formalen Ebene, wie das Wesen eines Diskurses agiert und auf der inhaltlichen Ebene, wie ein ursprünglich an

Der Diskurs um das Kopftuch – Eine Analyse verschiedener Positionen 135

die Ehefrauen Mohammads gerichtetes Gebot des Kopftuches[2] zu dem Identifikationsmerkmal und Zugehörigkeitsbeweis für religiöse, muslimisch geprägte junge Frauen im heutigen Europa werden kann. Ist das Kopftuch ein Stolperstein für die Emanzipation von Frauen mit muslimischem Hintergrund oder stolzes Zeichen eines muslimischen und weiblichen Identitätsentwurfs?

Die Veränderung des Symbolgehalts des Kopftuchs aus historischer Perspektive deutet darauf hin, dass es letztlich nicht um das Kopftuch und dessen Bedeutung selbst geht, sondern dass das Kopftuch Platzhalter für eine andere politische Auseinandersetzung ist. So schreibt Michel Foucault zum Wesen und zur Funktionsweise des Diskurses:

„(…) there exists a system of power which blocks, prohibits, and invalidates this discourse and this knowledge, a power not only found in the manifest authority of censorship, but one that profoundly and subtly penetrates an entire societal network." (Foucault 1977:205f)

Für Foucault ist die Rolle der Intellektuellen und Wissenschaftler eine tragende hinsichtlich der Ausformung jener Diskurse.

„Intellectuals are themselves agents of this system of power – the idea of their responsibility for 'consciousness' and discourse forms part of the system. The intellectual's role is no longer to place himself 'somewhat ahead and to the side' in order to express the stifled truth of the collectivity; rather it is to struggle against the forms of power that transform him into its object and instrument in the sphere of 'knowledge', 'truth', 'consciousness', and 'discourse'." (Foucault 1977:205f)

Für die Auseinandersetzung mit den Diskursen um und über das Kopftuch bedeutet dies, dass die Analyse selbst bedingt und begrenzt ist. Sie ist an die Gegebenheiten des Diskurses selbst gebunden. So soll dieser Versuch einer kurzen Zusammenfassung

---

[2] Weiter gefasst kann das Kopftuchgebot auch als ein an Mohammeds Anhänger gerichtetes Gebot gedeutet werden. Diese Interpretation besagt, dass das Gebot als Aufforderung der Wahrung der Privatsphäre des Propheten und der räumlichen Distanz zu dessen Anhängern verstanden werden kann (mehr dazu unter Kapitel 4.1.).

der Diskurse und deren Bedeutung eine mögliche Einordnung der Positionen zum Kopftuch darstellen und die damit verbundenen politischen und gesellschaftlichen Implikationen aufzeigen.

2. Das Kopftuch als perspektivisches *Projektionstheater* – Symbol für gegensätzliche Interpretationen und Projektionen

Die Debatte um das Tragen des Kopftuchs funktioniert aus diskursanalytischer Sicht selbst als ein Symbol, besser ein „Point de Capiton"[3] eines gesellschaftlichen Diskurses vor allem innerhalb des *Westens*. Verhandelt werden die Grenzverläufe zwischen potenzieller Integration bzw. tatsächlicher Ausgrenzung muslimischer Migranten in einer Europäischen Gemeinschaft. Andererseits festigt und schafft er nationale Identitäten und eröffnet die Möglichkeit der Abgrenzung von *westlichen*, modernen und aus religiöser, antimodernistischer Perspektive *verwerflichen* Werten.

Historisch betrachtet ist es ein Diskurs, der mit der Kolonialisierung des *Orients* durch Europa beginnt. Die imperialen Interessen Europas werden durch die diskursive Konstitution des *Westens* als hegemonialem Autor des Diskurses über den Orient legitimiert. Der *Westen* ist ein eindrückliches Beispiel für die Etablierung eines spezifischen Denkstils, der durch ein von ungenannten Prädispositionen geprägtes Denkkollektiv getragen wird (Fleck 1935). Edward Said schildert in seinem Werk „Orientalism", wie diese westliche, hegemoniale, diskursive Definition des Orients

---

[3] Um nun eine entsprechende Theoretisierung von Fixiertheit von Differenzsystemen leisten zu können, greifen Laclau und Mouffe bereits in Hegemonie und radikale Demokratie auf das Lacansche Konzept des Knoten oder Stepp-Punkts (point de capiton) zurück, also jenes Signifikanten, der eine Signifikantenkette steppt und dadurch die Bedeutung fixiert. Die flottierenden Signifikanten – in der Terminologie Laclau / Mouffes Elemente – werden durch eine solche Fixierung zu Momenten einer diskursiven Totalität. Dieser Vorgang des Steppens im Feld des Sozialen kann Artikulation genannt werden: „Die Praxis der Artikulation besteht deshalb in der Konstruktion von Knotenpunkten, die Bedeutung teilweise fixieren." Hier findet sich die Keimzelle des späteren Lacanianismus Laclaus (vgl. Marchart / Butler 1998:165).

und des Islams durch rhetorische Figuren und Stereotypisierungen die Länder des Orients und deren Bevölkerungen als *Andere* und *Fremde* erschafft. Dies bereitet die ideelle Basis für die militärische Unterwerfung dieser als Kolonien Europas. Ein Ergebnis ist eine heute immer noch bestehende imaginäre Grenze zwischen Okzident und Orient. Die Debatte um das Kopftuch stellt eine erneute Ausformung dieses Diskurses über den *Anderen* und das *Fremde* dar.

„Spielte im klassischen ‚Orientalismus' (Said 1979) der Harem als Projektionstheater eine zentrale Rolle, so könnte gegenwärtig das Kopftuch an dessen Stelle gerückt sein. Verstanden als Symbol ist es – auf den ersten Blick – scheinbar für alle Interpretationen und Projektionen offen." (Gerhard / Rumpf 2003:178)

Dem westlichen, feministischen, vor allem theoretischen Zugang zum Kopftuch steht ein sehr alltagsgebundener, lebensnaher Blick der Frauen entgegen, die eine konkrete Entscheidung im Umgang mit dem Kopftuch zu treffen haben. Die Frage nach der Notwendigkeit einer Kopfbedeckung stellt sich für muslimische Frauen innerhalb islamischer Gesellschaften völlig anders als im christlich geprägten Europa. Bei der Metadiskussion um die symbolischen Bedeutungen des *Hijabs* gerät diese Problematik für Frauen aus dem Blickfeld. Ist die Diskussion um das Kopftuch denn auch eine Diskussion um den demokratischen Wert der Gleichheit? Und ist diese bereits im Westen kontrovers geführte Debatte innerhalb islamisch geprägter Öffentlichkeiten anders zu bewerten?

Eine Auseinandersetzung mit dem demokratischen Wert der Gleichheit ist, wie Fatima Mernissi konstatiert, innerhalb islamisch geprägter Länder automatisch mit der Frage nach der Notwendigkeit des Kopftuchs verbunden.

„Es ist keine Diskussion über die Demokratie denkbar, die sich nicht auf die Frau bezieht und jenes lächerliche Stück Stoff aus feinstem Musselin, das die Integristen heutzutage zum Wesen der muslimischen Identität machen wollen." (Mernissi 1989:252)

Für Simone Prodolliet, eine *westliche Feministin*, ist das Kopftuch auch nicht nur ein *Stückchen Stoff*.

„Es steht für sehr vieles: für das simple Bedürfnis der Zugehörigkeit, für die Abgrenzung gegenüber westlich verstandenem Gedankengut, für politischen Ausdruck im weitesten Sinn – von Zustimmung bis Widerstand gegenüber einer politischen Macht, für Frömmigkeit, für einen sozialen Status, für Heimat, für die Akzeptanz einer bestimmten Geschlechterordnung." (Prodolliet 2004:178)

Die häufige, *westliche* Argumentation gegen das Kopftuch als ausschließliches Zeichen der *orientalischen* Emanzipationsfeindlichkeit greift hier zu kurz, da sie ahistorisch ist und die Auseinandersetzung mit dem Deutungsspielraum des Gebots außer Acht lässt. Die oftmals gemachte Gleichung Schleier = Frauenunterdrückung ist eine Vereinfachung, schließlich handelt es sich um ein vielfach instrumentalisiertes Symbol. Vor allem die Bezugnahme auf Authentizität als ein Kriterium der Legitimation und des Fortbestands taucht innerhalb europäischer Debatten immer wieder auf. Arabische Frauen, wie die Literatin Nawal El Saadawi, wehren sich gegen die angebliche Toleranz und die Auffassung des Gebots einer europäischen Linken.

„Progressive Angehörige der Politischen Linken tendieren dazu, den Schleier im Namen des Multikulturalismus und der authentischen Identität der muslimischen Frauen zu unterstützen. Doch der Schleier ist nicht mehr als ein Kleidungsstück. Wie kann authentische Identität auf ein Stück Kleidung reduziert werden? Und wie kann Multikulturalismus darüber definiert werden, dass Frauen eingesperrt werden oder ihre Gesichter verbergen müssen?" (El Saadawi 2002:90)

El Saadawi macht deutlich, dass es nicht um *folkloristische* Identitätsbekundungen gehen kann, sondern dass es sich immer noch um einen Kampf um Gleichberechtigung der Geschlechter handelt. Sie wehrt sich gegen die Instrumentalisierung des Kopftuchs durch patriarchal islamisches Gedankengut, jedoch auch gegenüber der *Orientalisierung* des Kopftuchs und deren Trägerin im Sinne Saids.

„Uns arabischen Frauen und muslimischen Frauen ist bewusst, dass unsere authentische Identität nur darin bestehen kann, unseren Verstand zu entschleiern, und nicht darin, unsere Gesichter zu verschleiern. Wir sind menschliche Wesen und nicht lediglich Körper, die bedeckt werden müssen, wenn religiöse Slogans das verlangen, oder nackt, um konsumiert zu werden oder als westliche Handelsware zu dienen. Wir wissen, dass das Verschleiern der Frauen und die Nacktheit oder das Zurschaustellen des Körpers lediglich zwei Seiten ein und derselben Medaille sind." (El Saadawi 2002:92)

El Saadawi zeigt durch ihre Position, wie stark das Kopftuch als Symbol aus verschiedenen Positionen heraus verstanden und benutzt werden kann. Interessensgeleitete Argumentationen für oder gegen das Tragen des Schleiers beinhalten immer eine moralische und politische Wertung von geschlechtlicher Gleichberechtigung und dem unterschiedlich auslegbaren Begriff der Gleichheit. Für die Einordnung des Kopftuchgebots ergeben sich aus vereinfachtem Blickwinkel zwei Perspektiven. Die eine Position argumentiert aus dem demokratischen Wertekanon heraus und argumentiert mit der universalen Gleichheit der Menschen jenseits von Geschlecht, Rasse oder Klasse. Die andere Position versucht eine Einordnung aus dem Verständnis der regionalen, historisch gewachsenen, traditionellen Eigenheiten. VertreterInnen dieser Argumentationslinie weisen auf die gewachsenen traditionellen Strukturen hin und argumentieren gegen eine verordnete *Demokratisierung* von oben. Um diese zwei Denkweisen besser zu verstehen, werden im nächsten Abschnitt die Diskurse um die Schleierfrage im Vorderen Orient zusammengefasst.

3. Der Kopftuchdiskurs und die Frauenfrage – Vehikel des Transformationsprozesses in die Moderne

In den 70er Jahren des letzten Jahrhunderts rückte mit dem neuen aufstrebenden politischen Islam die Geschlechterfrage in das Zentrum gesellschaftlicher und politischer Debatten im gesamten Gebiet des Vorderen Orients. Der politische Islam war Ausdruck des neuen Selbstbewusstseins der Bevölkerungen, vor allem für die *bürgerlichen* neuen Eliten beispielsweise Ägyptens, des Irans oder der Türkei. Gleichwohl war er auch das Vehikel des Ablösungsprozesses von den ehemaligen Kolonialherren oder – wie in der Türkei – vom bröckelnden Osmanischen Reich. Der Frauenfrage steht, historisch betrachtet, eine Schlüsselrolle innerhalb dieser politischen Umwälzungsprozesse (Nationsbildungsprozesse) zu.

„Von Istanbul bis Kabul, von Kairo bis Teheran prägen seit Jahrzehnten Kontroversen über Stellung und angemessenes Verhalten der Frauen gesellschaftliche Diskurse, definieren politische Zugehörigkeiten und markieren ideologische Grenzlinien nach innen wie nach außen. Körper und Sexualität der Frauen, symbolisch manifestiert in der Schleier- bzw. Kopftuchfrage, sind zu Metaphern geworden, über die Themen wie Globalisierung und Selbstbehauptung, Authentizität und Verwestlichung, Religion und Moderne, Gemeinschaft und Individuum artikuliert und umkämpft werden. Nicht selten liegen den politisch-kulturellen Auseinandersetzungen soziale Konflikte zugrunde." (Kreile 2004:306)

Renate Kreile bezeichnet die Kopftuchfrage als eine *Metapher* für reale politische, kulturelle und soziale Konflikte innerhalb moderner, islamisch geprägter Gesellschaften. Meyda Yegenoglu hingegen geht in ihrer Argumentation darüber hinaus. Die Frau *verschwindet* und wird zum Kampfplatz in der Auseinandersetzung zwischen Nationalismus und Imperialismus.

„It is my contention that, in both cases [Türkei und Algerien, Anm. d. Autorin], it is the woman who disappears by being transformed into a battleground in the struggle between nationalism and imperialism (Algeria) and between Islamism and secular / Westernist nationalism (Turkey). It is the veil which becomes one of the most effective and convenient signifiers for the contending parties to fight out their differences through manipulating this highly charged symbol. The veil is thus transformed into a medium through which the male subjects of the nation can articulate their desires and fears, but, more importantly, can assert 'national' difference. However, the very construction of national difference is possible only through the mediation of women, a mediation which nevertheless has to be repressed." (Yegenoglu 1998:126)

Für Yegenoglu wird die Frau zum unterdrückten Medium, zum Vermittlungssymbol eines von Männern ausgetragenen und vorangetriebenen Prozesses des Aufbaus einer Nation. Die Frau ist nicht beteiligt an diesem und wird vielmehr zur Ressource dieser Entwicklung.

Am Beispiel der Türkei (siehe dazu später in diesem Beitrag) lässt sich veranschaulichen, wie die Kopftuchfrage immer wieder Symbol und Indikator für die Geschlechterordnung und deren Neudefinition fungiert und welche gesamtgesellschaftlichen Konsequenzen mit dieser jeweiligen Neuordnung verbunden sind. Zunächst wird jedoch die Frage diskutiert, inwiefern sich das Kopftuchgebot aus den religiösen Textstellen ableiten lässt.

4. Das Kopftuch – Ein religiöses Gebot oder Instrument zur Segregation der Geschlechter?

Das Verständnis der religiösen Verse des Korans und der Hadithe gilt als zentral innerhalb der muslimischen Diskussion um die Bedeutung und Funktion des Kopftuchs. Aus traditionell religiöser Sicht stellen die direkten Verweise auf den Koran die einzige legitime und unantastbare Grundlage zur Definition und Legitimation muslimischer Verhaltensregeln dar. In der Analyse eröffnen sich zwei verschiedene Ansätze im Umgang mit dem Korantext und den Hadithen. Es wird um die *richtige* und mögliche Interpretation der Koranverse gerungen, die die Bedeutung und Funktion des Kopftuchs bestimmen. Die verschiedenen aktuellen Übersetzungen der einzelnen Verse zeigen dem *westlichen* Leser bereits, dass sich durch die arabische Schriftweise (nur Konsonanten) und der zwangsläufigen historischen Bedeutungsveränderung der Begriffe große inhaltliche Verschiebungen ergeben können.

Die Historizität des Kopftuchgebots ist ein weiterer Ausgangspunkt für die Diskussion. Es stellt sich die Frage, ob und unter welchen Bedingungen eine historisierende Einordnung der Verse erlaubt ist und dies das Verständnis der Regeln und Gebote innerhalb der Suren beeinflussen darf. Anders als im Christentum gibt es im Islam heute aufgrund verschiedener Verbote kaum eine Tradition der interpretativen Koranexegese. Ein weiterer wichtiger Punkt ist, das Frauen bisher keinerlei *agency*, Autorenschaft, in der Interpretation und dem Verständnis der Texte besitzen. Fatima Mernissi stellt sich gegen dieses traditionelle und aus ihrer Sicht konservative Verständnis des Korans. Sie reetabliert die vormals bestehende und mittlerweile nicht erwünschte hermeneutische Herangehensweise an den Korantext und wendet diese in ihrem Buch „Der politische Harem" von 1989 an.

4.1. *Hijab* und vier mögliche Bedeutungen

Schon der Begriff *Hijab* selbst und dessen unterschiedliche Bedeutungen sind widersprüchlich und umstritten. Es lassen sich vier mögliche Bedeutungen konkretisieren.

(1) *Hijab* wird als Begriff für die Verschleierung verstanden, die den Frauen Mohammads auferlegt worden ist. Es ist strittig, wie und welche Teile des weiblichen Körpers durch den Schleier bedeckt werden müssen. Es ist sogar möglich, dass es sich nur um eine spezifische weibliche Form der Kleidung handelt, die nur die erotisch aufgeladenen Körperteile verhüllt. Im Allgemeinen markiert der Schleier den Übergang von Kindheit zur Pubertät oder die Statusveränderung von einer unverheirateten Frau zur Ehefrau. Der Schleier ist nicht originär muslimisch, sondern findet sich in historischen Beschreibungen vor Mohammads Zeit. Später wurde das Gebot des Schleiers auf alle muslimischen Frauen ausgeweitet.

(2) Eine weitere Bedeutung ist die des Vorhangs, hinter dem sich Kalifen außerhalb der Sicht ihres Haushalts aufhielten. Auch sollten die gläubigen Anhänger vor der Erleuchtung / Blendung bei einer Begegnung geschützt werden. Wahrscheinlich führten die Umayyaden diese Tradition in den Islam ein.

(3) Aus der Perspektive der Mystik repräsentiert *Hijab* die Verschleierung der *Göttlichen Realität* vor den Menschen durch deren Leidenschaften.

(4) Zuletzt bedeutet *Hijab* eine mystische, übernatürliche Isolation oder auch einen überirdischen Schutz durch ein Amulett, das seinen Träger unverwundbar macht und ihm / ihr Erfolg bei allen Unternehmungen bereitet (vgl. Mernissi 1989:113ff).

4.2. Kontroversen im Umgang mit dem Begriff *Hijab* in den Texten des Korans und der Hadithe

Hijab ist aus seiner Wortgeschichte heraus bereits ein strittiger Begriff mit einem großen Deutungsspielraum. Im Folgenden wird nach Mernissi anhand von den Suren 33 Vers 59 (im Folgenden abgekürzt mit 33:59), 33:53, 33:60, 42:52 und 24:32 die Bedeutungsvielfalt und die Verwendung des Begriffes *Hijab* konkreter dargestellt. Die den Suren zugeordneten religiösen, sozialen und historischen Bedeutungen werden beschrieben. Die verwendeten Suren sind, wie Mernissi darlegt, die am häufigsten in der Diskussion um das Gebot oder Verbot des Kopftuchs zitierten.

Es wird angenommen, dass die Sure 33:59 des Korans Frauen anordnet, den *Hijab* zu tragen – jedoch wurde diese auf verschiedene Weise gelesen. Eine etwas eindeutigere Aufforderung findet sich in den Hadithen, aber selbst aus diesen kann keine generelle Verpflichtung für muslimische Frauen, ein Kopftuch zu tragen, abgeleitet werden, da sich diese im Grunde nur auf die Ehefrauen Mohammeds beziehen (vgl. Sure 33:60). Um den Unterschied möglicher Übersetzungen und daraus entstehender Bedeutungen zu illustrieren, wird hier Sure 33:53 in der deutschen Übersetzung des Korans (Ahmad 1996) als erste Möglichkeit aufgeführt:

„O die ihr glaubt! Betretet nicht die Häuser des Propheten, es sei denn, dass euch Erlaubnis gegeben ward zu einer Mahlzeit, ohne auf deren Zubereitung zu warten. Sondern wann immer ihr eingeladen seid, tretet ein (zur rechten Zeit); und wenn ihr gespeist habt, so gehet auseinander und säumt nicht zu (weiterer) Unterhaltung. Das verursacht dem Propheten Ungelegenheit und er ist scheu vor euch*, jedoch Allah ist scheu vor der Wahrheit. Und wenn ihr sie** um irgendetwas zu bitten habt, so bittet sie hinter einem Vorhang. Das ist reiner für eure Herzen. Und es geziemt sich nicht, den Gesandten Allahs zu belästigen, noch dass ihr je seine Frauen nach ihm heiraten solltet. Fürwahr, das würde vor Allah eine Ungeheuerlichkeit sein.
*mit Rücksicht auf eure Gefühle
** Frauen des Propheten" (Ahmad 1996:416 ff)

Den durch eine unterschiedliche Übersetzung entstandenen Deutungsspielraum kann man bereits an der weiteren Übersetzung ins

Deutsche aus Mernissis Titel „Der politische Harem" (Mernissi 1989:112) erkennen.

„Ihr Gläubigen! Betretet nicht die Häuser des Propheten, ohne dass man euch zu einem Essen Erlaubnis erteilt, und ohne (schon vor der Zeit) zu warten, bis es soweit ist, dass man essen kann! Tretet vielmehr (erst) ein, wenn ihr (herein)gerufen werdet! Und geht wieder eurer Wege (in alle Himmelsrichtungen), wenn ihr gegessen habt, ohne zum Zweck der Unterhaltung auf Geselligkeit aus zu sein (und sitzen zu bleiben)! Damit fallt ihr dem Propheten (immer wieder) lästig. Er schämt sich aber vor euch (und sagt nichts). Doch Gott schämt sich nicht, (euch hiermit) die Wahrheit zu sagen. Und wenn ihr die Gattinnen des Propheten um (irgend)etwas bittet, das ihr benötigt, dann tut das hinter einem Vorhang! Auf diese Weise bleibt euer und ihr Herz rein."

Beim Lesen dieser zwei unterschiedlichen Übersetzungen zeigt sich, dass unterschiedliche Wertungen in die Übersetzung einfließen. So wird die Phrase „verursacht dem Propheten Ungelegenheit" mit „fallt ihr dem Propheten lästig" in der zweiten Version übersetzt. „Sie" werden erst durch die Sternchen des Verfassers zu „Frauen des Propheten". In der zweiten Version wird dies direkt zu „Gattinnen des Propheten". Die Aufforderung, nur um etwas Benötigtes zu bitten, taucht überhaupt nicht in der ersten Version auf und wird entweder vom Übersetzter vorausgesetzt oder ist bereits eine wertende Interpretation.

Bereits dieses Beispiel zeigt, wie schwierig sich die richtige und einheitliche Übertragung eines Textes, der für traditionelle Muslime das gesprochene Wort Allahs bedeutet, gestaltet. Es besteht ein großer Deutungsspielraum, der für eine/n unerfahrene/n LeserIn des Korans nur bedingt erschließbar ist. Hinsichtlich des Kopftuches jedoch wird in beiden Versionen der *Hijab* mit Vorhang übersetzt. Vorhang ergibt jedoch keinen direkten Verweis auf die Notwendigkeit einer *islamischen Bedeckung*. *Hijab* in diesem Kontext bedeutet Vorhang, hinter dem, wie Mernissi anmerkt, Mohammad seine Ehefrauen vor anderen männlichen Muslimen[4] versteckt. Die erste Funktion des *Hijabs* ist, so Mer-

---

[4] In diesem Fall wird der Vorhang vor Anas ibn Malik gezogen / Symbol der Privatsphäre gegenüber der Gemeinschaft.

nissis These, männliche Muslime voneinander zu trennen, um ihre Begehrlichkeiten zu begrenzen. Die Funktion der Trennung soll *männliche* Ränkespiele eindämmen und nicht – wie oft interpretiert – Mann und Frau voneinander trennen (vgl. Mernissi 1989:113).

Der Begriff *Hijab* wird in Sure 33:53 benutzt, jedoch handelt es sich in erster Linie um ein Gebot der räumlichen Trennung während der Formulierung einer Bitte. Obwohl in Sure 33:53 keine explizite Kleidungsvorschrift ausgesprochen wird, ist sie der häufigste Referenzpunkt innerhalb des religiösen Diskurses um die Notwendigkeit der Kopfbedeckung für muslimische Frauen.

In ihrer Analyse des Verses und seines Kontexts unterscheidet Mernissi zwischen einem materiellen und einem immateriellen *Hijab*. Der immaterielle *Hijab* ist der *herabkommende* an den Propheten Mohammad gerichtete Koranvers, welcher als Offenbarung / Botschaft auf einer intellektuellen Ebene operiert. Der materielle *Hijab* hingegen ist der Vorhang aus Stoff, der den Brautleuten eine Privatsphäre gibt und sie schützt. Der Prophet verkündet am späten Abend seiner Hochzeitsnacht mit Zainab die (immaterielle) Offenbarung als einige Gäste das Brautpaar stören, indem sie den Ort der Festlichkeiten nicht verlassen. Durch diese historische Kontextualisierung der Offenbarung unterstreicht Mernissi ihre These. Der *Hijab* schließt hier vor allem Anas ibn Malik als Symbol und Repräsentant der Gemeinschaft aus und privilegiert die Privatheit der Brautleute. *Sittr,* Vorhang auf Arabisch, wird nun in dieser Offenbarungsszene mit neuer Bedeutung durch Sure 33:53 aufgeladen und damit zu *Hijab*. Aus der Sure 33:53 lässt sich also nicht entnehmen, dass eine Frau, die nicht in Gefahr ist, belästigt zu werden, sich verhüllen muss.

Um den Kontext des Entstehens von Sure 33:53 besser nachvollziehen zu können, zieht Mernissi das Werk „Anlässe der Offenbarung" von Asab an-Nuzul heran. Durch diese kontextuelle Herangehensweise zeigt Mernissi, dass Sure 33:53 die direkte Lösung eines Problems Mohammads anstrebt. Durch den nicht enden wollenden Besuch einiger Hochzeitsgäste kann Mohammad nicht alleine mit seiner neuen Gemahlin Zainab sein und, so wertet Mernissi, löst Allah das Problem des Propheten verhältnismäßig schnell durch Offenbarung 33:53.

Zudem wird auch der historische Kontext mit einbezogen. Das

Jahr 627 war, bedingt durch hohe militärische Verluste, ein Jahr der Trauer in den muslimischen Häusern Medinas. Die Situation als *Aufgenommene* in der Gemeinschaft Medinas wurde als instabil und unsicher wahrgenommen (vgl. Sure 33; Al Ahzab – „Bündnis des Clans"). Sure 33:53 hat für Mernissi die Funktion, Höflichkeits- bzw. Anstandsregeln im Umgang mit dem Propheten und dessen Frauen zu codieren, sowie auch die Eheschließung mit den Frauen Mohammads nach dessen Tod zu regeln. *Hijab* fungiert hier als Symbol für soziale Codes innerhalb einer Gemeinschaft. Mernissi wirft die methodologische Frage auf, inwiefern die kontextuellen Geschehnisse am Hochzeitstag mit Zainab für die Lesart des Korans herangezogen werden dürfen. Hier offenbart sich ein großer Konflikt innerhalb der islamischen Lehre. Traditioneller Ansicht nach darf der Koran weder interpretiert noch mit Hilfe des historischen Kontextes ausgelegt werden. Kritische Interpretatoren der Koransuren, die den Koran historisieren und die Entstehungsbedingungen der Texte reflektieren, gibt es aufgrund der starken Deutungsmacht der führenden Koranschulen kaum.

Eine andere Verwendung von *Hijab* findet sich in Sure 42:52. Hier agiert *Hijab* als räumliche Trennung zwischen Mensch, Männer wie Frauen, und Gott.

> „42:52 Keinem Menschen steht es zu, dass Allah zu ihm sprechen sollte, außer durch Offenbarung oder hinter einem Schleier oder indem Er einen Boten (Engel) schickt, zu offenbaren Sein Geheiß, was Ihm gefällt; Er ist erhaben, allweise." (Ahmad 1996:487)

Während *Hijab* heute fast ausschließlich als Begriff einer Kopf- oder Körperbedeckung benutzt wird, bedeutet er grundsätzlich jede Trennlinie, die zwei Dinge / Wesen voneinander separiert. In den vorangegangenen religiösen Texten trennt der *Hijab* Allah und den Propheten Mohammed, Allah und die Menschen und den Propheten von den Gläubigen. *Hijab* in seiner Bedeutung als Kopftuch trennt muslimische Frauen von andersgläubigen Frauen und so genannte *ehrbare* Frauen von *Unehrenhaften*.

Eine Quelle, die als Legitimation der Funktion des *Hijabs* als Kopftuch dient, ist Sure 24:31. Der streitbare Begriff hier ist *Zîna*, der mit Reize / Zierrat übersetzt ist. *Zîna* kann aber auch mit den Begriffen Ornamente, Juwelen oder Kleider übersetzt werden.

„24:31 Und sprich zu den gläubigen Frauen, dass sie ihre Blicke zu Boden schlagen und ihre Keuschheit wahren sollen und dass sie ihre Reize nicht zur Schau tragen sollen, bis auf das, was davon sichtbar sein muss, und dass sie ihre Tücher über den Busen ziehen sollen und ihre Reize vor niemandem enthüllen als vor ihren Gatten, oder ihren Vätern, oder den Vätern ihrer Gatten, oder ihren Söhnen, oder Söhnen ihrer Gatten, oder ihren Brüdern, oder den Söhnen ihrer Brüder, oder den Söhnen ihrer Schwestern, oder ihren Frauen, oder denen, die ihre Rechte besitzt, oder solchen von ihren männlichen Dienern, die keinen Geschlechtstrieb haben, und den Kindern, die von der Blöße der Frauen nichts wissen. Und sie sollen ihre Füße nicht zusammenschlagen, so dass bekannt wird, was sie von ihrem Zierrat verbergen. Und bekehret euch zu Allah insgesamt, o ihr Gläubigen, auf das ihr erfolgreich seiet." (Ahmad 1996:341)

Einige muslimische Kommentatoren lesen den Begriff, hier als „ihre Reize" übersetzt, als Haar – eine kontextuelle Analyse jedoch weist eher auf die korrektere Lesart als weibliche Brustwarzen hin. Die Lesart Haare scheint weit hergeholt.

Hijab dient als Schutz vor *Zîna*, dass auch als unstatthafte Sexualität gelesen werden kann. Die Offenbarung dieser Sure steht im Kontext um den Konflikt zwischen Mohammad und seinem Schüler Umar, der *Hijab* gegen die Auffassung Mohammads für alle Frauen einführen will.[5] *Hijab* wird sprachlich in visueller, räumlicher und ethischer Dimension verwendet. „Dem Blick entziehen" bedeutet *Hijab* ebenso wie „trennen, eine Grenze ziehen, eine Schwelle aufbauen" (Mernissi 1989:127ff). Als räumliche Trennlinie wird *Hijab* in einem weiteren, naturwissenschaftlichen Kontext, zur Beschreibung der menschlichen Anatomie verwendet (beispielsweise das Zwerchfell). Als Vorhang einerseits, als abstrakte Realität, als Symbol des verbotenen Raumes hinter

---

[5] Vgl. hierzu Mernissi (1989:247): „Der Hijab war das genaue Gegenteil dessen, was er (Mohammad) eigentlich hatte erreichen wollen: Der Hijab verkörperte die fehlende innere Kontrolle, er verschleierte den souveränen Willen, der die Gesellschaft ordnete und regelte."

dem Vorhang andererseits, weist er auf einen irdischen, explizit nicht-göttlichen Bewusstseinszustand hin (vgl. 50:23).[6]

Abschließend zeigt sich, dass es sich auf einer weiteren Ebene um die geschlechtsspezifische Zuordnung zweier gesellschaftlicher Bereiche, die Welt des Innen (Heim) und die Welt des Außen (Öffentlichkeit), sowie die Trennung der Geschlechter handelt. *Hijab* ist also äußerliches Sinnbild einer räumlichen Segregation der Geschlechter, die das Ausüben geschlechtsspezifischer, erlernter Rollenbilder und Verhaltensweisen mit sich bringt.

4.3. Aus dem soziologischen Blickwinkel: *Hijab* als weibliches und schichtspezifisches Distinktionsmerkmal

„Er (Hijab) bewirkte die Trennung des Öffentlichen vom Privaten oder des Weltlichen vom Heiligen und führte letztendlich zur Trennung der Geschlechter: Der Schleier, der vom Himmel herabkam, wird die Frau verhüllen, sie vom Mann, vom Propheten und folglich von Gott trennen." (Mernissi 1989:134)

Hijab funktioniert zum einen als Mittel zur Schaffung räumlicher Distanz und andererseits als weibliches Distinktionsmerkmal. Der *Hijab* teilt Frauen in zwei schichtabhängige Kategorien ein: die *ehrbaren* Frauen, die für Fremde unberührbar sind und die Sklavinnen, die willkürlicher Gewalt und insbesondere sexueller Gewalt, d.h. sexueller Belästigung bis hin zu möglicher Vergewaltigung ausgesetzt waren. Frauen mit anderer Religionszugehörigkeit ordneten und ordnen sich dieser Norm unter oder riskieren, sich in einen vagen gesellschaftlichen Status zu katapultieren.

---

[6] Vgl. hierzu Mernissi (1989:127): „Halten wir also fest, dass der Hijab eine räumliche Dimension ausdrücken ‚kann, dass er eine Schwelle zwischen zwei verschiedenen Bereichen darstellt, dass er Macht oder Herrschaft verschleiern kann, wie im Fall des Hijab Al Amir (Hijab des Prinzen), dass er auch das Gegenteil meinen kann, wie im Falle des Sufi-Hijab, der die Erkenntnis des Göttlichen verhindert, und bei dem der Schwache der Verschleierte ist. Muss also der Hijab, der vom Prinzen trennt, geachtet werden, so muss der, der von Gott trennt, zerstört werden."

Das Kopftuch als ein Überbleibsel des Bürgerkriegs nach dem Tod Mohammeds, wie Mernissi zusammenfasst (vgl. Mernissi 1989:255f), ist das Ergebnis eines Veränderungsprozesses innerhalb des Islams von einer „prophetischen Erfahrung" und damit der Möglichkeit einer Gleichstellung und -berechtigung von Frauen und Männern hin zu einem „islamischen Staat". Das Kopftuch ist innerhalb islamischer Gesellschaften ein Instrument, Frauen ihren gesellschaftlichen Ort und die damit verbundene, dem Mann untergeordnete, Rolle innerhalb der Privatsphäre, dem Harem, zuzuweisen.

Es funktioniert wie ein *Stigma*[7] im ursprünglichen griechischen Sinn des Begriffes. Zwar wurde kein Zeichen direkt auf dem weiblichen Körper angebracht, jedoch führte die Einführung der Norm Kopftuch zu einer Vorstellung der ehrbaren und unehrenhaften Frauen. Die Frauen, die sich dem Tragen verwehrten bzw. dies als Sklavinnen nicht tragen durften, wurden auf öffentlichen Plätzen zu Vogelfreien. Eine Partizipation am sozialen öffentlichen Leben mit der sozialen Identität als Frau wurde unmöglich und Frausein damit direkt mit einer moralischen Wertung verknüpft.

Mernissi bedauert die Veränderung und die Stereotypisierung der Geschlechterrollen innerhalb islamischer Gesellschaften und erinnert an die machtvollen und kritischen Frauen des ersten Jahrhunderts des Islams, wie umm Salama oder Aisha. Diese, so Mernissi, „gerieten mit absolutistischer Dynastierung der Macht und dem Untergang des Stammesbewusstseins in Vergessenheit" (Mernissi 1989:217). Heute während des andauernden Aufbauprozesses neuer islamischer Nationen ist die Frauenpolitik ein sehr interessantes und stark umkämpftes politisches Feld. An ihr lassen sich politische Strategien exemplifizieren und u.a. die Instrumentalisierung der Kopftuchfrage aufzeigen.

---

[7] Vgl. hierzu Goffman (1963:11): „The Greeks, who were apparently strong on visual aids, originated the term *stigma* to refer to bodily signs designed to expose something unusual and bad about the moral status of the signifier. The signs were cut or burned into the body and advertised that the bearer was a slave, a criminal or a traitor – a blemished person, ritually polluted, to be avoided, especially in public places."

5. Vom Osmanischen Reich zur modernen Türkei – Die Erschaffung eines modernen Nationalstaates durch das zentrale Instrument der *Frauenpolitik*

1924 führte Mustafa Kemal Atatürk eine vollständige und radikale Säkularisierung der staatlichen Institutionen durch. Das Kopftuch – Symbol der Rückständigkeit – verschwand aus allen staatlichen Institutionen. Die Etablierung eines neuen Rechtsystems, vor allem eines neuen Familienrechtes nach schweizerischem Vorbild, im Jahre 1930 und die Einführung des Wahlrechts für Frauen 1934 führten zu einer weitgehenden rechtlichen und symbolischen Gleichstellung der Frau. Innerhalb des neuen, modernen und laizistischen türkischen Nationalstaates, den Atatürk mit Hilfe der städtischen, bürgerlichen Eliten erbaute, war die Frauenpolitik ein zentrales Instrument zur Vereinheitlichung der jungen Nation. Frauen sollten berufstätig und patriotisch sein. Ziel dieser Politik war die Aushebelung der patriarchalen, religiösen und familialen Strukturen, um dem Staat eine größere Kontrolle über die Bevölkerung zu geben und die Identifikation mit der türkischen Nation zu stärken.

> „Die ‚neue', ‚modern' gekleidete, öffentlich sichtbare Frau wurde zum Symbol des Bruchs mit der osmanischen Vergangenheit und fungierte als Verkörperung des neuen Konzepts einer einheitlichen nationalen Staatsbürgerschaft." (Kreile 2004:309)

Vor allem die Säkularisierung der Bildungsinstitutionen, was nicht nur das Verbot des Tragens eines Kopftuchs, sondern auch die Abschaffung des Religionsunterrichts an den Schulen bedeutete, stellte eine bedeutende Veränderung dar. Mit der Einführung der lateinischen Schrift öffnete das Land sich zum Westen. Die türkische Sprache konnte nun als *Volllautschrift* einfacher und auch ohne Kenntnis der gesprochenen Sprache gelesen und erlernt werden. Die *oral history*, traditionell in den Familienverbänden vermittelt, trat in den Hintergrund.

Der Verschiebungsprozess hin zu einer türkischen Nation kann als eine *Revolution von oben* betrachtet werden. Da sich die ökonomischen und sozialen Bedingungen für einen großen Teil der Bevölkerung, vor allem für die Landbevölkerung, nicht stark

Der Diskurs um das Kopftuch – Eine Analyse verschiedener Positionen 151

veränderten, waren die Chancen einer gelebten Gleichstellung für viele Frauen nicht realisierbar. Politische *frauenbewegte* Vereinigungen, die zumindest potenziell auf der Ebene der öffentlichen Debatten diese Entwicklungen hätten benennen können, sahen unter dem Druck des kemalistischen *Staatsfeminismus* das Ziel der Gleichstellung als erreicht an und gaben – wie beispielsweise die türkische Frauenföderation 1935 – ihre Auflösung bekannt (Kreile 2004:309).

5.1. Die Rückkehr des Kopftuchs auf die Straßen Istanbuls

„Seit Ende der 1970er Jahre ist es in den Gesellschaften des Vorderen Orients zu einem Aufstieg islamistischer Bewegungen gekommen, die unter der Parole „Der Islam ist die Lösung" den verzweifelten Bevölkerungsschichten einen Ausweg aus Marginalisierung und Verelendung, Arbeitslosigkeit und katastrophaler Wohnungsnot versprachen." (Kreile 2004:309)

Mit der Reetablierung der islamistischen Diskurse kehrte auch das Kopftuch auf die Straßen Istanbuls zurück. Die kopftuchtragende Aktivistin wurde zur Galionsfigur der neuen islamischen Bewegung. Aktivistinnen leisteten einen großen Beitrag zum Aufstieg der AKP zur heutigen Regierungspartei. Kreile beschreibt die AKP als Vertreterin eines gemäßigten politischen Islams. Ziel ist kein radikaler Systemwechsel, sondern der „Aufstieg innerhalb des bestehenden Systems" (Kreile 2004:310). Die gemäßigten Islamisten vertreten eine „Synthese von wirtschaftlicher Globalisierung und Islam" (Kreile 2004:310). Sie wenden sich gegen die Privilegien der laizistischen Staatseliten, den Etatismus, und fordern eine Verschlankung der Staatsapparate. Eine kapitalistische Ökonomie begrenzt durch islamische moralische Werte soll eingeführt und nicht mehr staatlich gesteuert werden. Eine Rückkehr zu patriarchal-familialen Beschäftigungsstrukturen soll beispielsweise den aus religiöser Sicht zu befürchtenden Phänomenen moderner Staaten, wie dem Anstieg der Einpersonenhaushalte oder zunehmende Kinderlosigkeit, entgegenwirken. Innerhalb der islamistischen Agenda ist die Frauenfrage konstitutives Element.

„Für die Wiederherstellung der ersehnten ‚gottgewollten Ordnung' gewinnt die Ordnung der Geschlechter [...] zentrale Bedeutung; diese ist in den Augen der Islamisten offenkundig aus den Fugen geraten, gleichsam als Symbol und Indikator einer als chaotisch erlebten Gesellschafts- und Weltordnung. Die soziale Desintegration wird als moralische Desintegration wahrgenommen und bekämpft." (Kreile 2004:312)

Die weibliche Sexualität wird als potenziell sozial zerstörerisch gedacht und muss *begrenzt* und kontrolliert werden. Symbolische und räumliche Regelungen sollen die Trennung der Geschlechter durchsetzen. Mit dem Kopftuch oder auch der *islamischen Bedeckung* wird die Frau *unsichtbar* gemacht, zurück in ihre *angestammte, natürliche Rolle* im privaten Bereich verwiesen. Traditionell islamische Werte sollen neu besetzt werden und nicht mehr als rückständig, ländlich und ungebildet gelten, sondern als moderne und bewusste Alternative der neuen Eliten zum Vorschein kommen.

„Dabei wird die ‚islamische Bedeckung' einerseits zur Markierung von Differenz und sozialer Unterscheidung eingesetzt. Sie wird zum Distinktionszeichen (Bourdieu 1987:752) einer aufstrebenden neuen Elite, die den Lebensstil der alten kemalistisch geprägten Machtelite radikal in Frage stellt und eine neue Gemeinschaftlichkeit mit einem neuen Wertesystem schaffen will [...]." (Kreile 2004:313)

Das Kopftuch soll als Teil der islamischen Symbolik die aus unterschiedlichen sozialen Schichten und Arenen kommenden Parteimitglieder und die potenziellen Wähler einen und ihnen eine gemeinsame Identität vermitteln.

Es zeigt sich, dass der Geschlechterfrage in diesen neuen politischen Entwicklungen innerhalb der Türkei wiederum eine zentrale Rolle zukommt. Die jeweilig neu situierte *politische* Ausrichtung der Geschlechterfrage und der damit verknüpften Symbole innerhalb der Debatten demonstriert, wie zentral die Formulierung der Kopftuchfrage für die Grenzverläufe zwischen Privatheit und Öffentlichkeit ist. Die Art und Weise, wie sie gefasst und gestellt wird, stellt einen richtungsweisenden Indikator für die Analyse gesellschaftlicher Bedingungen und politischer Programme dar. Das Kopftuch ist eben nicht nur ein Stück Stoff aus feinstem Musselin, sondern Ausdruck für verschiedene politische Interessen und Positionierungen.

6. Schlussbemerkung

Eine von der französischen Regierung ins Leben gerufene Kommission erarbeitete 2003 unter der Leitung von Bernard Stasi einen Unersuchungsbericht zur Klärung der Frage, ob das religiöse Symbol des Kopftuchs die Werte der französischen Verfassung, vor allem den der Laicité in Frage stellt. An den veröffentlichten Bericht knüpfte die Kommission eine Empfehlung. Darauf folgte 2005 die Einführung eines neuen Gesetzes, welches das Tragen religiöser Zeichen in staatlichen Institutionen grundsätzlich verbietet.

Die französische Debatte und der legislative Richtungsentscheid des französischen Parlaments erfuhr großes mediales Interesse und wurde weitreichend dokumentiert.[8] Die neuen Entwicklungen der Debatte um das Kopftuch in Europa zeigen wie kontrovers und vielschichtig die Positionen zu diesem Stückchen Stoff sind. Bereits 2003 wurde auch am Europäischen Gerichtshof für Menschenrechte verhandelt. Im Fall Leyla Sahin vs. Türkei wurde die Frage entschieden, ob das Tragen des Kopftuches ein grundsätzliches Menschenrecht sei.[9]

---

[8] Siehe z.B. International Herald Tribune 12.12.2003, NZZ 18.12.2003 und 21.12.03, Süddeutsche Zeitung 23.12.2003, New York Times 12.12.03.
[9] Leyla Sahin klagte gegen die Türkei vor dem Europäischen Gerichtshof für Menschenrechte 2004. Verstößt ein Verbot des Tragens des Kopftuchs nun gegen die Europäische Menschenrechtskonvention? Laut Urteil des Europäischen Gerichtshofs für Menschenrechte ist das Tragen eines Kopftuchs im privaten Rahmen durchaus ein Grundrecht, jedoch im Kontext staatlicher Institutionen, wie den Universitäten, müsse das Grundrecht der anderen im Rahmen des Besuchs einer staatlichen und in der Türkei dezidert säkularen Institution gewahrt werden. Die Klage Sahins, die auf einer Verletzung der Art. 8 (Recht auf Achtung des Privat- und Familienlebens), Art. 10 (Freiheit der Meinungsäußerung) und Art. 14 (Diskriminierungsverbot) in Verbindung mit Art. 9 (Gedanken-, Gewissens- und Religionsfreiheit) fußte, wurde von den Richtern mit jeweils einer zu sechzehn Stimmen zurückgewiesen (vgl. Leyla Sahin vs. Turkey, Große Kammer, 10.11.2005; http://www.echr.

Ist das Kopftuch nun ein einfaches Kleidungsstück oder ein religiöses Symbol? Ist es eine einfache, tradierte Volkstracht oder eine politische Tracht, deren Tragen vor allem im Kontext der islamischen Revolution (Iran) eine besondere politische Bedeutung erfährt? Ist es schließlich nicht auch ein Ausdruck des Versuchs zu einer eigenen Identität in der Diaspora zu finden?

Zusammenfassend lässt sich feststellen, dass die Kopftuchfrage als *Metapher* für reale politische, kulturelle und soziale Konflikte innerhalb moderner, islamisch geprägter Gesellschaften fungiert. Sie spiegelt jedoch auch als solche Konfliktlinien der Integration und Identitätskonstellationen in europäischen Gesellschaften wider.

Mernissi konstatiert, dass selbst aus dem Koran und der häufig zitierten Sure 33:53 keine Pflicht, kein konkretes Gebot zum Kopftuch abgeleitet werden kann. Sie zeigt, dass diese Sure vor allem die Herstellung einer Trennung bedeutet, die eine geschlechtsspezifisch segregierte Institutionalisierung eines privaten und eines öffentlichen Raumes nach sich zieht. Mernissi vertritt, dass die Institutionalisierung des Kopftuchs einer spezifisch islamischen symbolischen und räumlichen Trennung des Raumes dient und damit den wertenden Gegensatz zwischen öffentlich / privat und weltlich / heilig festschreibt. Das Kopftuch bzw. der Schleier selbst ist die visuelle Grenze dieser Trennung.

Nilüfer Göle erweitert Mernissis Thesen, indem sie die Implikationen eines die Geschlechter auf der symbolischen und der auf den Alltag bezogenen Ebene trennenden Schleiers um eine politische Dimension erweitert. Sie stellt die These auf, dass Frauen zum Symbol des Modernisierungsprozesses (Türkei) wurden und durch sie der moderne öffentliche Raum erst sichtbar wurde.

Die Kontroverse um die Wiedereinführung der Möglichkeit des Kopftuchtragens in staatlichen Organisationen, die in der Türkei heute geführt und vor allem von islamischen Organisationen gefordert wird, weise der Frau eine weitere symbolische Bedeutung in der Politisierung des Islams zu. Die Verschleierung als Basis eines politischen Islam führe zu einer Verewigung der Ge-

---

coe.int/Eng/Press/2005/Nov/GrandChamberJudgmentLeylaSahinvTurkey101 105.htm).

schlechtersegregation und einer Gefangenschaft der Frauen im privaten Raum, dem Mahrem.

"The veiling of women symbolizes the Islamic organizations and constitutes a base for the politization of Islam and for the perpetuation of the segregation between the sexes, meaning the confinement of women to the mahrem, the domestic sphere." (Göle 1996:139)

Die räumliche Trennung der Geschlechter und die damit einhergehende Rollenzuweisung innerhalb der Gesellschaft manifestieren sich an der Sichtbarkeit von Frauen und an ihrer Entscheidung über das Tragen des Schleiers im öffentlichen Raum.

„For it is still women who emerge as the touchstone not only for historical transformation bound up with the project of modernity, but also of the Islamic social structure, which rests upon the segregation of the sexes. To elaborate, as much as the production of social values is contingent upon the social position women hold, the formation of basic spheres of life likewise is dependent on women's roles. That is to say, it is around the issue of the visibility of women that the frontiers between the private sphere (mayhem) and the public one are drawn, as in the embodiment of modern values is identified with the Western world. It is even arguable that the consciousness of the public (i.e. a new consciousness and social aggregation – what Hegel terms "civilized society"), which was not visible in Ottoman society, emerged as a consequence of defining women as "human beings" and their socialization along with Turkish modernization." (Göle 1996:131)

Die Wirkungsweise des Schleiers ist damit eine doppelte: als Instrument der Definition und als Spiegel der gesellschaftlichen Bedeutung der Geschlechterrollen und –räume im Kontext eines neuen radikalen Islamismus. Die Segregation der Geschlechter findet auf eine zweifache Weise statt, einerseits über Konzeptualisierung des gesellschaftlichen Raums, andererseits über den Körper der Frauen selbst. Göle spricht von einer Opposition eines westlichen und eines spezifisch türkischen Modernisierungsprozesses, aus dem heraus sich ein *westlicher* und ein *islamischer* Körper gebildet haben. Das Kopftuch als Teil weiblicher Repräsentation ist stärkstes Distinktionsmerkmal dieser türkischen Modernisierung.

„It is thus the female body that emerges as the most visible symbol of distinction from Western civilization. Along with the politicization of Islam, the female body uncovers the dark side of modernism with the act of veiling. In a sense the present rise of Islamic movements corresponds to the return of Muslim social actors to the history from which they were expelled when the idea for society was progress as defined by the Western world." (Göle 1996:137)

Damit ist das Kopftuch kein Instrument der Befreiung per se, es schützt nicht vor der Verobjektivierung des weiblichen Körpers, es findet vielmehr eine Verobjektivierung des Körpers gerade über das Kopftuch statt. Vielmehr legitimiert es das, wie Göle schreibt, männliche Privileg des Sehens (und Wertens).

„The Islamic body, which resists secularization, however, shows its difference with Western modernism using different semantics. The hierarchy of genders and ages are marked out clearly, and differences are accentuated; furthermore, fine gestures of the body are subject to discipline and to religious knowledge. [...] The hierarchy of ages is strictly preserved, and each period's lifetime – such as virginity, marriage, and bearing of children – is important in determining one's social position and mapping out his or her social behaviour. The distinction between the sexes is also hierarchic, the ban on the visibility of women reinforcing the hegemony of men. The privilege assigned to men of "looking" and "seeing" provides sexual privileges to them by objectifying the female body. Although women assume that they are not objects thanks to their veils, in fact the very act of veiling per se expresses the visual privilege of men." (Göle 1996:139)

Katajun Amirpur weist in ihrem Artikel „Kopftuch – und kein Ende" (2004) auf den widersprüchlichen Umgang mit dem Kopftuch in ihren Herkunftsländern Iran und Deutschland hin. Sie macht deutlich, dass die Vorstellung eines islamisch geprägten, jedoch säkularen modernen Nationalstaates ahistorisch und daher falsch ist. Zur Darstellung der unterschiedlichen und vielfachen Bedeutung des Schleiers führt sie die Iranische Revolution gegen den Schah als Beispiel an. Im Iran war das Kopftuch Symbol der Revolution 1978/79, wie Amirpur in Anlehnung an Foucaults politische Position schreibt. Es war in diesem Fall nicht unbedingt ein islamisches Symbol. Es war ein äußerliches und sichtbares Symbol des Aufstands gegen die erfahrene Unterdrückung.

„Seit der Revolution, die 1978/79 in Iran stattfand, ist das Kopftuch zu dem Symbol für den politischen Islam schlechthin geworden, heißt es in der deutschen Kopftuch-Debatte immer wieder. Das mag sein. Dabei wird aber übersehen, dass es damals ein politisches Symbol für etwas völlig anderes war, als wir hier annehmen, und auch das konnte es nur werden, weil der iranische Schah das Kopftuch 1936 verbieten ließ. Den Frauen wurde es auf der Straße vom Kopf gerissen. Doch viele Frauen empfanden das Kopftuch als Zeichen ihrer Würde. Ihnen zu verbieten, es zu tragen, bedeutete, ihnen den Respekt zu versagen. Das ist der Grund, warum viele Frauen während der Protestmärsche des Jahres 1978/79 ein Kopftuch trugen. Sie wollten damit nicht für die Einführung eines Gottesstaates demonstrieren. Ihr Ziel war es vielmehr, sich auch mit einem äußerlichen Symbol gegen die Unterdrückung zu wehren, die sie im Kaiserreich Iran täglich erfuhren. [...] Es war ein Symbol gegen die Unterdrückung. [...] es kann Symbol für und gegen Unterdrückung sein. Es ist nicht die Schuld der Frauen, die es tragen wollen, dass es von Männern instrumentalisiert wird." (Amirpur 2004:363)

Amirpurs Schilderung macht deutlich, dass das Symbol Kopftuch auch von ihren Trägerinnen instrumentalisiert werden kann und mit neuer Bedeutung aufgeladen wird. Wie dies wahrgenommen wird, bleibt offen. Mit Verweis auf die in Frankreich lebende türkische Soziologin Nilüfer Göle konstatiert sie, dass das Tragen des Kopftuches in Deutschland oder Frankreich für Frauen eine Art religiöse und persönliche Sinnstiftung und Identitätsbekundung in der Fremde sein kann. „Oft ist das Anlegen des Kopftuchs nur Ausdruck der Suche nach der eigenen Identität." (Amirpur 2004:364)

Dies zeigt, dass in europäischen Ländern diese Debatte anders geführt werden sollte. Die Frage nach möglichen Formen der Integration sollte beantwortet werden, jedoch müssen erst die sozialen Bedingungen für diese geschaffen werden. Darüber hinaus steht die Debatte noch aus, in welches *System* MigranntInnen integriert werden sollen. Die scheinbar so selbstverständliche Forderung nach *Integration* gilt es zu diskutieren.

Die Frage nach der rechtlichen Einordnung des Verbotes des Kopftuches in Deutschland und Frankreich zeigt dieses Wertedilemma und spiegelt den paradoxen Symbolcharakter des Kopftuches wider.

„Die Franzosen sagen, das Kopftuch ist kein politisches Symbol, sondern ein religiöses, und deshalb verbieten wir es. Die Deutschen sagen das genaue Gegenteil, kommen aber zu dem gleichen Ergebnis: das Kopftuch ist kein religiöses Symbol, sondern ein politisches, deshalb verbieten wir es. Der Vergleich zeigt, wie schwierig es ist, einzuschätzen, was das Kopftuch eigentlich ist, und die Debatte wird vollends unsinnig, wenn Alice Schwarzer oder der Zentralrat der Muslime die eigene Deutung als allgemeine Wahrheit ausgeben. So wenig wie es stimmt, dass der Koran das Tragen des Kopftuches unbedingt vorschreibt, so wenig ist es zutreffend, dass der Islam es den Frauen überhaupt nicht auferlegt. Es ist schlicht Auslegungssache." (Amirpur 2004:364)

Das Beispiel Frankreichs zeigt, wie die Errungenschaft der französischen Revolution, die Erschaffung eines säkularen Staates und der Idee einer universellen Gleichheit der Bevölkerung auch heute noch bewahrt und umgesetzt wird. Die Wertung des Kopftuchs als politisches Symbol jedoch geht nicht auf diesen demokratischen, festgeschriebenen Wertekanon zurück und bezieht sich auf aktuelle politische Entwicklungen. Eine Gemeinsamkeit lässt sich jedoch für die Diskurse um und über das Kopftuch als Repräsentation des Weiblichen feststellen.

„The image of the feminine functions as an image of the nation, and thus as the image of something that exists only through performance and is produced through both representation and action. Since the image of the feminine assumed the space previously occupied by the body of the king, there is a need for its visualization. As there should and can be no empty space, this visualization is repeatedly produced, modified and reproduced. The silent reproduction of metaphors of the feminine for the imagined community ultimately occurs within a broad field of performative practices in which women have attempted to create public visibility for themselves. One could say that the paradox that Judith Butler problematizes in regard to the politics of the women's movement – that women represent on the political stage everything that they have been excluded from in politics – had its prehistory in early national movements." (Wenk 2000:73)

Der Diskurs um das Kopftuch ist ein am realen weiblichen Körper ausgehandelter. An den Repräsentationen des Weiblichen werden politische Kontroversen debattiert, die sich auf die konkreten Lebensentwürfe von Frauen auswirken. Es ist wichtig, dass Frauen diese Debatte stärker mitgestalten und auf die substantiellen Fragen hinweisen, um sie endlich zu diskutieren. Sind nationalstaatliche Konzepte angesichts globaler Migrationsbewegungen noch tragbar? Wie steht es heute um die Möglichkeiten einer tatsächlichen demokratischen Gleichheit und die Rahmenbedingungen für Migration in den europäischen Gesellschaften? Die Kontroverse um das Kopftuch kann den Blick auf die anstehenden Fragen öffnen, vielleicht erweitern und im Umgang mit diesem „Stückchen Stoff aus feinstem Musselin" (Mernissi 1989:252) können Antworten auf die Gesellschaft von morgen gefunden werden.

Literaturverzeichnis

Ahmad, Hazrat Mirza Masroor (Hrsg.) 1996 (1954): *Koran – Der heilige Qur-ân. Arabisch und Deutsch.* Verlag Der Islam, Frankfurt am Main.

Amirpur, Katajun 2004: Kopftuch und kein Ende. In: *Zeitschrift für Politik und Ökonomie in der Dritten Welt. Gender und Islam. Peripherie.* Nr. 95, 24. Jahrgang. Westfälisches Dampfboot, Münster. S. 361-365.

El Saadawi, Nawal 2002: *Fundamentalismus gegen Frauen. Die Löwin vom Nil und ihr Kampf für die Menschenrechte der Frau.* Diederichs Verlag, München.

Fleck, Ludwig 1935 / 1994: *Entstehung und Entwicklung einer wissenschaftlichen Tatsache. Einführung in die Lehre vom Denkstil und Denkkollektiv.* Suhrkamp, Frankfurt (Main).

Foucault, Michel 1977: *Überwachen und Strafen.* Suhrkamp, Frankfurt (Main).

Gerhard, Ute / Rumpf, Mechthild (Hrsg.) 2003: *Themenheft. Streitpunkte in islamischen Kontexten.* Feministische Studien. Zeitschrift für interdisziplinäre Frauen- und Geschlechterforschung. 21. Jahrgang, Heft 2.

Göle, Nilüfer 1996: *The forbidden modern: civilization and veiling.* University of Michigan Press, Ann Arbor.

Goffman, Erwin 1963: *Stigma.* Penguin Books, Prentice-Hall Inc. (NJ).

Kreile, Renate 2004: Markt, Moral und Kopftuch. Politischer Islam und die Frauenfrage in der Türkei. In: *Zeitschrift für Politik und Ökonomie in der Dritten Welt. Gender und Islam. Peripherie.* Nr. 95, 24. Jahrgang. Westfälisches Dampfboot, Münster. S. 306-321.

Marchart, Oliver (Hrsg.) / Butler, Judith 1998: *Das Undarstellbare der Politik. Zur Hegemonietheorie Ernesto Laclaus,* Turia + Kant Verlag, Wien.

Mernissi, Fatima 2002: *Der politische Harem.* Herder Verlag, Freiburg.

Prodolliet, Simone 2004: Was tut uns das Kopftuch an? Überlegungen zu einem provokanten Symbol. In: *Olympe. Feministische Arbeitshefte zur Politik.* Nr. 20. Zürich.

Wenk, Silke 2000: Gendered representations of the nation's past and future. In: Blom, Ida / Hagemann, Karen / Hall, Catherine (Hrsg.): *Gendered nations. Nationalisms and gender order in the long 19th century.* Berg Publishers, Oxford / New York. S. 63-77.

Yegenoglu, Meyda 1998: *Colonial fantasies. Towards a feminist reading of orientalism.* Cambridge University Press, Cambridge.

www.echr.coe.int/Eng/Press/2005/Nov/GrandChamberJudgmentL eylaSahinvTurkey101105.htm Zugriff am: 30.04.2008

Weiterführende Literatur

Ahmed, Leila 1992: *Women and gender in Islam.* Yale University Press, New Haven.

Akbarzadeh, Shahram / Saeed Abdullah (Hrsg.) 2003: *Islam and political legitimacy.* Routledge / Curzon Press, London.

Anwar, Muhammad / Blaschke, Jochen / Sander, Åke (Hrsg.) 2004: *State policies towards Muslim minorities. Sweden, Great Britain and Germany.* Edition PARABOLIS, Berlin.

Barazangi, Nimat Hafez 2004: *Women's identity and the quran. A new reading.* University Press of Florida, Gainesville.

Bouhdiba, Abdelwahab et al. (Hrsg.) 1998: *The different aspects of Islamic culture. The individual and society in Islam.* UNESCO Publishing, Paris.

Brooker, Peter 1999, 2002: *A glossary of cultural theory.* Arnold, London.

Mir-Hosseini, Ziba 1999: *Gender and Islam.* Princeton University Press, Princeton (NJ).

Mir-Hosseini, Ziba 1999-2000: *Women and the elections in the Islamic republic of Iran.* Zugriff unter: http://www.iran-pressservice.com/articles/elections_mirhosseini_13200.htm.

United Nations 1996: *Committee on the elimination of discrimination against women: Considerations of reports submitted by states parties under Article 18 of the third periodic report of states parties, EGYPT, 25.07. 1996.* Zugriff unter: http://www.cedaw.org.

The European Women's Lobby 2004: *Beijing +10. review of the implementation of the Beijing platform for action by European Union 1995-2005.*

Yamani, Mai 1996: *Feminism and Islam. Legal and literary perspectives.* New York University Press, New York.

Das *Kopftuch* in der Debatte –
Selbstbehauptung vs. Fremdkonstruktion

Sylvi Paulick[1]

Zusammenfassung: Ausgehend von der im Jahre 2005 regen Debatte in Deutschland um das Kopftuch und die Diskussion über ein mögliches Verbot, kommen in dem vorliegenden Beitrag aus dem gleichen Jahr die unterschiedlichen Seiten des Diskurses zu Wort. Zunächst arbeitet die Autorin die Motive muslimischer Frauen zum Kopftuchtragen heraus. Im Anschluss daran schenkt sie den Stimmen von außen Gehör, die sich abstrahiert in ein Pro- und Contra Lager unterteilen lassen. Abschließend werden die Positionen gegeneinander gelesen und bewertet, ob und inwieweit die Fremdkonstruktionen die Positionen der kopftuchtragenden Musliminnen selbst reflektieren.

Schlüsselwörter: Kopftuch. Kopftuchverbot. Selbstbehauptung. Fremdkonstruktion. Islam. Motive.

1. Einleitung

Das *Kopftuch* wurde und wird in den unterschiedlichsten Ländern viel diskutiert. In Deutschland stellte mehr oder weniger die Klage der Lehrerin Fereshta Ludin sowie das Urteil des Bundesverfassungsgerichtes Ausgangspunkt für eine weitreichende Debatte dar. Plötzlich äußerten sich die verschiedensten Lager mit den unterschiedlichsten Ansichten und dazugehörigen Begründungen. In dieser Arbeit sollen genau diese verschiedenen Positionen beleuchtet werden. Im Zentrum stehen dabei die *verschleierten*

---

[1] Sylvi Paulick ist Studentin der Gender Studies und Europäischen Ethnologie an der Humboldt-Universität zu Berlin. Im Rahmen eines internationalen Austauschprogramms studierte sie ein Jahr an der University of Toronto in Kanada. Ihre Forschungsschwerpunkte sind Menschenrechte, das Recht auf kulturelle und sexuelle Selbstbestimmung, Gleichstellungspolitiken, intersectionality und Kritische Weißseinsforschung. Bei Abgabe der Hausarbeit im März 2005 befand sich die Autorin im 3. Fachsemester.

Musliminnen selbst, die im Diskurs kaum zu Wort kommen, und wenn doch, selten gehört und verstanden werden.

So wird nach kurzen theoretischen Vorüberlegungen den Musliminnen mit ihren unterschiedlichsten Motivationen zur *Verschleierung* Aufmerksamkeit geschenkt. Ich möchte zusammentragen, was sie bewegt, das *Kopftuch* aufzusetzen, was sie damit zum Ausdruck bringen wollen, und wie sich die Entscheidung zum *Kopftuch* auf ihr Leben auswirkt. Da die Thematik einiger Eingrenzungen bedarf, soll es in dieser Arbeit um Musliminnen in Deutschland gehen. Nach dieser differenzierten Betrachtungsweise mit einem Blick von innen sollen im darauf folgenden Kapitel die Stimmen von außen gehört werden. Es wird versucht, die Debatte, die sich – abstrahiert gesagt – dichotom in ein Pro- und Contralager spaltet, mit den wichtigsten Stimmen zu skizzieren und auf Ungereimtheiten hin abzuklopfen. Im anschließenden Kapitel werden die vorangegangenen Abschnitte zueinander in Bezug gesetzt und ausgewertet. Im Mittelpunkt steht, inwiefern die Fremdkonstruktion mit ihrer Sicht von außen tatsächlich die Motive der Musliminnen selbst berücksichtigt. So möchte ich klären, wer den *Kopftuch*-Diskurs mit welchen Ansichten vor allem aber mit welchen Absichten führt.

2. Theoretische Vorüberlegungen

2.1. Das *Kopftuch* als ein Aspekt religiöser Praxis

Hierbei geht es um die Problematik des Gegenstandes selbst: das *Kopftuch*. Jenes als zentrales Mittel einer Analyse zu verwenden, ist insofern heikel, als dass es lediglich einen geringen Teil einer Religion ausmacht. Das *Kopftuch* wird durch die in der Öffentlichkeit geführten Debatte jedoch ins Zentrum der Aufmerksamkeit gerückt, was ungerechtfertigter Weise einer Reduzierung des Islam auf ein Kleidungsstück gleichkommt. Tatsächlich sind es die fünf Säulen des Islam, die die religiöse Alltagspraxis von Muslim_innen[2] bestimmen. Damit sind folgende Pflichten gemeint:

---

[2] Um diesen Beitrag in einer gendergerechten Sprache zu verfassen, habe ich mich zu folgender Schreibweise entschieden: sofern alle Geschlechtsidentitä-

das Glaubensbekenntnis (shahada), das fünfmalige tägliche Gebet (salat), Spende für die Armen (zakat), das Fasten im Ramadan sowie die Pilgerfahrt nach Mekka (hadj) (vgl. Nökel 2002:71). Auch in dieser Arbeit steht das *Kopftuch* im Mittelpunkt, was erneut oben erwähntes Faktum reproduziert. Ich versuche jedoch diesem unüberlegten Mechanismus durch Selbstreflektion entgegenzuwirken. Dass aber das *Kopftuch* von einem eher marginalen Aspekt der Religion zum zentralen Streitpunkt geworden ist, hängt mit Sicherheit u. a. damit zusammen, dass es ein im wahrsten Sinne des Wortes offensichtliches Zeichen von Musliminnen ist. Die oben erwähnten fünf Säulen werden zwar ebenso praktiziert, allerdings ohne dass man sie als Nicht-Muslim_in tatsächlich wahrnimmt. Das muslimische *Kopftuch* hingegen ist ein nach außen getragenes Zeichen, welches sofort mit dem Islam in Verbindung gebracht wird. Aus vielerlei Gründen, die im Laufe der Arbeit herausgearbeitet werden sollen, mutiert das *Kopftuch* von einem simplen Stück Stoff zu einem Symbol, das mit den unterschiedlichsten Bedeutungen aufgeladen wird. Die Konsequenz dessen ist die rege Debatte, die um das *Kopftuch* und sein Verbot oder Gewährenlassen geführt wird. Ich möchte mit der folgenden Arbeit einen differenzierten Beitrag leisten, das *Kopftuch* zu diskutieren.

2.2. Das *Kopftuch* als Kommunikationssystem

Ein weiterer wichtiger Aspekt, der im Einklang mit den obigen Ausführungen steht und Ausgangspunkt für das Thema dieser Arbeit ist, stellt das System der Kommunikation mit den Eckpfeilern Botschaft / Sender_in / Empfänger_in dar. Bereits Sigrid Nökel machte auf den Kommunikationsaspekt aufmerksam und beschreibt den Unterschied von religiösen Handlungen wie dem Essen oder Beten und dem Tragen eines *Kopftuches:*

---

ten gemeint sind, verwende ich einen Unterstrich, um Frauen, Männer als auch Menschen, die ihre Geschlechtsidentität weder als Frau noch als Mann verorten, zu meinen (z.B. Muslim_innen). Sind ausschließlich Frauen oder ausschließlich Männer gemeint, so verwende ich die Schreibweise für die jeweilige Genusgruppe (z.B. Musliminnen bzw. Muslime). Eigennamen von Organisationen und Zitate von anderen Autor_innen belasse ich jedoch unverändert.

„Essen und Beten sind vornehmlich selbstbezogene Handlungen. [...] Mit der Kleidung hingegen, die zugleich eine Technik der Selbstkonstitution wie der Selbstrepräsentation ist, findet Kommunikation mit den anderen statt, steht Selbstaffirmation im Austausch mit den anderen." (Nökel 2002:85)

Die Muslimin, die das *Kopftuch* trägt, stellt die Senderin einer Botschaft dar. Wichtig hierbei ist, dass Frauen das *Kopftuch* aus unterschiedlichen Motivationen heraus tragen – ein wichtiger Punkt, der in dieser Arbeit zentral sein wird. Das *Kopftuch* selbst beinhaltet einen Kommunikationsaspekt, eine Botschaft, die bei dem/der Empfänger_in ankommt und gedeutet wird. Die Interpretation fällt unterschiedlich aus, bedingt durch die unterschiedlichen Kontexte. So spielen (Un-)Wissen über den Islam, eigene Vorurteile, Rassismen etc. eine wichtige Rolle beim Empfangen und Deuten der Botschaft. Wer die Botschaft empfängt und letztlich wie deutet, ist insofern wichtig, als dass dies Teil des Diskurses darstellt, in dem z.B. ein Kopftuchverbot verhängt wird. Mit anderen Worten: wem obliegt hier die Definitionsmacht, und wer entscheidet daraufhin wie auf Grund von welchen Motiven? Antworten sollen innerhalb dieser Arbeit gefunden werden.

Mit diesen Grundlagen zum Kommunikationssystem als Hintergrundwissen wird das *Kopftuch* auf den unterschiedlichen Ebenen beleuchtet. So verstehe ich die *verschleierte* Muslimin mit ihren individuellen Praxen und Motiven als Akteurin auf der Mikroebene – näher beleuchtet im zweiten Kapitel. Die Mesoebene umfasst in dieser Darstellung die deutsche Gesellschaft, die mehrheitlich nicht-muslimisch ist, und die die Botschaft des *Kopftuches* unterschiedlich interpretiert. In meiner Arbeit wird diese Ebene im dritten Kapitel durch die Pro- und Contra-Vertreter_innen repräsentiert. Die Makroebene letztlich setzt das *Kopftuch* in einen globalen Zusammenhang, der einen Diskurs über das *Kopftuch,* eingebettet in historische als auch politische Dimensionen, beinhaltet und in Kapitel 3.1. und 4 angedeutet wird. Die drei Ebenen sind dabei nicht losgelöst voneinander zu denken, sondern stehen in direktem Austausch miteinander.

2.3. Die Problematik der Benennung

Ein letzter wichtiger Punkt hängt mit der Begrifflichkeit dieser Arbeit zusammen. In dem Diskurs fallen die unterschiedlichsten Begriffe, wie *Kopftuch, Schleier, Gesichtsschleier, Burka, Tschador* und *islamische Bekleidung*. Sie tauchen dabei als Selbst- und Fremdbezeichnungen auf. Ich möchte – anlehnend an das Konzept von Monika Höglinger in ihrer Studie „Verschleierte Lebenswelten. Zur Bedeutung des *Kopftuches* für muslimische Frauen" – zum einen mehrere Begriffe synonym verwenden, „um auf die Vielfalt dieser Diskurse aufmerksam zu machen", zum anderen „viele dieser Begriffe, insbesondere aber *Kopftuch* und *Schleier* kursiv [setzen], um deren Homogenität in Frage zu stellen" (Höglinger 2003:19, Hervorhebung i.O.). Des Weiteren möchte ich andere Wörter ebenso besonders kennzeichnen, die entweder problematisch bzw. unterschiedlich besetzt sind und nicht unreflektiert verwendet werden sollten. Gemeint sind Begriffe wie *Migrant_in, zweite / dritte Generation* und *Diaspora*, die u. U. Identitäten herstellen, die von der Selbstbeschreibung der Individuen selbst stark abweichen. So konstruiert der Begriff *dritte Generation*[3] erneut ein *Anderes*, welches marginalisiert ist. Ein Mitglied der so genannten *dritten Generation* würde sich selbst eventuell aber als deutsch bezeichnen.

Abschließend möchte ich hinzufügen, dass nicht der Eindruck erweckt werden soll, dass bei der Verwendung der Begrifflichkeit ‚der Islam' eine homogene Bedeutung impliziert ist. *Der Islam* stellt für mich eine Religion dar, die von Individuen interpretiert und gelebt wird – und zwar auf vielfältige Art und Weise.

3. Selbstbehauptung – Motive des Kopftuchtragens

3.1. Vorüberlegungen

In diesem Kapitel geht es darum, die Quellen zu nutzen, in denen muslimische Frauen ihre Motive darlegen, das *Kopftuch* zu tragen. Ich werde mich dabei vor allem auf die Erkenntnisse von

---

[3] Gemeint ist hier die *dritte Generation* der Arbeitsmigrant_innen aus der Türkei nach Deutschland in den 1960er und 70er Jahren.

Monika Höglinger stützen, die sie im Laufe ihrer ethnologischen Studie gewonnen hat.[4] Ziel ist, einen möglichst umfassenden Blick auf die unterschiedlichen Beweggründe zu werfen. Dabei kann weder Anspruch auf Allgemeingültigkeit erhoben werden, noch kann behauptet werden, tatsächlich alle Gründe erfasst zu haben.

Ein Motiv aber stellt einen zentralen Aspekt der gesamten Kopftuchdebatte dar: das des Zwanges. Bei den Überlegungen zur Konzeption dieser Arbeit stellte sich die Frage, ob, und wenn ja, wie dieses Motiv Erwähnung finden soll. Der Grund für diese Ambivalenz steckt im Detail. Ohne den Ausführungen der nächsten Kapitel vorweg greifen zu wollen, bedarf es an dieser Stelle einiger Erklärungen. Wichtigstes Anliegen dieser Arbeit ist es, beide Seiten ausgewogen zu betrachten: die Selbstbehauptung der Musliminnen als auch die Fremdkonstruktion von außen. Auf beiden Seiten kommt das Motiv des Zwanges vor. Zum einen gibt es Musliminnen, die zum Kopftuchtragen gezwungen werden, zum anderen ist dieser Aspekt populärstes Argument der Kopftuchgegner_innen. Ich wollte den Aspekt des Zwanges nicht ausblenden, als gäbe es ihn nicht – das wäre eine klare Fehldarstellung. Tatsächlich kommt er aber in den von mir recherchierten Quellen der Selbstdarstellung der Musliminnen nie zum Vorschein. Das ist mit Sicherheit u. a. darauf zurückzuführen, dass es für jene Frauen, die gezwungen werden, kein eigenes Forum gibt, bzw. hängt es mit der Tatsache zusammen, dass diese Frauen wohl schwerer auszumachen sind, sodass sie nicht interviewt werden. Es wird aber auch deutlich, dass der Zwang zum *Kopftuch* zumeist von der Außensicht in ausgiebigen Maßen rezipiert wird. Es ist *das* Klischeebild der Öffentlichkeit. Ich habe mich

---

[4] Auch wenn sich die Studie mit den kopftuchtragenden Musliminnen Österreichs beschäftigt, scheint sie mir besonders gut geeignet. Zum Einen, weil der österreichische Kontext mit dem deutschen vergleichbar ist und die Motive der Frauen nicht österreich-spezifisch sind, sondern auch auf Deutschland übertragbar. Zum Anderen teile ich die Prämissen ihrer Arbeit: „Mich haben ihre Beweggründe und Motivationen interessiert, [...] das *Kopftuch* zu tragen. Ich wollte die Bekleidung der Frauen weder romantisieren noch dämonisieren, sondern verstehen. [...] Besonders wichtig war es für mich, mit den Urteilen über diese Frauen – meinen eigenen und den fremden – vorsichtig umzugehen und sie als aktiv handelnde Subjekte wahrzunehmen, die bewusst ihr Leben gestalten und Entscheidungen treffen." (Höglinger 2003:15f, 23)

daher dagegen entschieden, dieses Motiv in den Ausführungen dieses Kapitels zu beleuchten, sondern werde es in der auswertenden Analyse des vierten Kapitels einbinden und dort kritisch analysieren. Hätte ich es im zweiten Kapitel als Motiv mit aufgenommen, würden die Strukturen des herrschenden Diskurses nur erneut reproduziert, indem es die bequemste Lösung scheint, die Muslimin als Opfer darzustellen. Da ich den Zwang zum *Kopftuch* jedoch auch nicht unerwähnt lasse, dürfte dem sonst berechtigten Vorwurf der einseitigen, subjektiven Betrachtung somit die Legitimation entzogen worden sein.

3.2. Motive

3.2.1. Religion

Bei der Analyse der Literatur fiel auf, dass die Motive zum Kopftuchtragen sehr vielseitig sind und vor allem miteinander verwoben. Fakt ist aber, dass die Religion eine Art Ausgangspunkt darstellt, indem „die Frauen [...] den Koran und die Sunna als Quellen [heranziehen]" (Höglinger 2003:69). Es gibt zwei[5] Stellen im Koran, die zu der Bekleidung der Frauen Auskunft geben. Sure 33 Vers 59 besagt:

„Prophet! Sag deinen Gattinnen und Töchtern und den Frauen der Gläubigen, sie sollen (wenn sie austreten) sich etwas von ihrem Gewand (über den Kopf) herunterziehen. So ist es am ehesten gewährleistet, dass sie (als ehrbare Frauen) erkannt und daraufhin nicht belästigt werden. [...]" (Der Koran in der Übersetzung von Paret[6] 1989:297)

---

[5] An dieser Stelle lässt sich hervorragend aufzeigen, was im ersten Kapitel angesprochen wurde: Die öffentliche, tiefschürende Debatte über das *Kopftuch* steht in scheinbar keiner Relation zu den lediglich zwei Versen zu den Bekleidungsvorschriften im Koran. Trotzdem wird der Islam auf diese Thematik reduziert.
[6] Anmerkungen in Klammern wurden von Paret bewusst gemacht, „um dem Leser das Verständnis des Gesamtzusammenhangs zu erleichtern." (Paret 1989:8).

Die später hinzugekommene Sure 24 Vers 31 geht ebenfalls auf die Verhüllung der Frau ein und befasst sich auch mit den richtigen Verhaltensweisen:

> „Und sag den gläubigen Frauen, sie sollen (statt jemanden anzustarren, lieber) ihre Augen niederschlagen, und sie sollen darauf achten, dass ihre Scham bedeckt ist [...], den Schmuck, den sie (am Körper) tragen, nicht offen zeigen, [...], ihren Schal sich über den (vom Halsausschnitt nach vorne heruntergehenden) Schlitz (des Kleides) ziehen und den Schmuck, den sie (am Körper) tragen, niemand (w. nicht) offen zeigen, außer ihrem Mann, ihrem Vater, ihrem Schwiegervater, ihren Söhnen, ihren Stiefsöhnen, Frauen [...], ihren Bediensteten (w. Gefolgsleuten), die keinen (Geschlechts)trieb (mehr) haben, und den Kindern [...]. Und sie sollen nicht mit ihren Beinen (aneinander)schlagen und damit auf den Schmuck aufmerksam machen, den sie (durch die Kleidung) verborgen (an ihnen) tragen [...]." (Der Koran in der Übersetzung von Paret 1989:246)

Es gibt zahlreiche Interpretationen zu diesen Koranversen – ein Umstand, der darauf zurückzuführen ist, dass sie eben nicht eindeutige Begriffe wie *Schleier* oder *Kopftuch* enthalten. Eine Auslegung der Kommentatoren ist,

> „dass der Körper der Frau über eine bedeutende Anziehungskraft verfügt und somit in Gefahr steht, missbraucht zu werden. Daher sei der besondere Schutz durch die Kleidung notwendig und legitim." (Mohagheghi 2005:23f)

Mittlerweile aber stellen sich Kommentatoren die Frage nach der Aktualität dieser Verse, wenn die Bedeckung als Schutz vor Gefahr in einer Gesellschaft dienen soll, in der diese Gefahr nicht mehr besteht (vgl. Mohagheghi 2005:24). Unter muslimischen Frauen gibt es in diesem Zusammenhang ebenfalls unterschiedliche Ansichten. Während sich einige Frauen der mehrheitlichen Auffassung der Gelehrten anschließen, die meinen,

> „[...] dass der Körper der Frau immer der Gefahr ausgesetzt sei, instrumentalisiert und missbraucht zu werden, [weshalb] diese Regelung universal [ist] und als religiöse Pflicht [gilt], die zu erfüllen sei," (Mohagheghi 2005:25)

fordern andere Frauen wiederum die „Anpassung der Auslegungen an die jeweiligen gesellschaftlichen Verhältnisse" (Höglinger 2003:79). Worauf hier angespielt wird, sind die Lebensumstände und damit verbundenen Hürden, die sich seit der Verkündung der Verse ergeben haben. Gerade im Kontext der anderen Bedürfnisse muslimischer Frauen in Europa werden ‚liberalere' Interpretationen gefordert (vgl. Höglinger 2003:119). Neben Friseur- und Arztbesuchen gestaltet sich vor allem der Einstieg in das Arbeitsleben für eine Muslimin mit *Kopftuch* besonders schwierig. Nicht selten kommt es vor, dass jene Frauen vor die Wahl gestellt werden: entweder der Arbeitsplatz oder das *Kopftuch*. Höglinger traf auf eine junge Frau, die ihr berichtete, „dass das österreichische Arbeitsmarktservice (AMS) Frauen mit *Kopftuch* als schwer vermittelbar" einstufe und das „*Kopftuch* als eine Art Behinderung gälte" (Interviewpartnerin in Höglinger 2003:92). In solchen Situationen entscheiden Musliminnen individuell unterschiedlich. Einige entscheiden sich für das *Kopftuch*, andere betrachten den Islam als flexibel, der immer wieder auf gesellschaftliche Anforderungen reagiert und es gerechtfertigt findet, dass *Kopftuch* bei der Arbeit abzulegen. Tatsächlich hängt diese Entscheidung aber auch an ökonomischen Kriterien. Die Frauen können sich nur dann gegen die Arbeitsstelle und für das *Kopftuch* entscheiden, wenn ihr Lebensunterhalt von dieser Arbeit nicht abhängig ist (vgl. Höglinger 2003:92f).

3.2.2. Schutz

An dieser Stelle möchte ich erneut den oben bereits erwähnten Aspekt des Schutzes beim Tragen des *Kopftuches* und dessen Ambivalenz aufgreifen. So gibt es neben der Auffassung, dass das *Kopftuch* „gewährleistet, dass sie (als ehrbare Frauen) erkannt und daraufhin nicht belästigt werden" (Auszug aus Sure 33, Vers 59, Koranübersetzung Paret 1989:297), die Meinung, dass das *Kopftuch* ebenso bedeute, nicht „auf unser äußeres Erscheinungsbild reduziert" (Auszug eines Flyers der „Initiative für Toleranz, Akzeptanz und gegenseitigen Respekt" in Haug / Reimer 2005:13) zu werden. Hinter diese Aussage stellen sich viele Musliminnen: Monika Höglinger traf in ihren Interviews mehrmals auf diese Meinung und in Initiativen kopftuchtragender Musliminnen wird sie gleichermaßen thematisiert. Auch die Internetpräsenz muslimischer Frauen unter www.kopftuch.info betont diesen Aspekt des Schutzes.[7] So lassen sich auf genannter Internetseite folgende Schlagwörter finden, bei denen klar wird, wogegen sich jene Frauen mit dem Tragen des *Kopftuches* aussprechen. Gegen:

„eine Fixierung auf das Aussehen;
die Degradierung der Frau zum Sexualobjekt;
ein Modediktat der Männerphantasien;
die Reduzierung der Frau als Lustobjekt;
die Vermarktung von Frauenkörpern;
das Streben nach Unwesentlichem;
eine sexuelle Überreizung der Gesellschaft; sowie
eine Abstumpfung der Sinne."[8]

Zusammenfassend ist zu sagen,

„der *Schleier* schützt die *Weiblichkeit* und macht den Körper *privat*, [womit] die Persönlichkeit der Frau mehr zum Ausdruck kommen [soll]." (Höglinger 2003:86f, Hervorhebung i.O.)

Viele Musliminnen kehren diesbezüglich das häufig vorgebrachte Argument um, welches besagt, dass das *Kopftuch* die hierarchisierte Stellung zwischen Mann und Frau symbolisiere, bei der der Mann übergeordnet ist. So betonen die Akteurinnen der „Initiative für Toleranz, Akzeptanz und gegenseitigen Respekt", dass sie das *Kopftuch*

„[...] gerade *nicht* als ein Zeichen der Unterordnung gegenüber dem Mann [betrachten], sondern als ein Mittel, um ein respektvolles Verhältnis zwischen Mann und Frau zu fördern." (Auszug

---

[7] Gerade weil es sich bei den Ausführungen auf dieser Webseite nicht um wissenschaftliche Abhandlungen handelt, sondern um subjektive Standpunkte, möchte ich i.S. der Europäischen Ethnologie, die sich selbst als Wissenschaft des Alltags und des Individuums begreift, genau diese subjektiv gelebten Praxen in den Mittelpunkt stellen und somit meinen Anspruch, in diesem Kapitel kopftuchtragenden Musliminnen eine Stimme zu geben, realisieren.
[8] www.kopftuch.info/material/material.html [27.04.2005].

aus dem Flyer der „Initiative für Toleranz, Akzeptanz und gegenseitigen Respekt" in Haug / Reimer 2005:13, Hervorhebung i.O.)

Ich sprach jedoch auch von einer Ambivalenz dieses Schutzes, die nicht verschwiegen werden sollte. So schildern Höglingers Interviewpartnerinnen auch eine paradoxe Umkehrung dieses Schutzes, nämlich dann, wenn Frauen gerade wegen ihrer *Verschleierung* zur Angriffsfläche werden, indem sie eben deshalb in einer christlichen Mehrheitsgesellschaft wie Deutschland durch die *andere* Erscheinungsweise im Mittelpunkt stehen oder gar Opfer von Belästigungen werden. Höglingers Interviewpartnerinnen berichten, dass sie als *Ausländerinnen* wahrgenommen und dementsprechend behandelt werden:

> „In öffentlichen Ämtern spricht man sie mit schlechtem Deutsch an, in [der] U-Bahn [...] wird laut über sie geredet, weil angenommen wird, dass sie ohnehin nichts verstehen." (Höglinger 2003:98)

Eine weitere berichtet, dass in und auf Grund ihrer Gegenwart zwei Frauen begannen, sich über die Nazizeit zu unterhalten und Hitlers Taten lobten. Der Schutz der *Verschleierung* kehrt sich letztlich ganz und gar ins Gegenteil um, wenn sie belästigt werden, indem ihnen an „den Hintern gegriffen" wird (Höglinger 2003:86).

3.2.3. Verhaltenskodex

Mit der Abwehr der Reduzierung als Frau auf ein Sexualobjekt ergibt sich ein weiteres Motiv, weshalb sich Musliminnen *verschleiern*. So stellt das *Kopftuch* eben nicht nur ein bloßes Kleidungsstück dar, sondern es geht mit ihm ein Verhaltenskodex einher, den Höglinger unter dem wenn auch etwas problematisch anmutenden Schlagwort des „,richtigen' Verhaltens" subsumiert hat (vgl. Höglinger 2003:83). Der Koran gibt Anhaltspunkte für ein schickliches Verhalten, indem er für beide, Frauen wie Männer, anweist, dass sie

„(statt jemanden anzustarren, lieber) ihre Augen niederschlagen [sollen], und [...] darauf achten, dass ihre Scham bedeckt ist." (Sure 24 Verse 30 und 31, Koranübersetzung von Paret 1989:246)

Hinzu kommt das Konzept der *fitna*, was die Gleichsetzung der Sexualität der Frau mit *Chaos* bedeutet und Hauptursache für gesellschaftliche Unordnung darstellt (Watson in Höglinger 2003:83). Damit die Ordnung aber gewahrt bleibt, gibt es jenen Verhaltenskodex für Mann und Frau, der u. a. die *Verschleierung* der Frau vorsieht – aber eben nicht ausschließlich. Eine Interviewpartnerin Höglingers beschrieb die weitergehenden Zusammenhänge wie folgt:

„Auch körperlich ... achte ich ... darauf, wie ich mich bewege. Früher habe ich vielleicht einen ziemlich aufreizenden Gang gehabt, alle haben gesagt, ... ich wackle so mit dem Hintern, ... vielleicht hat mir das auch gefallen, aber jetzt mit dem Kopftuch, denke ich mir, ich verdecke mich, damit ich nicht aufreizend wirke. Da muss ich auch meinen aufreizenden Gang einschränken, also, dass man nicht nur mit [dem] Aussehen, sondern auch mit [der] Körperhaltung und Körpersprache aufreizend sein kann – und auch das dämme ich ein irgendwie." (Interviewpartnerin in Höglinger 2003:83)

3.2.4. Kommunikationsaspekt

Ein weiterer Grund zur *Verschleierung* bezieht sich auf den eingangs angesprochenen Kommunikationsaspekt. Der Dialog, den *verschleierte* Musliminnen beginnen, findet auf zwei Ebenen statt. Einerseits ermöglicht das *Kopftuch*, von anderen Muslim_innen selbst als Muslimin erkannt zu werden. Es beinhaltet also eine Form der Identitätspolitik, bei der ein „Zugehörigkeitsgefühl zu einer gewissen Gruppe ausgelöst wird" (Höglinger 2003:85). Gerade für Menschen in der *Diaspora*, die versuchen, ihre Identität einer *anders* denkenden Mehrheitsgesellschaft gegenüber zu behaupten und zu leben, kann dies eine stärkende Wirkung haben. Die andere Seite des Dialoges bezieht sich auf die Botschaft, die eine *verschleierte* Muslimin *Fremden* vermittelt (vgl. Höglinger 2003:85). Mit fremd sind hier u. a. Angehörige anderer Religionen oder eben die oftmals nicht-muslimische Mehrheitsgesellschaft gemeint.

„In gewisser Weise stellt das Kopftuch die Umwandlung eines Stigmas dar, d.h., es handelt sich um die Verinnerlichung der Diskriminierung und gleichzeitig um die Bewusstwerdung einer diskriminierten Identität. Da man die Frauen ohnehin als ‚Andere' behandelt, wollen sie ihre Differenz freiwillig deutlich machen, indem sie ihre muslimische Identifikation öffentlich einklagen." (Venel in Höglinger 2003:126)

Natürlich muss dieser Dialog nicht immer stattfinden. Dass er tatsächlich aber oftmals Anklang findet, spiegelt sich nicht zuletzt in der regen Kopftuchdebatte wider. Kurzum: das *Kopftuch* ist Ausdruck zur Identität und Differenz zugleich.

3.2.5. Neuer Islam

Ganz in diesem Sinne soll ein letztes – aber ausdrücklich nicht abschließendes – Motiv zur *Verschleierung* erörtert werden. Im Rahmen der Forschung über *verschleierte* Frauen zeichnet sich ein interessanter, auf den ersten Blick ein für viele paradoxer, Fakt ab: es sind vermehrt junge Musliminnen, die sich für das *Kopftuch* entscheiden (vgl. Oestreich 2005:41). Paradox deshalb, weil viele Nicht-Muslim_innen der Auffassung sind, dass das *Kopftuch* ein rudimentäres Relikt veralteter Traditionen darstellt und nicht mit dem Bild einer jungen Muslimin zu vereinbaren sei. Genau dieser Umstand aber ist Indiz für gesellschaftliche und religiöse Umbrüche. So bildet sich zwischen den polarisierten Bildern der Mehrheitsgesellschaft – einerseits die streng religiöse und eben *verschleierte*, andererseits die moderne und *unverschleierte* Muslimin – eine völlig neue Identität heraus. Es handelt sich dabei also gerade nicht um das viel zitierte Konzept von *Migrant_innen*, die zwischen zwei Stühlen stehen und sich zwischen zwei Kulturen hin und her gerissen fühlen (vgl. Vertovec / Rogers in Höglinger 2003:112). Vielmehr ist diese neu geformte Identität Produkt einer kritischen Reflektion des traditionellen Islam sowie der weiblichen Geschlechterrolle der *westlichen* Mehrheitsgesellschaft.

„Diese Identität hat mehrere Pfeiler. Sie versteht sich als Abgrenzung gegen vereinheitlichende Fremdzuschreibungen, wie beispielsweise das klischeehafte Bild der von der Religion und von den Männern unterdrückten Muslimin. Sie stützt sich auf den Islam, der als eine Art *„Gegenkultur"* zum – von Eltern oder von anderen Vorbildern [...] – gelebten, traditionellen Islam verstanden wird und ein verändertes Weiblichkeitsmodell beinhaltet, mit dem sie sich ebenfalls gegen bereits bekannte Geschlechterrollen-Modelle abzugrenzen versuchen." (Höglinger 2003:113)

Die jungen Musliminnen meinen, dass der von den Eltern vorgelebte Islam verfälschte religiöse Bräuche beinhalte (vgl. Höglinger 2003:117). Für sie gilt daher, sich selbst „religiöses Wissen" anzueignen, welches auf Alltagswissen, als auch auf angelesenem Buchwissen basiert (Nökel 2002:69). Hierbei kommt ein interessanter Punkt zum Tragen. Höglinger interviewte u. a. auch Frauen, die schon seit frühester Kindheit das *Kopftuch* tragen, weil es von der Familie so vorgelebt bzw. gewünscht wurde. Was vorschnell als unreflektiertes Tradieren eines vorgelebten Islam abgetan werden kann – und im Übrigen auch wird – verbaut den Blick auf die Wirklichkeit: jene Frauen holen die Entscheidung für das *Kopftuch* später nach und entscheiden sich ganz bewusst erneut dafür – kurzum, es stellt eine selbst gewählte religiöse Überzeugung dar (vgl. Höglinger 2003:119). Aber diese neue Identität bezieht sich nicht nur auf das *Kopftuch,* sondern auf die gesamte religiöse Identität. Traditionelle Muster werden kritisiert, wie z.B. die klassische Vormachtstellung des Mannes, mit der Konsequenz, dass ein *guter* Muslim seine Frau eben nicht Vorschriften zu Verhalten oder Kleidung macht (vgl. Oestreich 2005:43). Heide Oestreich bringt es auf den Punkt:

„Es ist ein Islam von Frauen, die eben auch durch den Westen sozialisiert wurden: eine individualisierte Religion. Ob diese ein Kopftuch verlangt oder nicht, entscheidet nur die Frau selbst." (ebd.)

Indem diese Frauen also beide Wurzeln – den traditionellen Islam sowie die vorgelebten Werte der Mehrheitsgesellschaft – kritisieren, kommen sie mit ihren Interpretationen zu einem neuen Islam, der, auf Grund seiner Prägung durch die angesprochene westliche Sozialisation, auch feministische Werte mit einschließt, ohne dabei die Werte des Islam zu missachten. Vielmehr wussten Höglingers Interviewpartnerinnen

„[...] sehr genau über ihre Rechte und Pflichten, die sie als Frau im Islam haben, Bescheid, [die sie dann] auch von ihren Männern einfordern, indem sie von diesen z.b. genauso verlangen, sich islamisch zu verhalten, sprich: ihre Blicke niederzuschlagen, wenn sie einer Frau begegnen und weite lose Kleidung zu tragen." (Höglinger 2003:123f)

3.3. Eine erste Zwischenbilanz

Ohne die gesamten Motive zusammenfassen zu wollen, möchte ich auf zwei Aspekte hinweisen. Erstens meine ich verdeutlicht zu haben, dass die Gründe zur *Verschleierung* vielfältig sind und in Kombination miteinander auftreten. Dabei zeigt sich, dass sich die Musliminnen, auf die ich mich bezogen habe, bewusst mit der Entscheidung zum *Kopftuch* auseinander gesetzt haben und demzufolge „aktiv handelnde Subjekte [sind], die bewusst ihr Leben gestalten und Entscheidungen treffen" (Höglinger 2003:23).

Zweitens und im Zusammenhang mit dem ersten Aspekt wurden die unterschiedlichen Funktionen des *Kopftuches* für diese Frauen deutlich, die es als Ausdruck ihrer Identität verwenden. Es kristallisieren sich die Mikro- als auch die Mesoebene heraus, indem auf der ersten das *Kopftuch* als „individuelle Strategie der Selbstbestimmung" fungiert und auf letzterer als „Symbol für die Einforderung einer als different verstandenen Lebensweise, die sich in Abgrenzung sowohl zum *traditionellen* Islam als auch zur *westlichen* Kultur" versteht (Höglinger 2003:124, Hervorhebung i.O.). Hier kommt das Motiv der Herausbildung eines neuen Islam zum Tragen, welches als Resultat eines Lebens in der *Diaspora* zu verstehen ist. Das *Kopftuch* wird zu einem bewusst gesetzten Zeichen mit klarer Botschaft: die als *anders* behandelte muslimische Identität wird öffentlich sichtbar gemacht und eingefordert. Nilüfer Göle spricht diesbezüglich von einer Umkehrung des Diktums „Muslim is ugly" zu „Muslim is beautiful" und sieht in der Religion eine Art der persönlichen Sinnstiftung (Göle in Amirpur 2004:364).

4. Fremdkonstruktion – Die Sicht von außen

Im folgenden Kapitel geht es darum, die unterschiedlichen Positionen von Nicht-Kopftuchträger_innen zu beleuchten, wobei ein möglichst umschweifender Blick in die verschiedensten Lager geworfen werden soll. Es geht um die Sicht von Außenstehenden und deren Fremdkonstruktionen bezüglich der kopftuchtragenden Muslimin. Dabei verstehe ich diese Stimmen als Interpretation und Reaktion auf die von Musliminnen gesendete Botschaft. Von daher war es wichtig, die einzelnen Motive voran zu stellen, um zu erkennen, was von ihnen in der geführten Debatte tatsächlich übrig bleibt.

Vorab aber noch ein Exkurs, der wichtig ist, da ich der Meinung bin, dass der Diskurs über die muslimische *Verschleierung* in seiner heutigen Form historisch gewachsen und in den Kontext mit dem Kolonialbestreben europäischer Staaten im 19. Jahrhundert zu setzen ist.

4.1. Exkurs: Das *Kopftuch* im kolonialen Diskurs

Leila Ahmed (2004) zeigt in ihrer Arbeit „Der Diskurs des Schleiers" am Beispiel des ab 1882 britisch besetzten Ägyptens auf, dass gerade die Thematik ‚die muslimische Frau und der *Schleier*' eine zentrale Rolle vor allem ab der zweiten Hälfte des 19. Jahrhunderts im Kolonialismus gespielt hat. Dass damals das *westliche* Wissen über den Islam bis ins 17. Jahrhundert zumeist auf Reiseberichten basierte, deren Glaubwürdigkeit nachweislich stark anzweiflungswürdig war[9], ist hinreichend bekannt (vgl. Ahmed 2004:55). Es ist außerdem erwiesen, dass in diesen Berichten im Laufe des 18. und 19. Jahrhunderts viele Darstellungen noch immer Bräuche und deren Bedeutungen fehlinterpretierten oder gar entstellten, sodass nur ansatzweise Ähnlichkeiten mit gelebter

---

[9] Um es kurz anzudeuten: die meisten Reisen wurden von Männern unternommen, die, basierend auf der Seklusion, nur eingeschränkten Zugang zu Frauen haben konnten. Des Weiteren darf nicht außer Acht gelassen werden, dass die Berichte aus männlicher Sichtweise geschrieben wurden (vgl. Ahmed 2004:55).

Realität vorkamen.[10] Dieser Umstand hatte eine fatale Konsequenz, denn

„[...] die besondere Praxis des Islam in Bezug auf die Frauen waren seit jeher Bestandteil der westlichen Schilderungen von der grundwesentlichen Andersartigkeit und Minderwertigkeit des Islam." (Ahmed 2004:54)

Die Fixierung auf die *Frauenfrage* im 19. Jahrhundert führt Leila Ahmed auf unterschiedliche, zusammenlaufende Gründe zurück: die Schilderungen der Reiseberichte über den Islam kombiniert mit der vorherrschenden Überzeugung der Kolonialmächte bezüglich der Minderwertigkeit aller anderen nicht-europäischen Kulturen (vgl. Ahmed 2004:56). Aber auch noch eine dritte Komponente benennt Ahmed, die – auf den ersten Blick betrachtet – paradox erscheint: der aufkommende *westliche* Feminismus. Die Vermutung des Paradoxen ist auch nicht ganz unbegründet, denn während in Großbritannien beispielsweise die

„[...] viktorianische Theorie von der biologischen Minderwertigkeit der Frau und von der Naturgegebenheit des viktorianischen Ideals, das die Frau in der Rolle der Hausfrau festmacht" (Ahmed 2004:57),

herangezogen wurde, um feministische Stimmen zurückzuweisen, die eine Unterdrückung von Frauen durch Männer beklagten, bemächtigte man sich im Gegenzug der Sprache des Feminismus, um sie gegen die Männer der *anderen* Kulturen zu richten, womit koloniales Vorgehen wiederum legitimiert war. Das Hauptargument dieses neuen kolonialen Diskurses mit Hauptaugenmerk auf die Rolle der Frau war, dass der

„[...] Islam von Natur aus und unabänderlich frauenunterdrückend [ist, und] dass der Schleier und die Geschlechtertrennung der Inbegriff dieser Unterdrückung [sind], und dass diese Sitten und Bräuche der ausschlaggebende Grund für die allgemeine und

---

[10] In diesem Zusammenhang sei auf die unterschiedlichsten Phantasien hingewiesen, die in den Darstellungen zum Ausdruck kamen, und kritisch als Orientalismus reflektiert werden müssen – ein Konzept, das auf Edward Said (vgl. „Orientalism" 1978) zurückgeht.

umfassende Rückständigkeit der islamischen Gesellschaften [sind]." (Ahmed 2004:58f)

Der *Schleier* wurde kurz gefasst zu *dem* Symbol für weibliche Unterdrückung und Minderwertigkeit des Islam, und erst das Ablegen des *Schleiers* sowie anderer „immanenter" Praktiken würde den Weg muslimischer Gesellschaften in die Zivilisation ebnen (vgl. Ahmed 2004:59). Er wurde allerdings auch zum Symbol des Widerstandes, indem die Kolonisierten als Reaktion auf die bevorstehende Zwangsentschleierung jenen mit „Würde und Gültigkeit aller einheimischen Traditionen" gleichsetzten (Ahmed 2004:78). Leila Ahmed entlarvt dieses Tun jedoch als Aneignung der Bedingungen der Kolonisatoren und bloße Umkehrung ins Gegenteil, was im Prinzip nichts anderem als einer Akzeptanz dieser Bedingungen gleichkommt, womit

„[...] ironischerweise der westliche Diskurs die neue Bedeutung des Schleiers bestimmt und letztlich auch verursacht, dass der Schleier zu einem Symbol des Widerstands wurde." (Ahmed 2004:79)

Es wir deutlich, dass der *Schleier* instrumentalisiert und mit ihm schon im 19. Jahrhundert Politik gemacht, ferner mit unterschiedlichsten Assoziationen aufgeladen wurde. Den opportunistischen Umgang der Kolonialherren mit der ‚muslimischen Frau und dem *Schleier*' vergegenwärtigt, soll nun das Vorhaben gewagt sein, beide Seiten der Debatte zu Wort kommen zu lassen.

4.2. Ja oder Nein zum *Kopftuch*?

In der folgenden Darstellung habe ich bewusst die Form der Dichotomie gewählt, vor allem weil sich die Positionierungen tatsächlich in polarisierter Form widerspiegeln: auf Grund des juristischen Falls Fereshta Ludins und der daraus entbrannten Kopftuchdebatte sowie der Entscheidung des Bundesverfassungsgerichtes gibt es eine Spaltung. Das eine Lager richtet sich gegen das Kopftuchverbot und argumentiert im Umkehrschluss für kopftuchtragende Musliminnen. Die andere Seite hingegen spricht

Das Kopftuch in der Debatte – Selbstbehauptung vs. Fremdkonstruktion 181

sich für ein Kopftuchverbot aus und möchte das *Kopftuch* im öffentlichen Dienst verbannt sehen. Insofern ist es sinnvoll, dieses Kapitel auch so zu gliedern, ohne dabei die Debatte verflacht darstellen oder einen falschen Eindruck von Eindeutigkeit und Homogenität innerhalb der Lager erwecken zu wollen, sowie die mangelnde differenzierte Sichtweise, die auf beiden Seiten auf verschiedene Weise zum Vorschein kommt, reproduzieren zu wollen. Ziel ist es daher, beide Seiten ausgewogen und unkommentiert wiederzugeben. Diese Objektivität ist insofern wichtig, als dass nur so dem Anspruch der ausgewogenen Darstellung gerecht geworden werden kann. Allerdings ist dies ein recht schwieriges Unterfangen, da ich selbst als Wissenschaftlerin immer mit einer subjektiven Sichtweise forsche – eine Subjektivität, die es zu reflektieren gilt.

4.3. Pro *Kopftuch* / gegen ein *Kopftuch*verbot

4.3.1. Der Zentralrat der Muslime (ZMD)

Der Zentralrat der Muslime in Deutschland zieht unüberraschend religiöse Argumente ins Feld, indem er auf sämtliche islamische Rechtsschulen verweist, die die Kopfbedeckung der Frau als religiöse Pflicht ansehen. So beschreibt der ZMD-Vorsitzende Dr. Nadeem Elyas, dass

„[...] das Tragen des Kopftuches für eine praktizierende Muslima eine Pflicht darstellt, die die Muslima vor Gott, wie das Gebet, das Fasten oder die Pilgerfahrt, individuell erfüllt." (Stellungnahme des ZMD vom 03.06.2003)[11]

Hier zeigt sich, dass auch der ZMD-Vorsitzende das Tragen des *Kopftuches* in mehrere religiöse Pflichten einreiht und so die bereits erwähnte gesellschaftliche Überbetonung der *Verschleierung* als *die* Pflicht des Islam aushebelt.

Die Stellungnahme des ZMD zum Karlsruher Urteil war dann:

„Sie können [...] nicht ermessen, was sie diesen Mädchen und Frauen antun, wenn sie sie herabwürdigen und aus dem öffentli-

---

[11] http://islam.de/2644.php [25.04.2005].

chen Leben ausschließen wollen." (ZMD[12] in Oestreich 2004: 102)

Erwähnenswert ist auch die Auffassung des ZMDs bezüglich der Symbolhaftigkeit des *Kopftuches*. So machen sie für die Politisierung des Tuches die Mehrheitsgesellschaft in Deutschland verantwortlich (vgl. ZMD in Oestreich 2004:102) und sehen sich

> „[...] bei der heutigen mündlichen Verhandlung des Bundesverfassungsgerichts [... in ihrer] Auffassung bestätigt, dass das Kopftuch im Allgemeinen weder ein Symbol für den Islam noch ein politisches Mittel darstellt." (Stellungnahme des ZMD vom 06.03.2003)[13]

Sie distanzieren sich von einer Erhebung des *Kopftuches* als ein repräsentatives Zeichen für eine Weltreligion sowie von einer politischen Aufladung des *Kopftuches*. In diesem Zusammenhang ergibt sich auch der Appell des ZMD, wonach Kopftuchzwänge im Ausland nicht zu einem Berufsverbot für Musliminnen in Deutschland führen sollten (ZMD in Oestreich 2004:102).

4.3.2. Die deutsche Politik

Der ehemalige Bundespräsident, Johannes Rau, sprach sich klar für Freiheitlichkeit aus und vor allem für eine Gleichbehandlung aller Religionen – ganz im Sinne Gotthold Ephraim Lessings (vgl. Rau in Oestreich 2004:89f). Anlässlich dessen 275. Geburtstages hielt Rau am 22. Januar 2004 eine Rede zum Thema „Religionsfreiheit heute – Zum Verhältnis von Staat und Religion in Deutschland", in welcher er sich mit eindeutigen Worten zur Kopftuchdebatte äußerte:

> „Die Debatte um das Kopftuch wäre [...] viel einfacher, wenn es ein eindeutiges Symbol wäre. Das ist es aber nicht. Deshalb muss in dieser Sache nach meiner festen Überzeugung der alte Grund

---

[12] Zitiert aus der Stellungnahme des ZMD zum Karlsruher Urteil.
[13] http://islam.de/2644.php [25.04.2005].

satz gelten: Der mögliche Missbrauch einer Sache darf ihren Gebrauch nicht hindern."[14]

Johannes Rau differenziert also in seiner Sichtweise und ist sich im Klaren darüber, dass das *Kopftuch* unterschiedliche Bedeutungen haben kann. Die wohl gefährlichste ist die des fundamentalistischen Islam, über den er meint, dass jener auch bekämpft werden müsse, was aber nicht zur Konsequenz haben dürfe, dass Religionen unterschiedlich behandelt werden. Er bringt es prägnant auf die Formel: „Im demokratischen Rechtsstaat gilt das Recht auf Unterschiede, aber kein unterschiedliches Recht" (ebd.).

Den Fundamentalismus müsse man sinnvoller bekämpfen, als einfach alle religiösen Bezüge aus Schulen zu verbannen, denn „[...] pauschaler Verdacht stärkt den Fundamentalismus, statt ihn zu schwächen." (ebd.)

Innerhalb der CDU haben Rita Süssmuth und Barbara John den Aufruf der Integrationsbeauftragten Marieluise Beck unterschrieben, der bei den feministischen Stimmen aufgeführt wird.

Bei dem Bündnis 90/Die Grünen hat sich neben Marieluise Beck auch Joschka Fischer für Toleranz ausgesprochen. Er befürwortete den Toleranz-Beschluss des hessischen Landesparteitags vom 15.11.2003, der eine wichtige Unterscheidung vornimmt:

„Der Unterschied zwischen Fundamentalisten und Modernisierern in der aktuellen Debatte innerhalb der islamischen Welt ist [...] nicht, dass Fundamentalisten für und Modernisierer gegen das Kopftuch sind. [...] Versteifen wir uns auf eine (Verbots-) Seite, dann fallen wir den Modernisierern in den Rücken, weil wir damit alle Kopftuchträgerinnen zu potenziellen Fundamentalistinnen erklären würden. Und wir spielen dann strukturell das Spiel der Fundamentalisten, statt ihnen den Kampf anzusagen, auch den um ihre Symbole." (Bündnis 90/Die Grünen in Oestreich 2004:93)

---

[14] www.uni-kassel.de/fb5/frieden/themen/Rassismus/rau.html [30.04.2005].

4.3.3. Feministische Stimmen

Die Liste der Feministinnen ist mit Sicherheit eine längere. Deshalb möchte ich im Folgenden einige der wichtigsten Stimmen wiedergeben, sowie versuchen, möglichst unterschiedliche Argumente vorzustellen.

Der u. a. wohl bekannteste „Aufruf wider eine Lex Kopftuch" mit dem Titel „Religiöse Vielfalt statt Zwangsemanzipation"[15] wurde von Marieluise Beck (Beauftragte der Bundesregierung für Migration, Flüchtlinge und Integration), Barbara John (langjährige Ausländerbeauftragte des Landes Berlin) sowie Rita Süssmuth (ehemalige Frauen- und Familienpolitikerin der CDU) initiiert. Der von insgesamt 72 teilweise sehr prominenten Frauen unterzeichnete Appell fordert vor allem eine Differenzierung zwischen Islam und Fundamentalismus, denn auch wenn

„[...] das Tuch auf dem Kopf einer Frau ein politisches Symbol sein *kann*, [... und es] demokratiefeindliche, antisemitische und frauenfeindliche Strömungen im Islam [gibt... bedeutet es nicht, dass] jede muslimische Frau, die sich für das Kopftuch entscheidet, den politischen Islam vertritt oder mit ihm sympathisiert." (ebd., Hervorhebung i.O.)

Vielmehr meinen sie, dass Frauen in der *Diaspora* auf das *Kopftuch* zugreifen,

„[...] um mit Selbstbewusstsein ihr Anderssein zu markieren oder eine Differenz im Verständnis mit Sittsamkeit und Tugendhaftigkeit gegenüber der Aufnahmegesellschaft zu dokumentieren." (ebd.)

Sie sehen eine Gefahr darin, Frauen mit *Kopftuch* generell ohne individuelle Prüfung der Motive vom öffentlichen Schulleben auszuschließen, da somit genau jene Frauen, die emanzipiert leben wollen, indem sie Berufstätigkeit anstreben, gehindert würden. Der Weg für eine „allgemeine gesellschaftliche Stigmatisierung" kopftuchtragender Frauen wäre mit einem Verbot geebnet

---

[15] www.integrationsbeauftragte.de/download/aufrufunterzeichnerinnen.pdf [30.04.2005].

(ebd.). Abschließend kritisieren sie die umgekehrte Analogie, die mit einem Kopftuchverbot zum Tragen käme und eine fragwürdige, erzwungene Emanzipation zur Folge hätte, und stellen ironisch fest:

> „Weil in vielen islamischen Ländern Frauen und Mädchen gezwungen werden, ein Kopftuch zu tragen, wollen wir sie zwingen, es abzusetzen." (ebd.)

Diese Initiative sieht die *verschleierte* Muslimin als selbstbestimmte Frau, die sich bewusst für das *Kopftuch* entschieden hat. Eine pauschalisierte politische Konnotation des *Kopftuches* sieht sie als Gefahr, vorschnell zu stigmatisieren.

Katajun Amirpur greift den in der Kopftuchdebatte häufig vorgebrachten Vorwurf des Sympathisierens mit dem Fundamentalismus auf und warnt davor, durch den vorschnellen Verdacht *verschleierten* Musliminnen jede Möglichkeit zu nehmen, „[...] sich für einen offenen, pluralistischen Islam einzusetzen" (Amirpur 2004:362). Bewusst spricht sie auch die politische Symbolhaftigkeit des *Schleiers* an, die innerhalb des Diskurses oftmals mit der iranischen Revolution 1979 in Verbindung gebracht wird. Dabei stimmt sie absolut zu, dass es sich beim *Kopftuch* in diesem Zusammenhang um ein politisches Symbol handelt, das aber ein Symbol „für etwas völlig anderes war, [nämlich] ein Symbol gegen die Unterdrückung" (ebd.:363). Denn obwohl das *Kopftuch* 1936 im Iran verboten wurde, empfanden es viele Frauen als ein Zeichen ihrer Würde, was sie mit ihren Protestmärschen 1978/79 symbolisieren wollten – und nicht wie oft dargestellt für die Einführung des Gottesstaates demonstrierten (ebd.). Dass sich später die Unterdrückung iranischer Frauen in der *Verschleierung* manifestierte, leugnet Amirpur nicht, sondern weist stattdessen darauf hin, dass es Strategie islamischer Fundamentalisten sei, bei der Machtergreifung zu allererst Frauen zum *Kopftuch* zu zwingen:

> „Sie tun dies, um die Gesellschaft insgesamt zu verunsichern [...]. Wenn die Hälfte der Gesellschaft in Angst und Schrecken lebt, kann sich keine Opposition entwickeln. Damit hat das Kopftuch an sich nicht seine Unschuld verloren, es kann Symbol für und auch gegen die Unterdrückung sein. Es ist nicht die Schuld der Frauen, die es tragen wollen, dass es von Männern instrumentalisiert wird." (ebd.)

In diesem Zusammenhang macht sie als tatsächliche Ursache für die Unterdrückung von Frauen nicht den *Schleier* sondern das Patriarchat aus.

4.4. Contra *Kopftuch* / Pro *Kopftuch*verbot

4.4.1. Die deutsche Politik

Innerhalb der SPD äußerte sich zum Beispiel der ehemalige Bundeskanzler Gerhard Schröder zur Kopftuchdebatte. Seine Meinung ist kurz und knapp, und es mangelt ihr nicht an Klarheit: „Kopftücher haben für Leute im staatlichen Auftrag, also auch für Lehrerinnen, keinen Platz" (Schröder in Oestreich 2004:90).

Wolfgang Thierse geht sogar noch einen Schritt weiter und vergleicht wertend Christentum und Islam miteinander: „Ein Kreuz ist kein Symbol von Unterdrückung, das Kopftuch für viele muslimische Frauen schon" (Thierse in Oestreich 2004:91). In diesem Sinne fordert Thierse Anpassung seitens der Musliminnen an die „Sitten und Grundüberzeugungen unseres Landes" (ebd.), genauso wie sich deutsche Journalistinnen *verschleiern* müssen, wenn sie aus dem Iran Bericht erstatten. Außerdem sei die Unterdrückung der Frau durch das Grundgesetz verboten.

Die Islam-Beauftragte der SPD-Fraktion im Bundestag Lale Akgün spricht sich für den Ausschluss aller religiösen Symbole aus der Schule aus. Obwohl sie davor warnt „alle Musliminnen unter einen fundamentalistischen Generalverdacht zu stellen"[16], nimmt sie eine klare Haltung zum *Kopftuch* selbst ein:

„Es ist grotesk, die demonstrative Unterordnung unter ein Symbol der Geschlechtertrennung als ‚Emanzipation' zu bezeichnen und darin gewissermaßen den ‚Normalfall' weiblicher muslimischer Existenz zu sehen. [...] Wer wirklich Emanzipation im Sinne von Aufklärung und Humanismus will, der schaut kritisch auf einen Kopftuch-Diskurs, bei dem es nicht um die einzelnen muslimische Frau geht, sondern um die religiös-kulturelle Deutungsmacht innerhalb des Islam." (ebd.)

---

[16] www.lale-akguen.de/veroeffentlichungen.htm#vorschau5 [30.04.2005].

In der CDU/CSU sprechen sich Edmund Stoiber und Angela Merkel eindeutig für einen Vorrang des Christentums aus, wobei Merkel betont, dass dem weltanschaulich neutralen Staat die christlich inspirierten Traditionen der deutschen Kultur und ihrer Symbole nicht gleichgültig sein könnten (Merkel in Oestreich 2004:92). Sie versichert, dass die Betonung der christlichen Kultur keine Diskriminierung anderer Religionen sei, sondern nur Ausdruck „eines Lebenselementes unserer Kultur" (ebd.). Merkel äußerte in einem Interview:

„Ich möchte nicht, dass Lehrer mit Kreuz an einer Kette genauso behandelt werden wie eine Frau mit Kopftuch. Das Kopftuch steht für ein Menschenbild, das mit der individuellen Würde und unserem christlich-jüdischen Erbe sowie der Aufklärung schwer vereinbar ist." (ebd.)

Auch Edmund Stoiber ist der Meinung, dass das *Kopftuch* an Schulen wegen seiner politischen Symbolhaftigkeit mit einer „aufgeklärten Demokratie" nicht vereinbar sei (Stoiber in Oestreich 2004:92).

Entgegen der stärkeren Strömung von Befürworter_innen des *Kopftuches* bei Bündnis 90/Die Grünen, argumentiert die frauenpolitische Sprecherin der Bundestagsfraktion Irmingard Schewe-Gerigk dagegen.

„Das Kopftuch symbolisiert den Unterschied zwischen Frauen und Männern und bedeutet eine besondere sittlich begründete Kleidungsvorschrift für Frauen. Eine solche Ungleichbehandlung widerspricht Art. 3 GG. Daraus kann ein wesentlicher Anpassungsdruck auf muslimische Schülerinnen entstehen."[17]

4.4.2. Die Feminist_innen

Der bereits unter den Befürworter_innen des *Kopftuches* erwähnte Aufruf von Marieluise Beck et al. stieß nicht nur auf positive Resonanz. Ülkü Schneider-Gürkan verfasste mit anderen Au-

---

[17] Schewe-Gerigk in ihrer Stellungnahme zum Urteil des Bundesverfassungsgerichts am 13.01.2004: www.schewe-gerigk.de/dokumente/25384.html [30.04.2005].

tor_innen mit Migrationshintergrund einen „offenen Brief an Frau Marieluise Beck und weitere Unterzeichnerinnen des Aufrufes […]" mit dem Titel „Für Neutralität in der Schule!" (Schneider-Gürkan et al. 2005), dessen Inhalt einerseits im Jahr 2004 auf der Internetseite des „Türkischen Bund Berlin-Brandenburg" (TBB) zu finden war und andererseits Parallelen zu den Aussagen des TBB aufweist. Somit erübrigt sich eine separate Darstellung der Ansichten des TBB, der größtenteils konform mit den folgenden Aussagen geht.

Die Kritik der VerfasserInnen stützt sich auf drei Punkte. Zum einen werfen sie Frau Beck vor, realitätsfern zu sein, indem sie die Bedeutung einer kleinen Minderheit innerhalb der Musliminnen übertreibt und somit diese Minderheit „mit den muslimischen Frauen insgesamt [gleichsetzt]" (Schneider-Gürkan et al. 2005:18). Sie argumentieren, dass „die Mehrheit der Musliminnen in Deutschland gar kein Kopftuch trägt" (ebd.:18f). So zweifeln sie die gesellschaftliche Relevanz bei Becks Befürchtungen an, da ihr

„Konstrukt der ‚emanzipatorischen Kopftuchträgerin' […] eine quantitativ vernachlässigbare Gruppe [darstellt], die kaum Einfluss hat." (Schneider-Gürkan et al. 2005:19)

Der zweite Punkt wirft Beck eine verzerrte Darstellung der Realität in Bezug auf ihre Einschätzung zu fundamentalistischen Strömungen vor, die laut Beck bei der Entscheidung über ein Kopftuchverbot nicht überwertet werden dürften. Die Initiative um Schneider-Gürkan meint hingegen, „dass es sich dabei um reale Strömungen mit mächtigen politischen und auch finanzstarken Hintergründen handelt" (ebd.:18).

Sie meinen, dass ein Kopftuchverbot nur von denjenigen als Ausgrenzung verstanden würde, die von Islamisten beeinflusst seien und für die das Kopftuchtragen auch außerhalb des Privatlebens, also z.B. im öffentlichen Dienst, unverzichtbar sei. Ein Kopftuchverbot ist ihrer Meinung nach also dringend erforderlich,

„[…] um den islamistischen Kräften zu signalisieren, dass diese Gesellschaft nicht vor ihnen zurückweicht und ihnen nicht Schritt für Schritt immer mehr Raum im öffentlichen Leben überlässt,

[...] denn] die Erfahrung zeigt, dass diese Kräfte jede Erweiterung ihres Spielraumes nutzen, um ihre ‚antidemokratischen, antisemitischen und frauenfeindlichen' Positionen durchzusetzen. Die Erfahrung aus zahlreichen Ländern mit mehrheitlich muslimischer Bevölkerung und Ländern mit signifikanten muslimischen Minderheiten in Europa zeigt hinreichend, dass das Tragen des Kopftuchs in staatlichen Institutionen längst zum Kampfprogramm von islamistischen Kräften geworden ist." (Schneider-Gürkan et al. 2005:20.)

Der letzte Kritikpunkt betrifft Becks Position innerhalb des Diskurses, den Schneider-Gürkan als „paternalistische Beschützerinnen aller Musliminnen" beschreibt und ihr weiterhin vorwirft, einen „großen Teil der Musliminnen [zu] ignorieren" und im Zuge dessen zu „entmündigen" (ebd.:18). So schließt diese Initiative mit der zynischen Frage:

„Spüren Sie nicht das Bedürfnis, Ihre Rolle als Fürsorgerin, die Sie im Namen einer Minderheit einnehmen, zu problematisieren?" (Schneider-Gürkan et al. 2005:20)

Auch Alice Schwarzer, die als „eine der bekanntesten Vertreterinnen der neuen deutschen Frauenbewegung"[18] gilt, hat sich in der Kopftuchdebatte zu Wort gemeldet. In ihrem Artikel „Ein halber Sieg für die Fanatiker – Über das Kopftuch-Urteil in Karlsruhe" beschreibt sie ihr Unverständnis über die Aufweichung der „mühsam erkämpften Errungenschaft der Aufklärung: [...] die Trennung von Staat und Religion" (Schwarzer 2005:32). Denn für sie ist offensichtlich, dass

„[...] eine weltweite Offensive der Gottesstaatler nicht nur Länder mit muslimischen Mehrheiten unter ihre unmenschlichen ‚Gottesgesetze' (inklusive Schleier) zwingt, sondern auch weltliche Demokratien bedroht." (ebd.)

In einem Interview mit dem Magazin „Der Spiegel" stellt sie den Zusammenhang der „Gottesgesetze" mit dem *Kopftuch* explizit her, indem sie feststellt, dass

---

[18] http://de.wikipedia.org/wiki/Alice_Schwarzer [30.04.2005].

„[...] in konzentrierten Aktionen seit einigen Jahren versucht [wird], die Scharia in das deutsche Recht zu infiltrieren. Die Flagge dieses Kreuzzugs ist das Kopftuch." (Schwarzer in Der Spiegel 2004:70)

Sie glaubt, dass das Karlsruher Kopftuchurteil bereits ein „halber Sieg für die Fanatiker" (Schwarzer 2005:34) sei und erinnert daran, dass spätestens seit der Revolution im Iran 1979 „das Kopftuch zum blutigen Symbol dieser Gottesstaatler" (ebd.) geworden ist. Sie führt Frankreich als positives Gegenbeispiel zu Deutschland an, wo der damalige konservative Innenminister Sarkozy „die Zeichen verstärkt auf Integration [setzt, indem er] an ‚die republikanischen Grundregeln' auch für MuslimInnen" (ebd.:32) erinnert. Sie fordert klar ein Kopftuchverbot, weil sie sich um die Musliminnen sorgt. So meint sie, dass kulturunabhängig gleiche Prinzipien zu gelten haben, und veranschaulicht in dem Spiegel-Interview ihre Meinung:

„Eine Frau, die unter ihren Stoffbergen dahinstolpert, während ihr Mann lässig in Jeans ausschreitet; oder ein Mädchen, das zwangsverheiratet werden soll – das ist ein Skandal, egal zu welchem Kulturkreis man gehört." (Schwarzer in Der Spiegel 2004:70)

Auch sie empfand Marieluise Becks Aufruf problematisch und fragt:

„Weiß die Integrationsbeauftragte eigentlich, welchen moralischen Druck eine Kopftuch-Lehrerin auf muslimische Schülerinnen und deren Eltern ausüben kann? Schließlich gilt den Islamisten eine Unverschleierte als Hure." (ebd.)

Der Verein Kommunikationszentrum für Frauen zur Arbeits- und Lebenssituation (kofra) hat in seiner Zeitschrift für Feminismus und Arbeit ebenfalls Position zum *Kopftuch* bezogen. Sie sprechen sich darin gegen das *Kopftuch* aus, welches „Zeichen der Frauenunterdrückung" sei und sehen sich als Feminist_innen aufgefordert, sich gegen die Ungleichheit zwischen Mann und Frau „in jeder Gesellschaft und jeder Religion" zu wenden (Heiliger 2004:3). Sie begründen ihre Haltung mit einem Beispiel aus dem

Koran, der Frauen eine minderwertige Stellung zuschreibt, indem er sie als „Acker' bezeichnet, an dem sich der Mann nähern kann, wann und wie er will" (ebd.).[19]

Außerdem bezweifeln die Autor_innen, dass das *Kopftuch* tatsächlich Ausdruck religiöser Haltung sei, „da der Koran das Kopftuch nicht vorschreibt" (ebd.). Vielmehr stelle es eine „Unterdrückung / Verteufelung weiblicher Sexualität und Lust" dar sowie die Unterwerfung der Frau unter den Mann, woraufhin diese Feminist_innen auf die stets geforderte Befreiung weiblicher Sexualität hinweisen, die eine „Emanzipation von Fremdbestimmung, Benutzung [und] Gewalt" ist (ebd.:4). Auch sie sehen eine weitere Konnotation des *Kopftuches* – die politische. Das *Kopftuch* sei demnach „Wahrzeichen einer totalitären Ideologie, der Scharia, und einer weltweiten Re-Islamisierung" (ebd.).

5. Auswertung

Auffallend an der geführten Debatte ist, dass alle Stimmen gleichermaßen ihre Argumentation auf gewisse Kernpunkte stützen, allerdings mit unterschiedlichem Ausgang. Für die auswertende Analyse habe ich mich daher entschieden, die zentralsten Punkte aufzuzeigen, abzuwägen und schließlich zu bewerten.

5.1. Emanzipation

Ein Kernpunkt der Debatte dreht sich um das Schlagwort ‚Emanzipation'. Beide Seiten verwendeten ihn, augenfällig aber mit einer jeweils anders konnotierten Definition. Marieluise Beck sieht in den kopftuchtragenden Frauen, die eine Berufstätigkeit anstreben, emanzipierte Frauen, denen dieser Weg nicht versperrt werden sollte, nur weil sie *verschleiert* sind. Denn die Konsequenz wäre, dass man die gleichzeitig angestrebte ökonomische Unabhängigkeit ebenso verhindern würde. Lale Akgün hingegen meint, die *Verschleierung* mit Emanzipation in Verbindung zu bringen,

---

[19] Angespielt wird hier auf Sure 2 Vers 223 des Koran: „Eure Frauen sind euch ein Saatfeld. Geht zu (diesem) eurem Saatfeld, wo immer ihr wollt! [...]" (zitiert nach der Übersetzung von Paret 1989:34).

wäre grotesk, da sie vielmehr eine Unterordnung der muslimischen Frau darstelle. Emanzipation kann ihrer Meinung nach nicht an einzelnen muslimischen Individuen festgemacht werden, sondern muss – basierend auf den Errungenschaften der Aufklärung – die Deutungsmacht des Islam kritisch reflektieren.[20]

Ich möchte an dieser Stelle den Exkurs zum Kolonialismus ins Gedächtnis rufen: auch die Kolonisatoren dachten – mit verzerrten feministischen Gedanken im Hinterkopf –, dass der *Schleier* der Inbegriff der Unterdrückung der muslimischen Frau sei, von der es sie zu emanzipieren galt. Im zweiten Kapitel aber berichtete ich von Frauen, die sich als emanzipiert verstehen, indem sie eine tradierte Religion hinterfragen, *falsche* Sitten ablegen und mittels neuer und selbstbestimmter Koraninterpretationen eigene Wege beschreiten – und das alles mit *Kopftuch*. Diese Musliminnen empfinden sich als emanzipiert, da sie sich mit der *Verschleierung* einer Sexualisierung entziehen. Das *Kopftuch* ist für sie nicht Zeichen für fehlende Emanzipation, sondern im Gegenteil ein Zeichen für Schutz – ein Aspekt, der in dieser Form bei der Fremdzuschreibung nicht reflektiert wird.

5.2. Bewertung von Religion

Ein anderer und in der Tat schwieriger Kernpunkt umfasst die Bewertung von Religion. Der Zentralrat der Muslime beschreibt die *Verschleierung* als religiöse Pflicht. Auch die anderen Befürworter_innen sehen es als Bestandteil des Auslebens einer Religion an und erkennen die von Musliminnen empfundene *Wichtigkeit*, religiöse Pflichten zu befolgen. Die Gegenseite hingegen, wie die Autor_innen von kofra, bezweifelt die Notwendigkeit, da der Koran das *Kopftuch* nicht vorschreibe. Hier handelt es sich klar um eine Interpretationsfrage, die von Musliminnen selbst entschieden werden muss und – wie gezeigt – auch wird.

In diesem Zusammenhang steht aber auch die Frage, welche Religion als *wichtiger* bewertet wird, und ob daraus eine Bevorzugung einer bestimmten Religion resultiert. Johannes Rau sprach sich für eine Gleichbehandlung aller Religionen aus, Edmund

---

[20] www.lale-akguen.de/veroeffentlichungen.htm#vorschau5 [30.04.2005].

Stoiber und Angela Merkel hingegen machen kein Geheimnis daraus, dass sie dem Christentum den Vorrang geben. Dieser Punkt ist in der Tat interessant: denn auch wenn Deutschland kein laizistisch definierter Staat ist, so ist er doch immerhin ein weltanschaulich neutraler Staat. Diese Neutralität ist jedoch nur scheinbar, da das Christentum in Deutschland nachweislich explizit verankert ist. Es sei daran erinnert, dass der „bayrische Kultusminister das Schulgebet wieder einführte" (Oestreich 2004:44), dass der Religionsunterricht zur allgemeinen Schullandschaft gehört, und dass das Kruzifix-Urteil von 1995 nicht wirklich dazu geführt hat, dass alle Kreuze aus Schulräumen verbannt wurden, da die Auslegung des Gesetzes impliziere, „dass Kreuze bis auf Widerruf hängen bleiben dürfen" (ebd.:45). So wurde in Bayern ein Gesetz verabschiedet,

„[...] nach dem Eltern den Wunsch nach Abnahme des Kreuzes begründen müssen. Dann eruiert der Schulleiter, ob diese Gründe schwerwiegend sind und entscheidet unter Berücksichtigung der Mehrheitsmeinung der Eltern, ob das Kreuz abgehängt werden soll." (ebd.)

Berechtigterweise stellt sich an dieser Stelle die Frage, wie einer Lehrerin daraufhin verboten werden könne, ein *Kopftuch* zu tragen. Das führendste Argument der Kopftuchgegner_innen auf diese Frage ist, dass das *Kopftuch* einer Lehrerin wesentlich offensichtlicher ist, als ein Kreuz an der Wand. Ute Sacksofsky erläuterte den dabei bestehenden Denkfehler:

„Eine solche Argumentation beruht [...] auf einer grundlegenden Missdeutung. Denn im Kruzifix-Beschluss ging es nicht um einen Zwang zum Hinsehen, sondern um die – verbotene – Zwangswirkung, die durch die Identifikation des Staates mit einer bestimmten Religion zum Ausdruck gebracht wird. [...] Dagegen ist das Kopftuch einer Lehrerin Ausdruck ihres individuellen Glaubens, der dem Staat nicht zugerechnet wird." (Sacksofsky 2005:50)

Dass das Bundesland Bayern jedoch anstrebt, das *Kopftuch* zu verbieten, während es eigenwillige Kruzifixgesetze erlässt und erlassen darf, kann nur eins bedeuten: der deutsche Rechtsstaat privilegiert das Christentum. Diese Bevorzugung erfolgt jedoch eher subtil und basiert einerseits auf der Tradition Deutschlands andererseits aber auch – wie die Gegner_innen des *Kopftuches* anklingen lassen – auf einer Wertung des Christentums als die *bessere* Religion. Der Maßstab der Bewertung ist in diesem Fall die symbolische Bedeutung des *Kopftuches*, die für die Gegner_innen u. a. die Unterdrückung der Frau markiert. Dass die Musliminnen, von denen ich im zweiten Kapitel berichtete, diesbezüglich anderer Meinung sind, scheint dabei nicht von großer Relevanz – erneuter Beleg dafür, dass feststehen muss, was festgelegt wurde. Würde man den Musliminnen jedoch die Kompetenz der kontextualisierten Neuauslegung ihrer Religion zugestehen, müsste man vorgefertigte Meinungen überdenken mit der Konsequenz, dass der bestehende Status quo mächtig ins Wanken käme.

5.3. Gottesstaat vs. Neutralität der Weltanschauungen vs. Laizismus

In der Debatte erscheinen Iran, Deutschland und Frankreich als ein Dreiecksgespann innerhalb dessen sie immer wieder Vergleichen unterzogen werden. Alice Schwarzer ist eine der Vertreterinnen, die in Frankreich ein positives Beispiel sehen, die Errungenschaften der Aufklärung tatsächlich umgesetzt zu haben, indem Staat und Religion voneinander getrennt werden. Der Vergleich Deutschlands mit Frankreich ist aber letzten Endes schlichtweg inkorrekt, denn es wird nie näher darauf eingegangen, dass Deutschland sich eben nicht als laizistischer Staat definiert. Dementsprechend wird auch nicht auf entstehende Widersprüche ihrerseits hingewiesen. Katajun Amirpur hingegen arbeitete den feinen Unterschied heraus:

> „Die Franzosen sagen, das Kopftuch ist kein politisches Symbol, sondern ein religiöses, und deshalb verbieten wir es. Die Deutschen sagen das genaue Gegenteil, kommen aber zu dem gleichen Ergebnis: Das Kopftuch ist kein religiöses Symbol, sondern ein politisches, und deshalb verbieten wir es." (Amirpur 2004:364).

Was Amirpur hier verdeutlicht ist eine Art willkürliche Argumentation, die darauf zurückzuführen ist, dass es eben nicht so leicht ist, die Bedeutung des *Kopftuches* einzuschätzen. Diese Willkür setzt sich auch dann fort, wenn Ülkü Schneider-Gürkan und Alice Schwarzer davor warnen, dass Gottesstaatler Deutschland unterwandern könnten und den Iran als Beispiel heranziehen. Dieser Befürchtung ist jegliche Relation abhanden gekommen,

> „[...] denn so schlecht kann es um den deutschen Rechtsstaat nicht bestellt sein, dass eine handvoll kopftuchtragende Lehrerinnen ihn würden aushöhlen können." (Amirpur 2004:362)

5.4. Zwang zum *Kopftuch*

Ein wirklich häufig auf mehreren Ebenen genutztes Gegenargument in der Kopftuchdebatte ist der Hinweis darauf, dass Musliminnen zur *Verschleierung* gezwungen werden. Alice Schwarzer spricht von „Mädchen, die [...] von ihren Familien zum Kopftuch genötigt werden" (Schwarzer 2005:33). Halina Bendkowski verweist ebenso auf unterdrückte *verschleierte* Frauen und Mädchen und macht im gleichen Atemzug auf andere Frauen aufmerksam, „die sich vom Islamismus bedroht fühlen" und nennt das Beispiel der Zwangsverheiratung (Bendkowski 2005:38). Schließlich kommen die Kopftuchgegner_innen zu dem Punkt, an dem eine Lehrerin mit ihrer *Verschleierung* Zwang auf die Schülerinnen ausübt, weil sie

> „die ‚negative Religionsfreiheit' der Schülerinnen einschränken [würde]. [...] Die islamistischen Kräfte würden allein durch die Präsenz von kopftuchtragenden Lehrerinnen im Staatsdienst eine unvergleichlich größere Möglichkeit bekommen, die Mädchen und ihre Eltern unter Druck zu setzen." (Schneider-Gürkan et al. 2005:20)

Die andere Seite verurteilt die Pauschalisierung der muslimischen Frau als Opfer oder Befürworterin fundamentalistischen Gedankengutes. So dominiert auf dieser Seite das Bild der selbstbestimmten, emanzipierten und *verschleierten* Muslimin.

Heide Oestreich versucht sich in einer differenzierten Sichtweise und meint, dass die Vorwürfe des Zwanges existierende Phänomene und demnach ernst zu nehmen sind:

„Es ist illusionär zu glauben, dass all die Kopftuch-Schülerinnen ihre Tücher freiwillig tragen und ihre Väter mit eigenen Koraninterpretationen auskontern können." (Oestreich 2005:44)

Dabei darf es aber eben nicht zu einer Ethnifizierung von Gewalt kommen – ein Einspruch, der ebenso Berechtigung hat, wenn Bendkowski selbstredend den Bogen vom *Kopftuch* zur Zwangsverheiratung schlägt. Hier eröffnet sich ein Feld, das bis hin zu Ehrenmorden geht, tatsächlich aber eine Debatte für sich darstellt und nicht miteinander vermischt werden sollte.

Die Autor_innen der Initiative „Mein Kopftuch" kehren das Argument des Zwanges um und fragen kritisch:

„Feministinnen wollen uns von unseren Zwängen befreien: Wie? Indem sie uns zwingen, unser Tuch abzusetzen? Ist das die Art, Frauen zu ihren freiheitlichen Rechten zu verhelfen, indem man ihnen dafür andere Recht nimmt?"[21]

Sie meinen, dass Musliminnen nicht von muslimischen Männern, sondern von jenen Feministinnen bevormundet würden, die ihnen vorschreiben wollen, an was sie zu glauben hätten. Das, was die Initiative „Mein Kopftuch" mit ihrer Kritik angreift, ist die Schablone weißer Feministinnen. So meinen *westliche* Feministinnen, Musliminnen von ihrer Unterdrückung emanzipieren zu können und müssen, was über das Ablegen des *Kopftuches* gewährleistet wäre – auch hier werden die Parallelen zu den Absichten der Kolonisatoren, wie im Kapitel 3.1. dargestellt, deutlich. Innerhalb dieses Denkens konstruiert die weiße Feministin die Muslimin als defizitär und als *Andere*,

„[...] die es zu befreien gilt, ohne etwas mit und über *andere Frauen* und damit etwas mit und über *sich selbst* zu lernen. Die andere Frau gilt immer als *noch Unterdrückte* und bedarf der Unterstützung für die Befreiung aus diesen Verhältnissen." (Brodil / Reiter in Höglinger 2003:34, Hervorhebung i.O.)

---

[21] Auszug aus der Rede der Initiative „Mein Kopftuch" auf der „Demonstration wider eine Lex Kopftuch" in Köln am 13.03.2004 www.meinkopftuch.org/aktivdemoinkoln.html [30.04.2005].

Ülkü Schneider-Gürkans Kritik an Marieluises Becks Aufruf spiegelt genau diesen Umstand wider.

Bezüglich der Bedenken die Lehrerin betreffend versteht es sich von selbst, dass eine *verschleierte* Lehrerin, „die Kinder missionieren oder indoktrinieren will, keinen Platz in der staatlichen Schule findet", wie Sacksofsky schreibt (Sacksofsky 2005:50). Aber in der Debatte wird kopftuchtragenden Lehrerinnen prinzipiell unterstellt, dass sie allesamt ein fundamentalistisches Weltbild haben, da – wie Ülkü Schneider-Gürkan (2005) schreibt – nur sie, die unter dem Einfluss der Islamisten stehen, ein Kopftuchverbot als Ausgrenzung verstehen würden. Indem sie das *Kopftuch* in das Privatleben verbannen wollen, verkennen sie das von islamisch gekleideten Frauen genannte Motiv, bewusst in der Öffentlichkeit als Muslimin auftreten zu wollen, die als solche von Muslim_innen und Nicht-Muslim_innen erkannt werden will.

6. Schlusswort

Das Prinzip ist einfach: ein_e Sender_in schickt eine Botschaft, die von dem/der Empfänger_in empfangen und gedeutet wird. Die Realität ist aber alles andere als derart simpel und eindeutig. Die Gründe für das Kopftuchtragen sind mannigfaltig, ebenso die Deutungen. Daraus resultiert ein Diskurs, der gleichermaßen die Komplexität der Thematik widerspiegelt. In dieser Arbeit wurde jedoch nachgewiesen, dass die Debatte vor allem zwischen den Pro- und Contra-Lagern geführt wird, die ihn dominieren. Heide Oestreich interpretiert den geführten Diskurs als zwei sich gegenüberstehende Seiten, die beide als Antwort auf Pauschalisierungen der anderen Seite die Argumentation lediglich umkehren und Pauschalitäten zurückschleudern (vgl. Oestreich 2005:45). Dabei hat sich eine grundlegende Spielregel für diesen Diskurs manifestiert: die Stimmen *verschleierter* muslimischer Frauen spielen, wenn überhaupt, nur eine marginale Rolle. Kurzum: es ist ein Diskurs *über verschleierte* Musliminnen und nicht *mit* ihnen. Diese Konstellation *muss* sich ändern, ebenso wie die Machtpositionen, die sich diesbezüglich etabliert haben. Die Tatsache, dass Musliminnen innerhalb dieses Diskurses nicht integriert sind, ist ein trauriges Spiegelbild deutscher Politik, die zwar proklamiert,

Integration zum Ziel zu haben, in Wirklichkeit jedoch nichts anderes als Assimilationspolitik betreibt. Ein Kopftuchverbot jedenfalls wäre nichts anderes als ein weiteres Kapitel in einem verstaubten Buch deutschen Selbstverständnisses, welches seine u. a. christlichen, rassistischen und weißen-feministischen Teilidentitäten nicht einmal im Ansatz begonnen hat zu reflektieren. So wird das eigene Selbst nie problematisiert, sondern die Konflikte auf den Köpfen der *Anderen* ausgetragen.

Literaturverzeichnis

Ahmed, Leila 2004: Der Diskurs des Schleiers. In: Youssef, Houda (Hrsg.): *Abschied vom Harem? Selbstbilder – Fremdbilder muslimischer Frauen*. Orlanda, Berlin. S. 47-88.

Amirpur, Katajun 2004: Kopftuch und kein Ende. In: *Zeitschrift für Politik und Ökonomie in der Dritten Welt. Gender und Islam. Peripherie*. Nr. 95, 24. Jahrgang. Westfälisches Dampfboot, Münster. S. 361-365.

Amirpur, Katajun 2003: Emanzipation trotz Kopftuch. Iranische Frauenrechtlerinnen streiten um die Deutung des Korans. In: Gerhard, Ute; Rumpf, Mechthild (Hrsg.): Feministische Studien. Zeitschrift für interdisziplinäre Frauen- und Geschlechterforschung. *Streitpunkte in islamischen Kontexten*. Heft 2. Lucius & Lucius Verlag, Stuttgart. S. 213-225.

Bendkowski, Halina 2005: Von der Notwendigkeit der Freiheit, sich nicht selbst behindern zu müssen. Plädoyer für einen dogmatischen Feminismus! In: Haug, Frigga; Reimer, Katrin (Hrsg.): *Politik ums Kopftuch*. Argument Verlag, Hamburg. S. 35-40.

Der Spiegel 2004: „Augen fest verschlossen" (Interview mit Alice Schwarzer). Nr. 47. 15.11.2004. S. 70-71.

Heiliger, Anita 2004: Zur Kopftuchdiskussion. Kopftuch-Debatte und Feminismus. In: Kommunikationszentrum für Frauen zur

Arbeits- und Lebenssituation e.V. (Hrsg.): *Zeitschrift für Feminismus und Arbeit*. Nr. 4, 22. Jg., April / Mai 2004. München. S. 3-11. Zugriff unter: www.kofra.de/htm/Zeitung/Zeitung108.pdf [30.04.2005].

Höglinger, Monika 2003: *Verschleierte Lebenswelten. Zur Bedeutung des Kopftuches für muslimische Frauen. Ethnologische Studie*. Edition Roesner, Wien.

Initiative für Toleranz, Akzeptanz und gegenseitigen Respekt 2005: Muslimische Frauen zur Kopftuchdebatte. In: Haug, Frigga; Reimer, Katrin (Hrsg.): *Politik ums Kopftuch*. Argument Verlag, Hamburg. S. 13-14.

Mohagheghi, Hamideh 2005: Ein Stück (Streit-)Stoff. In: Haug, Frigga; Reimer, Katrin (Hrsg.): *Politik ums Kopftuch*. Argument Verlag, Hamburg. S. 22-28.

Nökel, Sigrid 2002: *Die Töchter der Gastarbeiter und der Islam. Zur Soziologie alltagsweltlicher Anerkennungspolitiken. Eine Fallstudie*. transcript Verlag, Bielefeld.

Oestreich, Heide 2005: Das Kopftuch als Kippfigur. In: Haug, Frigga; Reimer, Katrin (Hrsg.): *Politik ums Kopftuch*. Argument Verlag, Hamburg. S. 41-46.

Oestreich, Heide 2004: *Der Kopftuchstreit. Das Abendland und ein Quadratmeter Islam*. Brandes & Apsel, Frankfurt (Main).

Paret, Rudi 1989: *Der Koran. Übersetzt von Rudi Paret*. Kohlhammer, Stuttgart.

Sacksofsky, Ute 2005: Lehrerin mit Kopftuch. Anmerkungen aus verfassungsrechtlicher Perspektive. In: Haug, Frigga; Reimer, Katrin (Hrsg.): *Politik ums Kopftuch*. Argument Verlag, Hamburg. S. 48-54.

Said, Edward 1978: *Orientalism*. Pantheon Books, New York.

Schneider-Gürkan, Ülkü et al. 2005: Für Neutralität in der Schule! Offener Brief an Frau Marieluise Beck und weitere Unterzeichnerinnen des ‚Aufrufs wider eine Lex Kopftuch'. In: Haug, Frigga; Reimer, Katrin (Hrsg.): *Politik ums Kopftuch*. Argument Verlag, Hamburg. S. 18-21.

Schwarzer, Alice 2005: Ein halber Sieg für die Fanatiker. Über das Kopftuch-Urteil in Karlsruhe. In: Haug, Frigga; Reimer, Katrin (Hrsg.): *Politik ums Kopftuch*. Argument Verlag, Hamburg. S. 32-34.

www.de.wikipedia.org/wiki/Hauptseite: Wikipedia. Zugriff am: 30.04.2005.

www.integrationsbeauftragte.de: darin Marieluise Becks „Aufruf wider eine Lex Kopftuch" mit dem Titel „Religiöse Vielfalt statt Zwangsemanzipation". Zugriff am: 30.04.2005.

www.islam.de: Zentralrat der Muslime mit Stellungnahmen zum Kopftuch. Zugriff am: 25.04.2005.

www.kopftuch.info. Zugriff am: 27.04.2005.

www.lale-akguen.de: darin Lale Akgüns Stellungnahme zum Kopftuch „Für religiöse Vielfalt und Emanzipation – Wider die Kulturalisierung des Kopftuchdiskurses" vom 17.12.2003. Zugriff am: 30.04.2005.

www.meinkopftuch.org/: Initiative „Mein Kopftuch" mit der Rede auf der „Demonstration wider eine Lex Kopftuch" in Köln am 13.03.2004. Zugriff am: 30.04.2005.

www.muslimat-berlin.de: MuslimatBerlin, darin Aufruf der „Initiative für Toleranz, Akzeptanz und gegenseitigen Respekt". Zugriff am: 30.04.2005.

# IV. SEXUALITÄT IM ISLAM

Fatima Mernissi: „Geschlecht Ideologie Islam" – Eine Stimme zur weiblichen Sexualität im Islam aus feministischer Perspektive

Kristina Nowak[1]

Zusammenfassung: In ihrer Arbeit untersucht Kristina Nowak anhand von Fatima Mernissis Studie „Geschlecht Ideologie Islam" die unterschiedlichen Konzeptionen von Weiblichkeit und Sexualität mit Hilfe eines Vergleichs der Positionen Al Ghazalis und Siegmund Freuds. Dabei geht sie der Frage nach, wie es zu der Kontrolle weiblicher Sexualität in islamischen Kontexten kam, vor allem in Anbetracht einer gegensätzlich anmutenden vorislamischen Zeit, die nicht patriarchal geprägt war. Aus ihrer Analyse werden Spielräume auch in der heutigen Zeit deutlich, die im Aushandeln religiöser Pflichten und individueller Bedürfnisse entstehen.

Schlüsselwörter: Weiblichkeit. Sexualität. Kontrolle. Freud. Al Ghazali. Mernissi. Vorislamische Zeit.

1. Zum Verständnis heutiger Feministinnen im Islam

Die Verleihung des Friedensnobelpreises 2004 an die iranische Anwältin Schirin Ebadi hat weltweit eine erhöhte Aufmerksamkeit für die Situation der Frauen in islamischen Kontexten bewirkt. Diese Aufmerksamkeit bewegt sich von Spekulationen und

---

[1] Kristina Nowak arbeitet seit 1990 als Musiktherapeutin und Fachlehrerin in der Stephanus-Schule in Berlin. Von 1994 bis 2002 war sie Ratsmitglied der Stiftung Nord-Süd-Brücken. Sie begann das Studium der Erziehungswissenschaften und Gender Studies im Jahr 2000 in Berlin und Zürich, welches sie 2006 abschloss. In dem Zeitraum von 2002 bis 2006 war sie Stipendiatin der Rosa-Luxemburg-Stiftung. Seit 2005 ist sie entwicklungspolitische Referentin im BAOBAB-Infoladen Berlin für den Bereich Naher Osten, wo sie für Seminare, Filmveranstaltungen, Bildungsreisen und Workcamps zuständig ist. Kristina Nowak ist ledig und hat drei Kinder.

Vorannahmen mehr hin zu einem genaueren Hinsehen, Hinhören und differenzierten Betrachten. Als Frau, die in der westlichen Welt sozialisiert ist, machte ich die Erfahrung, dass meine Einschätzungen im Zusammenhang mit islamischen Frauen viel zu oft durch Zuschreibungen beeinflusst sind, die mit Opferrollen verknüpft wurden.

Beim sorgfältigeren Umgang mit feministischen Stimmen in islamischen Kontexten wird deutlich, dass wir Europäerinnen nicht unsere Vorstellungen von Theorie und Praxis der Geschlechtergerechtigkeit auf Bevölkerungsgruppen anderer Kontinente oder religiös anders geprägter Staaten übertragen können. Durch die Vergangenheit der kolonialen Einflussnahme durch europäische Wirtschaft und Politik sowie die aktuelle neokoloniale Praxis behielt die betroffene Bevölkerung die westliche Welt nicht freundlich in Erinnerung. So sehen sich die dortigen Frauenrechtlerinnen häufig mit dem Vorwurf konfrontiert, dass ihr Feminismus westlich und antimuslimisch sei. Wendy Kristiansen zitiert hierzu Nouzha Guessous, eine Professorin der medizinisch-pharmazeutischen Fakultät der Universität Casablanca und Gründungsmitglied der Organisation „Des Droits Humains". Der Vorwurf an marokkanische Intellektuelle und Frauen, sie seien antimuslimisch, habe sie dazu gezwungen:

„[...] ihre Forderungen gründlich zu überdenken und innerhalb eines islamischen Rahmens neu zu formulieren. Sie mussten beweisen, dass ihre Forderungen in der muslimischen Kultur gründen und nicht vom Westen diktiert sind. Ich glaube, das war der taktisch wichtigste Schritt im ganzen Kampf." (Guessous in Kristiansen 2004:14)

Betrachte ich die Vielfalt der islamischen Frauenbewegung, so begegnen mir Frauen, die stolz darauf sind, für feministische Ideale zu kämpfen, aber auch Frauen wie Nadia Yassine, die den Begriff Feministin ablehnen: „das klingt mir zu sehr nach Vergeltung" (Yassine in Kristiansen 2004:14). Auch wenn die Nähe zu islamischen Prinzipien für uns ungewohnt sein mag, so ist deutlich festzustellen, dass Frauen in islamischen Kontexten die Möglichkeiten der Bildung auch im universitären Bereich in starkem

Maße wahrnehmen, sich organisieren und auf unterschiedlichen Ebenen für ihre Rechte kämpfen. Schirin Ebadi meint hierzu:

„Die Frauenbewegung wird von Tag zu Tag stärker, geschlossener und besser organisiert. Iranische Frauen haben heute so viel Wissen und Durchblick, dass sie keine Führer brauchen. Sie sind sich einig, sie sind mutig und sie kennen ihre Probleme. Und sie werden weiter für die Gleichberechtigung der Geschlechter kämpfen." (Ebadi in Kristiansen 2004:14)

Im Zusammenhang mit der Geschlechterdebatte in islamischen Kontexten beschäftigte ich mich mit Fatima Mernissi, die feministisch engagiert Geschlechterthemen immer wieder ins Zentrum der Debatten setzt. Ein wichtiger Aspekt in ihren Publikationen ist der Versuch, den weiblichen Anteil an der islamischen Geschichte aus der Vergessenheit zu holen. Das zentrale Anliegen dieser Arbeit ist die islamische Konzeption von Sexualität. Fatima Mernissi entdeckte hierzu die Ausführungen von Imam Al Ghazali aus dem 11. Jahrhundert in seinem Buch „Neubelebung der Religionswissenschaften" und vergleicht seine Vorstellungen mit der Freudschen Theorie von weiblicher Sexualität. Um die spezifische Geschichte besser einordnen zu können, beginne ich bei der biographischen Begegnung mit der Autorin Fatima Mernissi.

2. Biographische Annäherung an die Autorin Fatima Mernissi

Fatima Mernissi wurde in den 40er Jahren in einem der letzten Harems der Stadt Fez in Marokko geboren. Als Kind wuchs sie inmitten von Analphabetinnen auf. Ihre Mutter und Großmutter, die sie erzogen, konnten weder schreiben noch lesen. Als Fatima Mernissi ins Schulalter kam, profitierte sie von der nationalen Freiheitsbewegung gegen die Kolonialmacht Frankreich. In diesem Zusammenhang setzte 1947 der damalige König Mohammed V. Veränderungen für Frauen und Mädchen in Marokko in Gang. Er entschleierte seine Tochter Aicha öffentlich und ließ sie eine Rede über dringend notwendige Veränderungen in Marokko halten (vgl. Der Überblick 04/1999).

In dieser Atmosphäre des Umbruchs und Befreiens begannen immer mehr Familien ihren Töchtern eine Ausbildung zu ermöglichen. Fatima Mernissi gehörte zu den ersten Mädchen, die diese Chance einer Ausbildung wahrnehmen konnten. Sie besuchte die Koranschule und ein Gymnasium für muslimische Mädchen. Anschließend studierte sie in Rabat Politische Wissenschaften.

Um über den arabischen Sprachraum hinaus intensiv kommunizieren zu können, ging Fatima Mernissi nach ihrem Studium als Au-pair nach England, um die englische Sprache zu erlernen. Ende der sechziger Jahre wechselte sie nach Paris an die Sorbonne und entdeckte die Soziologie für sich. Sie entwickelte eine kritische Position zu der dort gelehrten Soziologie und musste sich privat als Tellerwäscherin und Frisörgehilfin durchschlagen. In Paris kam sie mitten in die 68er Revolten und war gezwungen, sich als arabische Ausländerin zu verstecken.

Anschließend ging Fatima Mernissi wieder als Au-pair in die USA und bekam zur dortigen Soziologielehre einen besseren Zugang. Sie schätzte die realistischere Herangehensweise und lernte die Forschungsmethoden der Soziologie. Sie bemühte sich um ein Stipendium und begann Anfang der siebziger Jahre ein Studium der Soziologie in den USA, das sie mit einer Promotion abschloss.

Nach der Promotion ging Fatima Mernissi nach Marokko zurück. Hier war sie in den siebziger Jahren die erste und über mehrere Jahre die einzige Professorin in ihrem Land. Sie übernahm es, immer wieder mutig und energisch auf Themen der Geschlechtergerechtigkeit hinzuweisen und auch anderen Frauen den Weg zu bahnen. Sie löste wiederholt heftige Debatten aus und versuchte, Veränderungen im Denken und Handeln zu initiieren.

Heute ist Fatima Mernissi Professorin in Rabat und eine international geachtete Referentin und Gesprächspartnerin. Sie versucht national und international Netzwerke zu knüpfen und setzt sich für die Idee einer zivilen Gesellschaft ein:

„Für mich ist Befreiung, wenn Männer und Frauen miteinander reden und an einem Projekt arbeiten. Das finde ich so aufregend an der Bürgergesellschaft."[2]

---

[2] www.g26.ch/texte_marokko_11.html [30.05.2006].

In ihrer 1987 im Frauenbuchverlag erschienen Veröffentlichung „Geschlecht Ideologie Islam" bietet Fatima Mernissi eine umfangreiche Studie der Geschlechterverhältnisse in der islamischen Gesellschaft an. Sie setzt sich hier sowohl mit der Geschichte als auch mit den aktuellen Geschlechterverhältnissen in Marokko auseinander.

3. Der Stellenwert der Sexualität im Islam

Das vorliegende Buch „Geschlecht Ideologie Islam" von Fatima Mernissi besteht inhaltlich aus zwei Abschnitten. Im ersten Teil analysiert sie klassische Texte des Islam für eine Konzeption der weiblichen Sexualität in islamischen Gesellschaften und setzt sie mit Theorien von Siegmund Freud zu weiblicher Sexualität in Beziehung. Der zweite Teil enthält eine Beschreibung der Situation in Marokko heute. Ökonomische Veränderungen, wie z.B. die Frauenlohnarbeit, nehmen den traditionellen religiösen Gesetzen und Ideologien ihre Angemessenheit, weshalb es zu Konflikten kommt. Es gibt eine Tendenz zur Aufhebung der Geschlechtertrennung, die wiederum Angst und Unsicherheit bewirkt. Ich konzentriere mich auf den ersten Abschnitt des Buches, stelle Mernissis Konzept zur Sexualität im Islam vor und gehe der Frage nach, warum es zur Überwachung der Sexualität, insbesondere der weiblichen, kommt.

Fatima Mernissi zeigt in ihren Ausführungen Ähnlichkeiten und Differenzen zu den Theorien von Siegmund Freud. So nähert sie sich am Anfang des Buches an den Freudschen Begriff *Libido* an und schreibt: „Der Geschlechtstrieb ist im Urzustand reine Energie" (Mernissi 1987:7). Damit weicht sie von den Kategorisierungen in gut und böse ab, die in christlichen Kontexten in Bezug auf Sexualität präsent sind. Diese Kategorisierungen haben für die Bewertung der Sexualität im Islam an sich keine Gewichtung, erst der Gebrauch oder die Praxis von sexuellem Begehren bringt eine Bewertung hervor. Die Ordnung des Islam sieht keine Unterdrückung oder Beherrschung der sexuellen Lust oder Begierde vor, sondern einen Gebrauch entsprechend den religiösen Gesetzen. Sexualität wird im Islam als eine geschätzte und positive Kraft bewertet, deren Befriedigung bei Mann und Frau im Rahmen der religiösen Gesetze das Funktionieren der sozialen Ordnung stützt.

4. Weibliche Sexualität im Islam

4.1. Rückgriff auf Imam Al Ghazali

Fatima Mernissi bezieht sich in ihrer Analyse der Geschlechterverhältnisse im Islam auf ein Buch des Imam Abu-Hamid Al Ghazali, der von 1050 bis 1111 lebte. Imam ist ein Ehrentitel für hervorragende islamische Theologen. Imam Al Ghazali schrieb ein Buch unter dem Titel „Neubelebung der Religionswissenschaften" und bezieht sich vielfach auf Themen zur Sexualität. Er bestätigt die Vorstellung von Sexualität als eine gute Kraft und beschreibt die weibliche Sexualität als aktiv und unwiderstehlich. Gleichzeitig bewertet Al Ghazali aber auch die weibliche Sexualität als zerstörerisch und bedrohlich. In der arabischen Sprache gibt es dafür das Wort *fitna*. Es bedeutet dort Unordnung, Chaos, aber auch schöne Frau. Frauen können *fitna* verursachen, indem sie Männer zu illegitimen Verkehr (*zina*) verführen und damit die islamische Ordnung zerstören. Dies legitimiert nach Al Ghazali die Kontrolle der weiblichen Sexualität. Hierzu stellt sich Fatima Mernissi mehrere Fragen:

„Warum hat man Angst vor der Macht der weiblichen Reize? Kann der Mann die Frau etwa nicht sexuell befriedigen? Könnte die Frau, falls sie die Freiheit hätte, sich andere Männer zu suchen, Chaos hervorrufen? Gelten die Frauen im Islam als sexuell stärker und offensiver als die Männer?" (Mernissi 1987:13)

Um diese Fragen zu beantworten, versuchte Mernissi sich ein genaueres Bild der Geschlechterverhältnisse im Islam zu machen. Dabei stieß sie auf die doppelte Theorie des Verhältnisses zwischen den Geschlechtern im Islam:
- *die explizite Theorie:* Die männliche Sexualität ist aggressiv und die weibliche passiv. (Diese Theorie ist heute weitgehend präsent und wird zum Beispiel über die Medien transportiert.)

- *die implizite Theorie:* Die weibliche Sexualität ist aktiv und zerstörerisch und muss daher überwacht und beherrscht werden. (Diese Theorie ist heute eher verdrängt.)

Mernissi vergleicht die implizite Theorie nach Al Ghazali mit dem islamischen Vertreter der expliziten Theorie, Aqqad, führt diesen Vergleich aber an der Theorie von Siegmund Freud aus, da diese methodisch besser ausgearbeitet ist.

4.2. Annäherungen und Differenzen zu Theorien von Siegmund Freud

Fatima Mernissi hebt hervor, dass Freuds Theorie in seinem historischen Kontext zu betrachten ist, und es ihr bei dem Vergleich nur um die Weiblichkeit im islamischen Kontext geht:

„Wir können also Freuds Theorie der Sexualität im allgemeinen und die der weiblichen im besonderen auch als Spiegelbild der Ansichten seiner Gesellschaft zu diesem Thema betrachten und nicht als eine objektive oder ahistorische, wissenschaftliche Theorie. [...] Da ich in diesem Text mithilfe des Vergleichs nur die Besonderheit der islamischen Sexualtheorie und Geschlechterdynamik herausarbeiten will (und keinen Vergleich der Lage der Frau im jüdisch-christlichen Abendland und der der Frauen im Islam im Auge habe), beschränke ich mich im folgenden auf Teilaspekte der Freudschen Sexualtheorie, ohne sie in ihrer Gesamtheit darlegen oder kritisch bewerten zu wollen." (Mernissi 1987:17)

In der folgenden Tabelle versuche ich die wichtigsten Aspekte der Sexualität bei Al Ghazali der Theorie von Siegmund Freud gegenüberzustellen. Zentral ist die positive Bewertung der weiblichen Sexualität bei Al Ghazali. Bei ihm gibt es keine Polarität zwischen der weiblichen und der männlichen Sexualität. Für ihn sind sie zwei Aspekte derselben Sexualität. Beide sind wichtig für die Zeugung:

„Das Kind entsteht nicht aus dem Samen des Mannes allein, sondern aus dem der beiden Gatten zusammen, dem seinigen und dem ihrigen. [...] Der weibliche Samen ist nämlich ein wesentliches Element für die Entstehung des Fötus." (Al Ghazali in Mernissi 1987:20)

Imam Al Ghazali	Siegmund Freud
keine Polarität: männlich und weiblich sind zwei Aspekte derselben Sexualität; beide sind wichtig für Zeugung (S. 20)	Polarität (männliche und weibliche Sexualität sind dualistisch gedacht); biologistische Begründung (S. 20)
Gesteht der Frau ebenso eine uneingeschränkte Entfaltungsmöglichkeit eines phallischen Sex zu,	männlich = aggressiv, wichtig für die Zeugung weiblich = unterwerfend, weniger wichtig für die Zeugung
spricht auch von weiblicher Ejakulation, wobei der Rhythmus aber langsamer ist. Daher die Aufforderung: der Mann soll warten und sich Zeit nehmen, bis auch die Frau ihre Lust gestillt hat!	Klitoris = phallisches Anhängsel, Klitoris-Sexualität soll in der Pubertät überwunden werden
Zwei Personen, die die Absicht haben, einander Lust zu verschaffen.	
Theorie vom Reichtum beider Geschlechter	Theorie der weiblichen Sexualität, die auf Reduktion beruht (S. 120)
überwältigendes sexuelles Verlangen der Frau (hohe Vitalität)	Frau gelangt nur zur Reife, wenn sie der Klitoris entsagt (S. 22)
Es besteht eine dringende Pflicht des Mannes, dieses Verlangen der Frau zu befriedigen.	Koitus ist entscheidend
Präkoitaler Lustgewinn, der vor allem im Interesse der Frau liegt, ist religiöse Pflicht (S. 25).	Präkoitaler Lustgewinn ist Grenzsituation zwischen genitaler Vereinigung und Perversion (S. 25 „rasch durchschreiten")
spricht vom „Garten der Lüste"	

Bei der positiven Bewertung der weiblichen Sexualität durch Al Ghazali ist besonders hervorzuheben, dass der Mann sich auf das spezifische sexuelle Fühlen und Verlangen der Frau einstellen und Zeit nehmen soll, bis auch die Frau ihre Lust gestillt hat. Freud dagegen sieht nur das Ziel der geschlechtlichen Vereinigung mit dem Zweck der Fortpflanzung und schreibt dabei der weiblichen Sexualität eine passive Rolle zu. Er argumentiert hier mit biologistischen Begründungen:

„Die männliche Geschlechtszelle ist aktiv beweglich, sucht die weibliche auf, und diese, das Ei, ist unbeweglich, passiv erwartend. Dies Verhalten der geschlechtlichen Elementarorganismen ist sogar vorbildlich für das Benehmen der Geschlechtsindividuen beim Sexualverkehr. Das Männchen verfolgt das Weibchen zum Zweck der sexuellen Vereinigung, greift es an, dringt in dasselbe ein." (Freud in Mernissi 1987:20)

Besonders der präkoitale Lustgewinn, der speziell im Interesse der Frau liegt, wird von Al Ghazali dem Mann ans Herz gelegt – ist nach Al Ghazali geradezu religiöse Pflicht. Freud dagegen wertet den präkoitalen Lustgewinn und viele Elemente der weiblichen Sexualität ab. Hierzu gehört auch der Stellenwert der Klitoris für das sexuelle Empfinden einer Frau. Für die Reife einer Frau ist es seiner Meinung nach wichtig, „die ursprünglich leitende genitale Zone, die Klitoris, gegen eine neue, die Vagina aufzugeben" (Freud in Mernissi 1987:22).

Nach Imam Al Ghazali ist Sexualität für sich positiv und lebensnotwendig:
- Sie ermöglicht die Fortpflanzung;
- sie ist ein Vorgeschmack auf die Wonnen im Paradies und
- sie ermöglicht sexuelle Befriedigung, die für die intellektuelle Leistung nötig ist.

4.3. Überwachung und Kontrolle der weiblichen Sexualität

Fatima Mernissi schließt aus Al Ghazalis Ausführungen, dass nicht die Sexualität an sich bekämpft wird, sondern die Frau. Frauen haben eine hohe Anziehungskraft, die den Willen des Mannes bricht und ihn auf eine passive Rolle reduziert. Ein Mann kann sich der Faszination der Frauen nicht entziehen, deshalb wird die Frau mit Chaos (*fitna*) gleichgesetzt. Daher kommt es zu Formen der Überwachung und Kontrolle der weiblichen Sexualität. Diese

Kontrolle wird durch die Geschlechtertrennung und ihre Folgen sichtbar:
- eine arrangierte Heirat,
- die wichtige Rolle der Mutter im Leben eines Sohnes,
- die Möglichkeit der Auflösung des Ehevertrages, der Verstoßung der Frau und die Praxis der Polygamie sowie
- die besondere Bedeutsamkeit und Festlegung der biologischen Vaterschaft.

Dies bedeutet für den Mann in der islamischen Gesellschaft eine hohe Verantwortung, die mit Sicherheit auch Überforderungen beinhaltet. Der Mann ist gleichzeitig für seine Frau, seine Kinder, für das Wohlergehen seiner Mutter und die wirtschaftliche Absicherung der Familie verantwortlich.

5. Weibliche Sexualität in der vorislamischen Zeit

In der vorislamischen Zeit gab es viele Formen des Zusammenlebens mit deutlich antipatriarchalem Charakter. So wurden Kinder nicht unbedingt dem Erzeuger zugesprochen, sondern die biologische Mutter war von Bedeutung. Frauen kannten vielfältige Formen sexueller Selbstbestimmung:
- sie machten Heiratsanträge,
- sie wussten sich vor dem Zugriff eines Mannes zu schützen,
- sie schickten Männer fort,
- sie konnten Ehen lösen und
- sie kannten Gesten, um auszudrücken, dass sie keinen Mann empfangen möchten (mittels eines Schleiers vor dem Zelteingang).

Noch zu Lebzeiten des Propheten Mohammed war es üblich, dass Frauen auch Heiratsanträge machten oder sich vor dem Zugriff eines Mannes zu schützen wussten. Mernissi führt hierfür den Heiratsantrag von Leila bint Al Khatim an, die den Propheten fragte, ob er sie heiraten möchte. Die Unabhängigkeit der Frau und ihre Selbstbestimmung in Ehefragen wurden durch ihren Stamm unterstützt. Sie widersprachen nicht den Frauen wie Patriarchen, sondern traten wie Berater auf, die sich um das Glück und Wohlergehen der Frauen ihres Stammes sorgten. So wurde Leila bint Al Khatim von der Heirat mit dem Propheten Mohammed seitens ihres Stammes abgeraten, da sie sich Leila nicht in einer polygamen Beziehung vorstellen konnten:

> „Leilas Entschluß, den Propheten nicht zu heiraten, kam nicht aus einem Zwang heraus zustande, sondern aus Einsicht: das Argument, sie sei nicht dazu geschaffen, in ständiger Konfrontation mit den anderen Frauen des Propheten zu leben, überzeugte sie." (Mernissi 1987:41)

Der beratende Einwand des Stammes von Leila resultierte aus der Sorge, dass ihr stolzer Charakter den Anforderungen einer polygamen Ehe nicht gewachsen sei. Insgesamt kann die matrilineare Tendenz in der vorislamischen Zeit wie folgt zusammengefasst werden:
- das Kind gehört zum Stamm der Mutter,
- die leibliche Vaterschaft ist weniger bedeutsam,
- weitgehende sexuelle Freiheit – Keuschheit hat keine gesellschaftliche Funktion und
- die Frau ist in Bezug auf Schutz und Versorgung von ihrem Stamm abhängig. (vgl. Mernissi 1987)

Als der Islam aufkam, wurde oft die *Mut'a-Ehe* praktiziert, um einen Kompromiss zu schließen. Diese Form der Ehe ermöglicht auch heute einen Spielraum zwischen den religiösen Erfordernissen und den sexuellen Bedürfnissen der Männer und Frauen in islamischen Gesellschaften. Die *Mut'a-Ehe* ist eine eheliche Verbindung auf Zeit und wird Genuss- oder auch Zeitehe genannt. Daraus geht hervor, dass diese Ehe zum beiderseitigen Genuss geschlossen wird und nicht zum Zweck der Fortpflanzung. In dieser Form der Ehe hat die Frau überwiegend die gleichen Rechte wie der Mann.

6. Spielräume zwischen religiösen Vorschriften und sexuellen Bedürfnissen

Frauen und Männer in religiös geprägten Gesellschaften stehen häufig zwischen den Vorschriften ihrer Religion und den eigenen Bedürfnissen. Fatima Mernissi legt mit ihrem Buch „Geschlecht Ideologie Islam" eine Studie der Geschlechterverhältnisse in islamischen und vorislamischen Gesellschaften vor, die es erlaubt, Spielräume in der Ausgestaltung des Alltages in Verbindung mit der Berücksichtigung der eigenen Bedürfnisse zu entdecken. Durch ihre Analyse von klassischen Texten des Islam wird deutlich, dass Sexualität an sich als gute und positive Kraft bewertet wird. Die sexuelle Befriedigung von Männern und Frauen ist eine religiöse Pflicht, erfordert allerdings den Rahmen religiöser Gesetze (sexueller Verkehr nur im Rahmen der Ehe). Sexuelle Ausgeglichenheit und die Befriedigung der sexuellen Bedürfnisse gelten als Bedingung, damit die soziale Ordnung funktionieren kann. In diesem Rahmen steht der Frau wie dem Mann sexuelle Befriedigung zu.

Wie Fatima Mernissi bei Imam Al Ghazali herausarbeitete, sollte der Mann sich auf die Bedürfnisse der Frau und ihren spezifischen Rhythmus einstellen. Männern wie Frauen steht heute die Form der Genussehe (*Mut'a-Ehe*) zur Verfügung und wird in verschiedenen islamischen Gesellschaften praktiziert. Diese Übereinkunft kann für den Zeitraum von einer Stunde bis zu vielen Jahren geschlossen werden und benötigt die freiwillige Zustimmung beider Partner.

Im Unterschied zu Siegmund Freud, der Frauen eine passive Sexualität zuschreibt, gibt es im Islam die Vorstellung von einer aktiven, unwiderstehlichen weiblichen Sexualität. Diese aktive weibliche Sexualität wird aber auch als verführerisch und zerstörerisch definiert. In Bezug auf die islamische Ordnung kann diese aktive, vitale, weibliche Kraft als zerstörerisch gelten, da sie im islamischen Verständnis den Gläubigen zu illegitimen Geschlechtsverkehr verführen und Chaos (*fitna*) hervorrufen kann. Diese Argumentation legitimiert allerdings die Kontrolle von Frauen im islamischen Kontext. Diese Kontrolle äußert sich in der Unverbindlichkeit der Ehe durch die Möglichkeit der Verstoßung und der Polygamie. Weitere Formen der Kontrolle sind die arrangierte Heirat und Gesetze, die die Vaterschaft garantieren. Innerhalb dieser Kontrollmechanismen versuchen nach wie vor Frauen und Männer, die Interpretationsmöglichkeiten innerhalb der islamischen Texte auszuloten wie auch frühere, frauenfreundlichere Interpretationen vor dem Vergessen zu bewahren. Diese Optionen begegneten mir auch bei der Studie von Fatima Mernissi zu den Geschlechterverhältnissen in islamischen Gesellschaften. Ihre Stimme aus feministischer Perspektive erweitert auch für mich als christlich sozialisierte Europäerin den Zugang zu verschiedenen Sichtweisen über Sexualität im islamischen Kontext.

Literaturverzeichnis

Al Ghazali, Abu-Hamid 1917: Von der Ehe. Das 12. Buch von Al Ghazalis Hauptwerk. übersetzt und erläutert In: Bauer, Hans: *Islamische Ethik 2*. Niemeyer, Halle (Saale).

Der Überblick 1999: Quartalsschrift des kirchlichen Entwicklungsdienstes, Nr. 4. Dienste in Übersee im Evangelischen Entwicklungsdienst, Hamburg.

Freud, Siegmund 1969 (1933): Die Weiblichkeit. In: Freud, Siegmund: *Neue Folge der Vorlesungen zur Einführung der Psychoanalyse*. Hrsg. von Alexander Mitscherlich. Fischer, Frankfurt (Main).

Freud, Siegmund 1972 (1905): Drei Abhandlungen zur Sexualtheorie. In: Freud, Siegmund: *Sexualleben*. Hrsg. von Alexander Mitscherlich. Fischer, Frankfurt (Main).

Kristiansen, Wendy 2004: Der neue dynamische Dschihad der Frauen. In: *LE MONDE diplomatique*. Nr. 4. S. 14-15.

Mernissi, Fatima 1987: *Geschlecht Ideologie Islam*. Frauenbuchverlag, München.

www.g26.ch/texte_marokko_11.html: Zugriff am: 30.05.2006.

Gibt es ein Sexualitätsdispositiv in der islamischen Welt?

Verena Trautner[1]

Zusammenfassung: Verena Trautner geht in ihrer Arbeit der Frage nach, ob es – in Anlehnung an Michel Foucault – ein Sexualitätsdispositiv in der muslimischen Religionsgemeinschaft gibt. Dafür untersucht sie die für das Dispositiv relevanten Grundlagen jeweils immer in Bezug auf Sexualität im Islam. Ein Streifzug durch die diskursiven Grundlagen des Islam, durch Sexualitäts- sowie religiöse und normative Diskurse, und durch die Literatur und Machtkämpfe der verschiedenen Jahrhunderte bringen die Autorin zu einem differenzierten Ergebnis.

Schlüsselwörter: Dispositiv. Sexualität. Sexualitätsdispositiv. Foucault. Al Ghazali. Literatur. Macht.

1. Einleitung

Es soll im vorliegenden Text die Frage aufgeworfen und möglicherweise beantwortet werden, ob es innerhalb der islamischen Religionsgemeinschaft so etwas wie ein *Sexualitätsdispositiv* (vgl. Foucault 1977:77ff) im Foucault'schen Sinne geben kann. Die Arbeit ist insofern nur ein Anriss oder Versuch zu dieser Thematik, da eine in sich kohärente islamische Welt nicht existiert, und es deswegen keine allgemeingültige Beantwortung von Fragen geben kann, die *den Islam* oder *die islamischen Religionsgemeinschaften* betreffen. Das Vorhaben ist dennoch legitim, denn Foucault selbst identifiziert das *Sexualitätsdispositiv* für die modernen

---

[1] Verena Trautner wurde 1975 in Roding geboren. Von 1991 bis 1996 machte sie eine Ausbildung als Heilerzieherin. 1999 absolvierte sie ihr Abitur und studiert seit Oktober 2000 Gender Studies und Neuere und Neueste Geschichte an der Humboldt-Universität zu Berlin. Verena Trautner absolvierte bereits unterschiedliche Praktika im Bereich Kunst und Kulturmanagement. Seit April 2007 ist sie beurlaubt auf Grund der Geburt ihres ersten Kindes Egon.

abendländischen Gesellschaften, die ihre Wurzel in der christlichen Geständnistechnik haben, ohne auf spezifische Einzelheiten von Gruppen, Zusammenschlüssen, Staaten etc. einzugehen. Beim *Sexualitätsdispositiv* handelt es sich also um ein verallgemeinerbares wissenschaftliches Paradigma. Foucault schreibt einem Dispositiv immer die Eigenschaft zu, Macht, Diskurse, Praktiken und Wissen auf sich zu vereinigen. Jeder dieser Begriffe für sich genommen ist nicht spezifisch für abendländisch-christlich geprägte Gemeinschaften, sondern ebenso verallgemeinerbar.

Im Hauptteil der Arbeit soll zunächst erläutert werden, was unter *Sexualitätsdispositiv* zu verstehen ist. Um zur Beantwortung der arbeitsleitenden Frage zu gelangen, wird versucht, die vier oben genannten Grundlagen des Dispositivs – Macht, Diskurse, Praktiken, Wissen –, wenn möglich, für die Gefasstheit von Sexualität in der islamischen Religion inhaltlich zu bestimmen. Dazu werden zuerst die diskursiven Grundpfeiler des Islam bestimmt, sofern sie für die Arbeit wichtig sind. Die Gliederung des anschließenden Abschnitts wird nicht stringent den Begriffen Macht, Diskurs, Praktiken oder Wissen folgen, da dies für das zu bearbeitende Material nicht sinnvoll ist. Stattdessen werden zunächst jene Bestimmungen erläutert, die es in der islamischen Religion die Sexualität betreffend gibt. Es werden dabei auch angrenzende Bereiche und Institutionen erwähnt und beispielsweise auch erlaubte und nicht erlaubte Praktiken dargestellt. Anschließend werden einzelne Diskurse, sofern sie die Sexualität betreffen, kurz genannt und inhaltlich erläutert. Schwerpunktmäßig werde ich auf religiöse und normative Diskurse (bzw. den normativen Diskurs von Al Ghazali) eingehen, auf die Literatur und Geschichtsschreibung des islamischen Mittelalters v. a. auf dem Gebiet der arabischen Halbinsel, weiter auf die Literatur des 20. Jahrhundert, hier schwerpunktmäßig auf die wissenschaftliche Literatur sowie auf Texte, die im Umfeld feministischer und emanzipativer Strömungen nach dem 2. Weltkrieg entstanden sind.

Anschließend werden Machtverschiebungen und -kämpfe skizziert, die in der *Islamischen Welt* die Haltung und Literatur zu Sexualität und dem Verhältnis der Geschlechter beeinflusst haben, sowie die jeweilig historische Auslebung der Sexualität fundierten. So soll zunächst dargestellt werden, dass der Aufstieg der islamischen Religion auch eine mächtepolitische Verschiebung zuerst auf dem Gebiet der arabischen Halbinsel und später weit darüber hinausgehend bedeutet hat. Dann sollen solche Entwicklungen in den Fokus kommen, die Sexualität und Geschlechtertrennung im Besonderen betreffen – im Einzelnen: der Sturz der vorislamischen Götter und Göttinnen, die theologischen Richtungsstreitigkeiten nach Mohammeds Tod (auf die Auseinandersetzung zwischen Schiiten und Sunniten wird hier jedoch nicht gesondert eingegangen), die veränderte Stellung der Frau nach Etablierung des Islam in Arabien, der Zusammenhang zwischen Prosperität, Urbanisierung und sexuellem Hedonismus auf der Arabischen Halbinsel vom 7. bis zum 13. Jahrhundert, die feministische Bewegung in Marokko und das neue Familienrecht. Der islamische Fundamentalismus wird in der Arbeit ausgespart, da dieses Thema den Rahmen sprengen würde. Am Ende dieses Beitrages wird eine Einschätzung bzw. ein Fazit bzgl. dieser Fragestellung stehen: Existiert ein *Sexualitätsdispositiv* im Foucault'schen Sinne in der moslemischen Religionsgemeinschaft? Obwohl es sich bei dem *Sexualitätsdispositiv* um ein modernes Paradigma handelt, denke ich dennoch, dass diese Frage legitim gestellt werden kann, da, wie das mir vorliegende Material zeigt, in der islamischen Welt bereits wesentlich länger ein ausdifferenzierter Diskurs bezüglich der Sexualität existiert, als dies in der westlichen Welt der Fall ist.

2. Hauptteil

2.1. Das Sexualitätsdispositiv im Werk Michel Foucaults

Bevor ich darstelle, was Foucault mit dem Begriff *Sexualitätsdispositiv* beschreibt, ist es notwendig, Foucaults Machtbegriff kurz zu erläutern. Macht ist von Foucault vor allem durch produktive Eigenschaften charakterisiert. Diese Charakterisierung stellte im zeitgenössischen Diskurs eine Zäsur dar, insofern Macht weitgehend mit repressiven Eigenschaften assoziiert wurde.[2] Un-

---

[2] Vgl. Fink-Eitel (1989:81): „Macht ist nicht primär Repression, Herrschaft, Nein-Sagen, Verbieten, kurz: ein negatives, das (dualistisch) ein Positives als das voraussetzt, was unterdrückt wird. Ungefähr so dachten Marx und Freud Macht als Klassenherrschaft bzw. als Unterdrückung der Sexualität."

ter der Annahme einer der Macht eigenen Produktivität war es Foucault möglich, Macht, Wissen und Begehren in ein enges Bedingungsverhältnis zu setzen. Die Diskurse, aus denen das Wissen besteht, unterliegen nicht-diskursiven Bedingungen – der Macht und dem Begehren (vgl. Fink-Eitel 1989:64). Über das Begehren besteht ein zirkuläres Verhältnis zwischen Macht – Wissen – Individuum. So produziert Macht nicht nur Diskurse, sondern auch Formen der Subjektivierung.

Mit der Einführung des Begriffs *Dispositiv* brachte Foucault die vielschichtigen Bedingungsverhältnisse auf einen Nenner und schuf gleichzeitig einen Analyse-Operator. *Dispositive* sind in seinem Sinn: „[...] machtstrategische Verknüpfungen von Diskursen und Praktiken, Wissen und Macht" (Fink-Eitel 1989:81). Ein Dispositiv kennzeichnet also immer einen Macht-Wissen-Komplex. In seiner letzten großen Arbeit beschreibt Foucault das *Sexualitätsdispositiv*, von dem er annahm, dass es bezüglich der Entwicklungen und Umbrüche ab dem 17. Jahrhundert einen zentralen Platz einnimmt und in sich Strategien und Taktiken vereinigt, die auf den Körper des Einzelnen als auch auf den Gattungskörper gerichtet sind. Mit seiner Untersuchung „Der Wille zum Wissen. Sexualität und Wahrheit 1" weist Foucault die *Repressionshypothese* (vgl. Foucault 1977:21ff) ab. Der Umgang mit dem Sex ab dem 17. Jahrhundert ist in seiner Lesart nicht geprägt von Schamhaftigkeit und Verschwiegenheit, sondern mündet in eine „diskursive Explosion" (Foucault 1977:38). Diese beruht auf einer Ausweitung der christlichen Befragungs- und Selbstbefragungstechnik des Geständnisses bzw. der Beichte. Neben dem eigentlichen Zweck, durch das Geständnis die Sünde zu beichten, hat es einen darüber hinausgehenden anregenden Effekt.

> „[...] unter der Oberfläche der Sünden läßt er das Geäder des Fleisches sichtbar werden. Unter dem Deckmantel einer gründlich gesäuberten Sprache, die sich hütet, ihn beim Namen zu nennen, wird der Sex von einem Diskurs in Beschlag genommen, der ihm keinen Augenblick Ruhe oder Verborgenheit gönnt." (Foucault 1977:26)

Das Geständnis verallgemeinert sich im Laufe der Zeit: es wird zu einer Technik, mit deren Hilfe, die Justiz, Psychologie, Medizin usw. arbeiten.

Gibt es ein Sexualitätsdispositiv in der islamischen Welt? 221

„Das Mittelalter hatte um das Thema des Fleisches und die Praktik der Beichte einen weitgehend einheitlichen Diskurs organisiert. Im Laufe der letzten Jahrhunderte ist diese relative Einheit zerlegt, verstreut und vermehrt worden durch eine Explosion verschiedener Diskursivitäten, die in der Demographie, der Biologie, der Medizin, der Psychiatrie, der Psychologie, der Moral, der Pädagogik und der politischen Kritik Gestalt angenommen haben." (Foucault 1977:38f)

Über diese Streuung der Geständnistechnik etablieren sich Diskurse, die sich auf die Geständnisse der Individuen stützen und ein Wissen über die Körper und das Begehren der Individuen in sich aufnehmen. Umgekehrt ermöglicht dieses Wissen eine Hermeneutik, ein Verständnis des Selbst, das die moderne Subjektivität konstituiert.

„This formulation of "forms of the understanding which the subject creates about himself" is crucial to the framing of Foucault's object of analysis. The history of sexuality is not a history of bodies, practices, attitudes, and positions but a history of the formation of a "himself"." (Boyarin / Castelli 2001:358f)

Sexualität eignet in diesem Sinne keine unhintergehbare, naturhafte Faktizität zu, sie ist vielmehr ein diskursiver Effekt, der sich erst ab dem 17. Jahrhundert etabliert. Über das *Sexualitätsdispositiv* gestaltet nicht nur das einzelne Subjekt seinen Selbstbezug, sondern es ermöglicht machtförmige Strategien und Taktiken, die sich um den Körper wie den Gattungskörper zentrieren. So ist unter anderem die Hygiene- und Bevölkerungspolitik eng verwoben mit dem *Sexualitätsdispositiv*, und zwar insofern, als durch es produziertes Wissen erst die gezielte Durchführung dieser Politik ermöglicht (vgl. Foucault 1977:135ff).

Ohne hier auf die einzelnen Wirkungen des *Sexualitätsdispositivs* weiter eingehen zu können, kann zusammengefasst werden, dass ihm ein Macht / Wissen-Komplex zukommt, über den einerseits entsprechende Subjektivitäten und Techniken des Selbst produziert werden und sich andererseits eine Bevölkerungspolitik herausbildet, die sich auf den Gattungskörper richtet und diesen reguliert. In diesem Sinne ist es kein monolithisches Konstrukt, sondern ein bewegliches, vielseitiges Gewebe, das in einem engen Wechselverhältnis der gesellschaftlich geformten Materialität, des Wissens und der Institutionen steht.

„Man muß sich das Sexualitätsdispositiv als ein Netz denken, das den gesamten ‚Gesellschaftskörper' umfasst und aus vielfältigen, heterogenen Punkten und sich überkreuzenden Linien gewebt ist, die für die diskursiven und nicht-diskursiven, institutionellen Praktiken stehen." (Fink-Eitel 1989:83f)

2.2. Diskursive Grundlagen des Islam

Der Islam ist eine Offenbarungsreligion, die für sich beansprucht, alle Bereiche des religiösen und sozialen Lebens zu regeln.

„Islam allowed little room for the compartmentalization or separation of life into sacred and secular spheres, and hence little room for the dichotomy of church and state that has been such a familiar part of the Western Christian experience." (Mottahedeh 1984:55)

Der Beginn des Islam als Religion wird durch den Zeitpunkt markiert, an dem Mohammed der Erzengel Gabriel erscheint und ihm Gottes Botschaft offenbart. Mohammed ist im islamischen Verständnis der letzte Prophet. Auf seine Predigten, die auf göttlichen Offenbarungen basierten, seine Lebensführung und allgemein seine Äußerungen, stützt sich die islamische Lehre im Wesentlichen (vgl. Mottahedeh 1984:57ff).

Der Koran (arab. *qur'an*) ist die wichtigste religiöse Schrift. Er wird als das Wort Gottes verstanden und geht auf Offenbarungserlebnisse zurück, die Mohammed in den letzten 22 Jahren seines Lebens widerfahren sind. Der Kalif[3] Abu-Bakr veranlasste die erste Niederschrift des Korans nach Mohammeds Tod im Jahr 632 n. Chr. Die noch heutige gültige Fassung stammt aus dem Jahr 556 n. Chr. und wurde unter der Regierung des dritten Kalifen Utman durch ein von ihm einberufenes Komitee von sechs Personen als allgemeinverbindlicher Text zusammengestellt. Der Koran ist in 114 Suren unterteilt, die bis auf die erste Sure der

---

[3] Der Kalif war der religiöse und politische Führer nach dem Tode Mohammeds. Um diese Nachfolge entzündete sich ein Streit, der die Aufteilung der islamischen Religionsgemeinschaft in Sunniten und Schiiten nach sich zog. Verkürzt dargestellt etablierte sich bei den Schiiten der Imam als religiöser Führer, bei den Sunniten der Kalif. Vgl. dazu auch Mottahedeh 1984:59ff.

Länge nach angeordnet sind (die zweite Sure ist die Längste, die 114. demnach die Kürzeste).

Die zweite Basis, auf der es dem / der Gläubigen möglich ist, ein gottgefälliges Leben zu führen, ist die Sunna des Propheten. Die Sunna ist das praktische Beispiel Mohammeds, nach dem die Gläubigen ihre eigene Lebensführung ausrichten (vgl. Mottahedeh 1984:57ff).

„The word 'sunna' means customary practice; and in the context of Muhammad's speech quoted above, it means the practice established by the example of Muhammad." (Mottahedeh 1984:57)

Das Wissen um die Lebenspraxis Mohammeds sowie Aussagen, die er in seinem Leben machte, wurden an die nachfolgenden Generationen über die Hadithe weitergereicht. Das Wort *Hadith* wird häufig mit Tradition übersetzt, aber wie Mottahedeh schreibt, ist es weit mehr als das:

„[...] it is the body of accounts of what Muhammad said and did, what was done in his presence and not forbidden by him, and even includes some of the sayings and doings of his close companions. It is in effect, all the historical material available to establish the sunna." (Mottahedeh 1984:58)

Die Wissenschaft der Hadithe beinhaltete neben Auslegung durch die *Ulama*, also die Inhaber des religiösen Wissens bzw. hochausgebildete Vertreter der islamischen Religionswissenschaften, auch das Studium der Übertragungskette der Hadithe *Isnad* sowie die Auseinandersetzung mit Fragen der Validität der jeweiligen *Hadithe*. Die Weitergabe von Hadithen kam etwa im 11. Jahrhundert zu einem Ende, da die Übertragungsketten zu diesem Zeitpunkt so umfangreich waren, dass es schwierig wurde, über die Echtheit der Hadithe Auskunft zu erteilen (vgl. Mottahedeh 1984:59).

Die Scharia, das islamische Recht, besteht aus einem Korpus alter Texte, die aus dem 9. Jahrhundert stammen. Der klassische Text der Scharia wurde durch und für Vertreter der *Ulama* sowie der *Fuqaha*, Gelehrte, die auf islamische Jurisprudenz spezialisiert waren, geschrieben (vgl. Mayer 1984:226). Die Quellen bzw. Grundlagen der Scharia sind neben Koran und Sunna der Analogieschluss *Qiyas* und das Paradigma des Konsensus *Ijma* (vgl. Mayer 1984:231f), auf dem alle Entscheidungsfindungen im Islam beruhen. Auf diese Texte stützen sich die islamischen Rechtsschulen.[4] Die Scharia ist heilig und darf deshalb nicht verändert werden.

2.3. Sexualität im Islam

2.3.1. Die Bedeutung der Lebensführung des Propheten

In der islamischen Gemeinschaft existiert ein fein gesponnenes Netz von Vorschriften und Verordnungen, welche die Beziehungen der Geschlechter untereinander, also auch ihre sexuellen, regeln. In den meisten zeitgenössischen wissenschaftlichen Veröffentlichungen wird von den Autor(inn)en betont, dass die Sexualität an sich von der islamischen Lehre nicht problematisiert wird, dass sie allerdings durch ein ausdifferenziertes System von Institutionen geregelt wird. Findet die Sexualität in diesem Rahmen statt, dann werden ihr weitgehend nur positive Qualitäten zugesprochen. Wie der gesamte Glaube fußen auch Regeln und Haltungen, welche die Sexualität betreffen, auf der Lebensführung Mohammeds und dessen Aussagen. Von ihm ist überliefert, dass er 14 Frauen hatte, neun reguläre Ehefrauen und fünf Konkubinen (vgl. Parrinder 1991:186). Mit Chadidscha, die Mohammed im Alter von 25 Jahren heiratete, lebte er bis zu ihrem Tod – einem Zeitraum von 24 Jahren – in monogamer Ehe zusammen. Erst 50-jährig heiratete Mohammed seine zweite Frau (vgl. Parrinder 1991:189).

Es ist natürlich schwierig, die genaue Genese der einzelnen Vorschriften nachzuverfolgen, sie müssen jeweils anhand des Korans und der ältesten und verlässlichsten Biographien und Überlieferungen überprüft werden (vgl. Parrinder 1991:186).

---

[4] Es existieren sunnitische und schiitische Rechtsschulen. Im sunnitischen Islam existieren vier Rechtsschulen (Hanafi, Maliki, Shafi'i und Hanbali Schulen) – im schiitischen gibt es zahlreichere: „The shi'i community is divided into subsects, each of which has its own school of law." (Mayer 1984:233f).

Gibt es ein Sexualitätsdispositiv in der islamischen Welt?

Heller / Mosbahi schreiben jedoch zusammenfassend zu dieser Thematik:

> „Die Vermutung liegt nahe, dass viele persönliche Erfahrungen, die der Prophet Mohammed mit seinem turbulenten Harem gemacht hat, sich im Koran und in der Einstellung des Islam zur Frau und zur Sexualität niedergeschlagen haben." (Heller / Mosbahi 1994:78)

2.3.2. Der Geschlechtsakt

Zum sexuellen Akt äußerte sich Mohammed häufig, weswegen der Vollzug der Sexualität bis in kleinste Detail durch die religiöse Literatur erfasst ist. Auch nach dem Tod Mohammeds verherrlichten selbst strenggläubige Theologen den Geschlechtsakt (vgl. Heller / Mosbahi 1994:135). Mohammed nahm sogar zu den Positionen beim Geschlechtsverkehr Stellung und erlaubte dem Mann mit seiner Frau alles zu praktizieren, außer dem Analverkehr (vgl. Heller / Mosbahi 1994:134). Neben verschiedenen Stellungen war auch Fellatio und Cunnilingus nicht verboten (vgl. Chebel 1997:86). Die Masturbation wird dagegen, wie alle anderen Formen der Autoerotik auch, als Unzucht verurteilt. Allerdings wird das Strafmaß für diese moralische Entgleisung von den verschiedenen Rechtsschulen und Autoren unterschiedlich bemessen (vgl. Chebel 1997:287). Den Ehefrauen war es zudem verboten, sich dem Mann zu verweigern.

> „Muhammad thought men should go to sleep satisfied: 'When a husband calls his wife to bed and she refuses, causing him to pass the night in an angry mood, the angels hurl down upon her until the break of dawn'." (Maghen 2005:27)

2.3.3. Gleichgeschlechtliche Liebe

Aussagen zur gleichgeschlechtlichen Liebe finden sich im Koran stets mit Bezug auf den biblischen Lot und dessen Volk – dort wird sie eindeutig verurteilt:

„Und wir haben den Lot als unseren Boten gesandt. Damals als er zu seine Leuten sagte: ‚Wollt ihr denn etwas Abscheuliches begehen, wie es noch keiner von den Menschen in aller Welt vor euch begangen hat? Ihr gebt euch in eurer Sinnenlust wahrhaftig mit Männern ab, statt mit Frauen. Nein ihr seid ein Volk, das nicht maßhält." (Koran 7:80, 81)

Wie an dieser Stelle ist im Koran an keiner anderen die Rede von lesbischer Liebe – sie wurde auch in den Hadithen und der Scharia kaum beachtet. Für schwule Beziehungen sind allerdings drastische Strafen vorgesehen, in der malikitischen Rechtsschule z.B. die Steinigung der Beteiligten (vgl. Chebel 1997:192).

2.3.4. Die Ehe und die Polygamie

Die Ehe ist im eigentlichen Sinne die Institution, innerhalb derer der Geschlechtsakt stattfindet. Für die Männer gab es allerdings die Ausnahme des Konkubinats (s. unten). Ehe und Familie wurden von Mohammed neu organisiert. Er setzte den Verlauf der Abstammungslinie als patrilinear fest (vgl. Parrinder 1991:194). Ein Moslem durfte eine christliche oder jüdische Frau heiraten, während Frauen keine Ehen mit andersgläubigen Männern eingehen sollten. Die Ehe mit Heiden war streng verboten (vgl. Parrinder 1991:192). Auch die Ehe zwischen Blutsverwandten mütterlicher- und väterlicherseits war untersagt. In vorislamischer Zeit dagegen durfte ein Mann noch seine Schwestern heiraten (vgl. Parrinder 1991:193).

Nach dem Koran ist es dem Mann erlaubt bis zu vier Frauen zu heiraten, wenn er sie alle gleich behandeln kann und auch sexuell in gleicher Weise zu befriedigen vermag (vgl. Marsot 1984:244f). Die Polygamie war während der ersten Jahrhunderte der Ausdehnung des Islam sehr gebräuchlich (vgl. Chebel 1997:331), heute jedoch ist Monogamie in vielen Staaten des islamischen Orients vorgeschrieben (vgl. Antes 1991:74) bzw. die Polygamie weitgehend ungebräuchlich geworden (vgl. Marsot 1984:245f).

2.3.5. Die Scheidung

Der Koran spricht sich über die Möglichkeit der Scheidung nur für den Mann aus, die Frau hat jedoch das Recht auf materielle Sicherheit (vgl. Antes 1991:77). An die Frau muss im Falle einer Scheidung der Brautpreis, der bei der Verheiratung zugesagt wurde, entrichtet werden (vgl. Marsot 1984:247). Der Prophet hat Frauen jedoch die Scheidung erlaubt, sollten sie ihren Mann nicht lieben, wobei die verschiedenen Rechtsschulen aber nicht immer dieser Auffassung waren (vgl. Marsot 1984:246f). Die Praxis der Scheidung war / ist meist so geregelt, dass Männer ihre Frauen einfach verstoßen können bzw. sich von ihnen scheiden lassen. Das islamische Recht schreibt vor, dass dies durch das dreimalige Aussprechen der Scheidungsformel *Mutallaq* oder *Talaq* geschieht (vgl. Heller / Mosbahi 1994:227). Frauen dagegen müssen die Scheidung einklagen. Welchen legitimen Anlass es für eine von der Frau erwünschte Scheidung geben kann, darüber herrscht in den einzelnen Rechtsschulen ebenfalls keine Einigkeit (vgl. Marsot 1984:246). Zwischen der Scheidung und der tatsächlichen Auflösung der ehelichen Bande müssen nach islamischem Recht vier Monate vergehen, für den Fall, dass die geschiedene Frau schwanger ist. Das Kind wird dann dem Vater zuerkannt (vgl. Parrinder 1991:197). Heute regeln die einzelnen islamischen Länder die Scheidungsfrage unterschiedlich (vgl. Marsot 1984:247).

2.3.6. Das Konkubinat und der Harem

Das Konkubinat wurde vom Koran erlaubt und gestattete es dem Mann neben den vier Ehefrauen noch mit weiteren Frauen sexuell zu verkehren. Konkubinen waren damals meist Sklavinnen, die auf Kriegszügen erbeutet wurden (vgl. Chebel 1997:235f). Der Koran erlaubt dies ausdrücklich:

> „Heiratet, was euch an Frauen beliebt, zwei, drei oder vier. Wenn ihr aber fürchtet, so viele nicht gerecht zu behandeln, dann nur eine, oder was ihr an Sklavinnen besitzt." (Koran 4:3)

Die Konkubinen und Ehefrauen lebten in einem Harem (arab. *Harim*) – der Begriff bezeichnet die Gemächer der Frauen (vgl. Chebel 1997:172). Neben den Übersetzungen *Heim* und *Frauengemach* bedeutet *Harim* im Nahen Osten auch *verboten* für andere Männer (vgl. Parrinder 1991:215), d.h. der Zugang zum Harem war / ist exklusiv dem Ehemann bzw. Besitzer der Konkubinen vorbehalten. Der Harem war aber nicht nur ein Ort der sexuellen Ausschweifungen, sondern eine soziale Institution von großer Bedeutung. Nicht zuletzt war er ein Ort der Machtspiele der Ehefrauen und Konkubinen untereinander, die nach Chebel häufig Gegenspielerinnen gewesen waren (vgl. Chebel 1997:175).

2.3.7. Der Schleier

Obwohl auch die Gattinnen Mohammeds angewiesen wurden, den Schleier (arab. *Hidjab*) zu tragen, setzte er sich erst ab Ende des 12. Jahrhundert als fester Bestandteil der Kleiderordnung durch. Verfechter des Schleiers argumentierten stets mit verschiedenen Koransuren, z.B.:

> „Prophet! Sag deinen Gattinnen und Töchtern und den Frauen der Gläubigen, sie sollen, wenn sie austreten sich etwas von ihrem Gewand über den Kopf herunterziehen. So ist es am ehesten gewährleistet, dass sie als ehrbare Frauen erkannt und daraufhin nicht belästigt werden." (Koran 33:59, vgl. auch Chebel 1997:366f)

Der Schleier ermöglichte den neutralen Kontakt zwischen Männern und Frauen, da diese sie nicht als Sexualobjekt ins Auge gefasst werden konnten.

2.3.8. Die Beschneidung

Die Beschneidung wird im Koran nicht erwähnt, sie wurde jedoch Sunna, überlieferter Brauch, von dem gesagt wurde, er gründe sich auf Gepflogenheiten des Propheten (vgl. Parrinder 1991:197). Die Beschneidung wird bei Arabern, Persern und Türken häufig durchgeführt. Die Beschneidung des Kindes ist ein festliches Erlebnis und Chebel sagt, dass die Frau einen beschnittenen Mann dem unbeschnittenen vorzieht (vgl. Chebel 1997:71).

Die Beschneidung der Frau – die Exzision – war auf der arabischen Halbinsel, im Sudan, in Ägypten, Äthiopien, Jordanien, im Jemen sowie im Irak (aber auch in allen Teilen des animistischen Afrikas) weitverbreitet. Sie wurde verschieden praktiziert, als Klitoridektomie, bei der nur die Kuppe der Klitoris abgeschnitten wurde (manchmal wurde auch die ganze Klitoris entfernt), als Infibulation, bei der die ganze Vagina ausgeschnitten und zugenäht wurde, sowie als Nymphotomie, dem Entfernen der kleinen Schamlippen bei der Heranwachsenden (vgl. Chebel 1997:119). Wie Chebel schreibt, ist die Beschneidung bei Mädchen in islamischen Ländern seltener geworden, genaue Angaben darüber gibt es jedoch nicht. In Ägypten wird sie z.B. trotz eines Verbots im Jahre 1959 noch immer durchgeführt (vgl. Chebel 1997:119). Die Beschneidung von Frauen, auch wenn in sie in vielen Ländern vorkommt, kann nicht auf islamische Gebote zurückgeführt werden.

2.3.9. Die Reinigungsrituale

Die Reinigungsrituale (arab. *Tahara*) stehen in der muslimischen Welt in enger Verbindung mit verschiedenen sexuellen Praktiken, körperlichen Bedürfnissen und geschlechtsspezifischen Prozessen. Zwar sind alle oben beschriebenen geschlechtlichen Vereinigungen erlaubt, ihre Durchführung ist jedoch an Rituale gebunden; so ist z.B. die Waschung nach der Penetration vorgeschrieben (vgl. Chebel 1997:345f). Reinigungsgebote gelten auch für die Dauer der Menstruation. Während dieser gilt die Frau als unrein und darf die Moschee nicht betreten, soll nicht beten und nicht fasten (vgl. Chebel 1997:288). Die Reinigungsvorschriften beziehen sich nicht nur auf sexuelle Praktiken oder geschlechtsspezifische körperliche Vorgänge – Schweißgeruch, Sperma, Urin, Exkremente usw. gelten ebenfalls als unrein und sind Anlass zur Reinigung.

2.4. Diskurs und Sexualität

2.4.1. Religiöse Literatur

2.4.1.1. Sexualität und Geschlechtsakt

Neben den oben beschriebenen Regelungen, Vorschriften und Verordnungen gibt es vor allem im Koran und den Hadithen Passagen, die einen eher deskriptiven und literarischen Charakter haben. Außerdem ist es im Islam typisch, dass Rechtsgelehrte, Theologen und Gelehrte der Koranwissenschaften sich mit der Liebeskunst beschäftigen (vgl. Chebel 1997:412). Über Jahrhunderte hinweg diskutierten beispielsweise Theologen die Frage, ob Analverkehr zwischen Mann und Frau zulässig sei.

Das Bild von Sexualität, das in den theologischen Schriften gezeichnet wird, ist stets ambivalent, ohne dabei von der christlichen Dichotomisierung Fleisch und Geist durchdrungen zu sein (vgl. Heller / Mosbahi 1994:128). Die Sexualität wird – wie oben bereits erwähnt – als etwas sehr Positives aufgefasst, was sich schon an der Stellung, die ihr im Paradies zugewiesen wird, ablesen lässt. Es existieren zahlreiche Suren und Hadithe, in denen das Dasein im Paradies als Orgie der Sinne beschrieben wird (vgl. Chebel 1997:323; Heller / Mosbahi 1994:123). Wird Sexualität, sofern sie in einem gottgefälligen Rahmen stattfindet, zwar gutgeheißen, weisen Heller / Mosbahi jedoch darauf hin, dass kein anderes Wesen in der islamischen Theologie so stark mit sexuellen Assoziationen aufgeladen sei wie der Teufel. Er spielt im Islam eine ähnliche Rolle wie im Judaismus und Christentum die Schlange. Der Teufel ist ein Verführer, der ständig danach trachtet, Gläubige von Gottes Weg abzubringen (vgl. Heller / Mosbahi 1994:94ff). Heller / Mosbahi schränken jedoch ein, dass es nicht Sexualität an sich ist, die mit dem Teufel in Verbindung gebracht wird, sondern vielmehr Exzesse, die sie betreffen.

2.4.1.2. Das Bild der Frau

Von Ambivalenz sind auch die Beschreibungen der Frau in der religiösen Literatur gezeichnet. Es ist nicht schwierig, Hadithe und Passagen im Koran auszumachen, die einen frauenfeindlichen Charakter haben (vgl. Heller / Mosbahi 1994:83). Andererseits existieren auch Texte – im Koran und anderen heiligen Schriften – die Frauen sehr positiv charakterisieren. Heller / Mosbahi führen dies auf persönliche Erlebnisse Mohammeds zurück, die in diesen Texten ihren Niederschlag finden (vgl. Heller / Mosbahi 1994:83). Generell geht die islamische Lehre von einer Gleichheit der Menschen untereinander aus, doch auch hier gibt es Zweideutigkeiten, weil der Mann immer wieder als über der Frau stehend charakterisiert wird: „Die Männer stehen über den Frauen, weil Gott sie von Natur aus vor ihnen ausgezeichnet hat [...]" (Koran 4:34).

2.4.2. Normative Literatur – Al Ghazali

Neben theologischen Texten im engeren Sinn – dazu gehören das Wissen vom Koran und dessen Kommentaren, die Hadithe, das muslimische Recht und die scholastische Theologie (vgl. Martin 2004:703) – gibt es zahlreiche andere wissenschaftliche und poetische Texte, die sich mit den sexuellen Beziehungen zwischen Mann und Frau beschäftigen. Diese können eher normativen Charakter haben, wie jene Muhammad ibn Al Ghazalis (1058-1111), der mit seinem Werk *Von der Ehe* bezüglich der Beziehung unter den Geschlechtern seine bis heute berühmte Schrift veröffentlichte (vgl. Mernissi 1987:13). Er preist darin die Vorzüge der Ehe an, auch weil „[...] die Araber von Natur aus sehr sinnlich veranlagt sind", und es in der Ehe möglich sei, den körperlichen Bedürfnissen nachzugehen (Heller / Mosbahi 1994:38). Al Ghazali betont aber auch, dass Geschlechtstrieb und Sexualität Gaben Gottes seien:

„Freilich soll der Geschlechtstrieb nicht lediglich die Kindererzeugung erzwingen, sondern er ist auch in einer anderen Hinsicht eine weise Einrichtung. Die mit seiner Befriedigung verbundene Lust, mit der sich, wenn sie von Dauer wäre, keine andere vergleichen ließe, soll nämlich auf die im Paradies verheißenen Wonnen hindeuten." (Heller / Mosbahi 1994:40)

Al Ghazali rät den Männern sooft wie möglich mit ihren Frauen geschlechtlich zu verkehren (vgl. Heller / Mosbahi 1994:41). Er betont die Gehorsamspflicht der Frau gegenüber dem Ehemann. Sie soll sich möglichst im Inneren des Hauses aufhalten; wenn sie es verlässt, dann nur mit Erlaubnis des Mannes (vgl. Heller / Mosbahi 1994:42). Außerdem soll die Frau den Mann von den häuslichen Pflichten befreien (vgl. Heller / Mosbahi 1994:43).

„Al-Ghazali kommt zu folgendem lapidaren Schluß: ‚Alles, was zu sagen ist, ist in dem Satz enthalten, dass die Heirat eine Art Sklaverei bedeutet und dass die Frau die Sklavin des Mannes ist'." (Heller / Mosbahi 1994:44)

2.4.3. Die Literatur des islamischen Mittelalters – Schwerpunkt Arabien

Islamische Geschichtsschreiber zeichneten häufig das Bild einer Gesellschaft, in der Sinnesfreuden und sexueller Genuss üblich waren; so wurde beispielsweise der Hof Harun Al Raschids zur realen Vorlage für die Anekdoten und Liebesgeschichten der Märchensammlung „Tausendundeine Nacht" (vgl. Parrinder 1991:203f). Die Darstellungen in „Tausendundeiner Nacht" sind aber keineswegs nur literarische Nachbildungen von erlaubten, gottgefälligen sexuellen Praktiken. Malek Chebel dazu:

„Mit 1001 Nacht verfügen wir über den reichhaltigsten Katalog sexueller Perversionen in der arabischen Welt, aber auch in Persien und Indien." (Chebel 1997:410)

Von sexuellen Praktiken, die eigentlich verboten waren, erfahren wir jedoch nicht nur in der fiktionalen Literatur. Al Mayrizi (1364-1442), der Chronist der ägyptischen Kalifen, berichtet beispielsweise, dass Homosexualität am Hofe weit verbreitet war (vgl. Chebel 1997:193).

Es entstand daneben auch eine umfangreiche islamische Literatur, die nicht ausschließlich den gottgefälligen Umgang mit dem Geschlechtstrieb in den Vordergrund rückte, sondern die lustbringenden Aspekte desselben. Es entstanden Werke mit Titeln wie „Das Hochzeits- und Brautbuch", „Das Buch der Jungfrau", „Die Geheimnisse der ehelichen Fruchtbarkeit", „Kompendium der Lust" oder „Einweihung in die Arten des Koitus" (vgl. Parrinder 1991:205). Diese erotischen Texte enthalten Ratschläge und Anleitungen für ein erfülltes Sexualleben und richteten sich sowohl an Männer wie an Frauen. Sie beschränkten sich nicht nur auf Ratschläge für verheiratete Paare, häufig wurden auch Praktiken mit verschiedenen Partnern beschrieben (vgl. Parrinder 1991:205).

Im 16. Jahrhundert verfasste Scheich Nefzaui mit seinem Werk „Der Duftgarten für das Ergötzen der Seele" zugleich eine Liebesgeschichte und ein Lehrbuch der Erotik (vgl. Parrinder 1991:206). Von ihm sind folgende Anleitungen überliefert:

> „Wenn du ein kurzes Glied hast, lege die Frau auf den Rücken, hebe ihre Beine in die Höhe, so dass das rechte nahe bei ihrem rechten Ohr und das linke nahe bei ihrem linken Ohr ist, und in dieser Stellung, in der ihre Hinterbacken erhoben sind, springt ihr Schoß hervor. Dann führe dein Glied ein." (Heller / Mosbahi 1994:129)

2.4.4. Die Literatur des 20. Jahrhundert Schwerpunkt: Wissenschaft

Auch im 20. Jahrhundert wurden belletristische Texte verfasst, in denen vom sexuellen Leben in der islamisch geprägten Welt erzählt wird. So veröffentlichte Nagib Mahfuz seine „Trilogie", in der er die Veränderungen der ägyptischen Gesellschaft zwischen den beiden Weltkriegen beschreibt (vgl. Heller / Mosbahi 1994:238). Insbesondere in der arabischen Welt hatte der Roman großen Einfluss, in den auch die Erwähnung sexueller Tabus Eingang fand:

> „Homosexualität, Prostitution, Eheskandale und freie Liebe wurden zu beliebten Sujets der arabischen Literatur." (Heller / Mosbahi 1994:218)

Heute gibt es zahlreiche wissenschaftliche Veröffentlichungen, die sich mit der Sexualität, Erotik, Liebe etc. in der islamischen Welt beschäftigen und zwar nicht nur von muslimischen Autor(inn)en. Durch die tendenzielle Globalisierung des Wissenschaftsbetriebs ist es wohl auch nicht sinnvoll, nur die Arbeiten muslimischer Autor(inn)en zu untersuchen.

Die wissenschaftlichen Auseinandersetzungen erstrecken sich auf viele Bereiche: Es werden mittelalterliche Autoren ebenso untersucht wie der Koran und der zeitgenössische Umgang mit Sexualität, Liebe und Ehe sowie die rechtlichen Grundlagen desselben usw. Auffällig ist, dass in allen diesen Texten wiederholt auf die positive Auffassung der Sexualität im islamischen Glauben hingewiesen wird, die dabei häufig auch von der christlichen Verachtung des Fleisches abgegrenzt wird. Wie die Institutionen und Vorschriften einzuschätzen sind, die die Sexualität regeln, wird jedoch recht unterschiedlich bewertet. Die hier vorgestellten Autor(inn)en nehmen dazu jeweils anders Stellung. Heller / Mosbahi gehen von einer allgemeinen Tendenz von *Herrschaftssystemen* aus, die *Urkraft der Sexualität* zu bändigen. Im Islam sei dies durch die

„Gefangennahme der Frau, die totale Überwachung der weiblichen Sexualität und deren ausschließliche Reduktion auf den Bereich der Ehe" (Heller / Mosbahi 1994:37)

geschehen. Während der legale Geschlechtsakt ein gottgefälliger Vorgang ist (vgl. Heller / Mosbahi 1994:40), rücken der unerlaubte Akt und der exzessive Gebrauch der Sexualität, so Heller / Mosbahi, in die Nähe des Teufels. In diesen Zusammenhang setzen sie die Existenz der Reinigungsrituale (*Tahara*):

„Um den Teufel zu bekämpfen und gegenüber allen seinen Listen gewappnet zu sein, müssen die Gläubigen daher – außer den Geboten des Korans – unzählige, vom Propheten verordnete Reinheitsrituale befolgen. [...] Ihr tieferer Sinn liegt darin, das seelische Gleichgewicht des Menschen zu stabilisieren, ihn immer wieder aufs neue in jenen Gnadenstand zu versetzen, der durch die mysteriösen Kräfte der Sexualität bedroht wird." (Heller / Mosbahi 1994:99)

Ze'ev Maghen interpretiert die ausdifferenzierten Anleitungen zur Reinigung dagegen völlig anders:

„Touching or sleeping with a member of the opposite sex violate prayer fitness, not because these acts represent internal urges that are fundamentally antithetical to holiness or to the proper mindset for worship, but rather (I would argue) because they represent – from the Islamic point of view – an intrinsically similar and perhaps even equally laudable set of drives or sentiments. The reason why erotic excitement is problematic for prayer is due not to the dirtiness, shamefulness or any other negative quality of arousal [...], but instead, perhaps, due to its very power and beauty." (Maghen 2001:32)

Er wendet sich gegen jede Unterstellung einer Dichotomie die Sexualität betreffend in der islamischen Kultur. Damit impliziert ist auch die oben schon erwähnte Abgrenzung muslimischer und christlicher Vorstellungen. Maghen nimmt damit direkt Stellung zu der Arbeit „La Sexualité en Islam" von Abdelwahab Bouhdiba aus dem Jahr 1975, der in seiner Untersuchung die Reinheitsregeln als Beleg für den Antagonismus zwischen Essenz und Existenz im Islam interpretiert. Eine Entgegensetzung von Körper und Geist entspricht auch christlichen religiösen Vorstellungen – der Autor setzt also Christentum und Islam diesbezüglich parallel.

„I strongly disagree with Bouhdiba's portrayal of Islamic purity law, a portrayal which, among other things, describes the tahara code as perpetuating and deepening the conflict between existence and essence, rather than reconciling the fleshly / earthly / existential with the spiritual / heavenly / essential and allowing them to coexist comfortably within the confines of the same legitimate framework [...]." (Maghen 2001:43)

Maghen wirft Bouhdiba vor, sich vor allem auf die Schriften Al Ghazalis zu beziehen, welche in ihrer Moralität nicht typisch für die Haltung sind, wie sie sich sonst in islamisch-klassischen Texten zeigt. Indirekt widerspricht er damit auch Heller / Mosbahi. Die Exzesse der Sexualität sind in Maghens Lesart klassischer Gesetzestexte nicht ein Beleg für die Verführungskünste des Teufels, sondern im Gegenteil zutiefst menschlich und die Reinigungsrituale und Vorschriften ebenso menschliche Gegenreaktionen, die darauf abzielen, das Chaos der menschlichen Existenz ein wenig zu ordnen:

„[...] because the reactions of these paragons, though exemplary, are at all times characteristically and representatively human (otherwise they would be of no use in creating laws for other human beings – otherwise they could not, indeed, be exemplary), the structure that ultimately emerges from all of this trial and error will itself be no less human: will be tender, pliant, adaptable, fit to inject a degree of order into the incorrigible chaos of mankind." (Maghen 2001:75)

Auch Fatima Mernissi (1987) setzt sich mit Al Ghazali auseinander. Für sie ist er nicht nur ein Befürworter erotisch sittlicher Vorstellungen, sondern auch ein Vertreter der von ihr so bezeichneten *impliziten Theorie*. Die ihr gegenüberstehende *explizite Theorie* geht davon aus, die weibliche Sexualität sei passiv und die männliche aggressiv. Diese Haltung ist heute hegemonial, so Mernissi, und findet in den Medien, v. a. im ägyptischen Film, ihren Niederschlag. Die *implizite Theorie* geht umgekehrt von einer aggressiven weiblichen und passiven männlichen Sexualität aus. Die Männer seien in dieser Vorstellung den Frauen insofern ausgeliefert, als sie deren sexuellen Reizen und damit verbundenen Machtspielen nicht widerstehen könnten. Durch sexuelle Unordnung aber würde die Welt ins Chaos (*fitna*) gestürzt, weswegen es notwendig sei, die aggressive weibliche Sexualität im Zaum zu halten (vgl. Mernissi 1987:13ff).

„Die in der islamischen Gesellschaft eher verdrängte Theorie ist im Hauptwerk von Ghazali anschaulich dargelegt. Für diesen Autor ist die Zivilisation u.a. eine Anstrengung, um die zerstörerische, alles verschlingende Macht der Frauen in Grenzen zu halten." (Mernissi 1987:13)

Die These, dass sich im Islam eine patriarchale Gesellschaft ein Regelwerk geschaffen hat, um ihrer Angst vor der Frau Herr zu werden, halten auch Heller / Mosbahi. Auch Mohammed attestieren sie ein ambivalentes Verhältnis zu Frauen, das einerseits von seiner Unfähigkeit ihren Reizen zu widerstehen – damit verbunden ist eine Apotheose von Frauen – und andererseits von einer Denunzierung der Frau geprägt war:

„Der Prophet selbst konnte sich der fatalen Anziehungskraft des weiblichen Geschlechts nicht entziehen. Darin war er ein Prototyp seiner Geschlechtsgenossen und machte sich zum Sprachrohr seiner Artgenossen, die ihre eigenen sexuellen Obsessionen hinter einer Dämonisierung der Frau kaschierten." (Heller / Mosbahi 1994:78)

Folglich zieht sich auch ein „doppeltes Bild der Frau" (Heller / Mosbahi 1994:78) durch die Kulturleistungen der islamischen Zivilisation.

2.4.5. Diskurs und Emanzipation

Durch Bewegungen und Strömungen, die eine emanzipative Stoßrichtung haben, wurde der literarische wie wissenschaftliche Diskurs in den islamisch geprägten Staaten und Nationen bereichert. Im Zentrum dieser Texte stand häufig eine gegenüber orthodoxen Vorstellungen abweichende Haltung zu Sexualität und zur Rolle der Frau.

So etablierte sich nach dem Zweiten Weltkrieg ein neuer Realismus, den auch die libanesische Schriftstellerin Laila Balabakki vertrat. In ihrem Roman „Ana ahya" (Ich lebe) ist die Hauptprotagonistin eine junge Frau, die sich gegen Bevormundung und Repression auflehnt (vgl. Heller / Mosbahi 1994:218f). Es gab viele Frauen, die sich von Balabakkis Text inspirieren ließen und sich auf neues schriftstellerisches Terrain wagten, z.B. die Ägypterinnen Nawal Al Saadawi und Alifa Rifaat, die Palästinenserin Sahar Khalifa oder die Libanesin Hanan Al Shaikh, um nur einige zu nennen.

Diese Frauen veröffentlichten nicht nur Romane, Kurzgeschichten und Novellen, sondern auch wissenschaftliche Texte. Die Marokkanerin Fatima Mernissi hat sich während ihres Werdegangs als Wissenschaftlerin nachhaltig für die Rechte der Frauen in der muslimischen Welt stark gemacht und führte zahlreiche Studien über die Situation muslimischer Frauen durch. Mit „Der Harem in uns" (Mernissi 1994) schrieb sie ein viel beachtetes Buch über ihre Kindheitserlebnisse. In „Der politische Harem" konstatiert sie die andauernde Manipulation der Heiligen Schrift, ein strukturelles Moment der Machtausübung in der muslimischen Gesellschaft (vgl. Mernissi 2002:17). Sie untersucht die rechtlichen Grundlagen der Geschlechtertrennung sowie der Stellung der Frau. Der marokkanischen Volkskultur attestiert sie dabei eine grundsätzlich negative Einstellung gegenüber der Frau (vgl. Mernissi 2002:28).

Die Arbeit Evelyne Accads ist ein weiteres Exempel für die Durchdringung wissenschaftlicher und emanzipativer Tendenzen. Mit dem Aufsatz „Sexualität der Körper: Konflikte und Widersprüche von Frauen im Nahen Osten" (Accad 2004) legt sie den Fokus unter anderem auch auf die Vorstellungen von Maskulinität im Nahen Osten. Die Hochschätzung des kriegerischen, heldischen Mannes, die eine historische Kontinuität darstellt, sei ein Grund für die Geringschätzung der Frau.

Fereshteh Ahmadi berichtet in ihrem Aufsatz aus dem Jahr 2006, wie sich vor allem gebildete iranische Frauen für eine feministische Lesart der heiligen Schriften stark machen und sich damit auch dem ultra-orthodoxen Regime entgegensetzen (vgl. Ahmadi 2006:33ff). Durch den Zugang der Frauen zu Bildung können sie dem Regime entgegenarbeiten, da sie ihr Wissen in die Lage versetzt, die Widersprüchlichkeiten in den Schriften aufzudecken und einen anderen, wissenschaftlich und theologisch fundierten Zugang zu den heiligen Schriften zu erlangen.[5]

Im Umfeld von NGOs, die sich mit feministischer Politik beschäftigen, entstand ebenfalls ein Diskurs, der auch in wissenschaftliche Milieus hineinwirkte und grundsätzliche Fragen nach den kulturellen Grundlagen der nachrangigen Stellung von Frauen in allen Teilen der Welt (und nicht nur in muslimisch geprägten Gesellschaften) stellt. Das „Sisterhood is Global Institute SIGI" thematisiert in seinem *fieldreport* aus dem Jahr 1997 nicht nur die Verschlechterung der Situation von Frauen durch das Aufkommen des islamischen Fundamentalismus, sondern hinterfragt auch das Potential religiöser Grundlagentexte, in zeitgenössischen Gesellschaften als normative Grundlage des Zusammenlebens zu dienen:

> „The Koran, as the Word of God, is eternal, infinite, and mystical, understood completely only by the Prophet Mohammed. All other mortals have understood it according to

---

[5] Fereshteh Ahmadi (2006:38): „A striking point is that some Iranian Islamist feminists agree that there are verses in the Qur'an that are inappropriate to employ in the modern era. In their critique of the Qur'an, they have applied Abdol Karim Soroush's approach to Islam and sacred texts, [...]".

their individual human gifts. Therefore, the religious experience – the experience of the Word of God – is by definition a personal experience. Obedience to the „religious law", the shari'a, is obedience to manmade law. The shari'a, the rules by which Muslim societies have been governed for centuries, is historically determined and temporally situated, since it has had to be rendered understandable to each age and community by reference to the requirements of that particular time and place." (Afkhami 1997:163)

NGOs wie *SIGI* benötigen für ihre Arbeit wissenschaftliche Literatur und Untersuchungen, wie umgekehrt Forscher mit Untersuchungs- und Studienergebnissen aus dem Umfeld von NGOs arbeiten können. Daneben waren und sind diese Personen und Gruppierungen immer auf die Öffentlichkeit angewiesen, um ihre Ideen zu verbreiten und Unterstützung zu gewinnen. In Marokko z.B. hat die feministische Bewegung mit dieser Einsicht viel gewonnen, indem sie nachhaltig journalistische Medien für ihre Zwecke nutzte (vgl. Ennaji / Sadiqi 2006).

2.5. Islam als neue Machtkonfiguration

2.5.1. Allgemeines

Die Etablierung des islamischen Glaubens war eng verbunden mit Umwälzungen bezüglich der Macht- und Herrschaftsverhältnisse in der Region der arabischen Halbinsel und darüber hinaus. Mekka war eine wohlhabende Handelsstadt, die an der Karawanenroute zwischen Indien und Byzanz lag (vgl. Rahman 1984:30). Die Elite dort hing polytheistischen Vorstellungen an (vgl. Rahman 1984:38). Zwar hatten schon vor Mohammed auch in Mekka lebende Juden und Christen sporadisch versucht, die Einwohner der Stadt zum Monotheismus zu bekehren. Mohammed war aber der erste, der eine breitere, ehemals heidnische arabische Bevölkerung mit seinen Lehren erreichte. Sobald Mohammed, der zuvor nur im privaten Kreis gepredigt hatte, mit seinen monotheistischen Vorstellungen an die Öffentlichkeit trat, zog er Feindseligkeit auf sich. Weniger einflussreiche Anhänger Mohammeds wurden verfolgt und nach dem Tod seiner ersten Frau sah auch er sich – einer mächtigen Stütze beraubt – gezwungen zu emigrieren (vgl. Rahman 1984:34ff). Damit brach die Zeit der Hidschra (622) – der historischen Emigration – an, die Mohammed in Medina verbrachte. Durch den stetigen Zustrom von Migranten und der gleichzeitigen Bekehrung Ansässiger in Medina, wurde sie nach und nach zur moslemischen Stadt. Trotz Mohammeds Emigration waren die Feindseligkeiten mit den Mekkanern nicht beigelegt, da für die Quaraysh, einen mekkanischen Stamm, Mohammed und seine Anhänger Flüchtlinge waren, die verfolgt werden mussten. Nach vielen Kämpfen, die Mohammed durch geschickte Bündnispolitik schließlich für sich entscheiden konnte, wurde Mekka 630 n. Chr. moslemisch (vgl. Rahman 1984:36ff).

Innerhalb weniger Jahrzehnte nach Mohammeds Tod brachten die Kalifen Iran, Irak, Syrien, Ägypten und weitere Gebiete unter ihre Kontrolle (vgl. Mottahedeh 1984:66). Allerdings waren die Muslime über zwei Jahrhunderte hinweg Minorität in ihrem neuen Imperium (vgl. Mottahedeh 1984:67). Dennoch hatte der Islam sich außer als Religion auch als politische Macht durchgesetzt. Da die Muslime aber eine Minderheit waren, gab es oft ein Abwägen zwischen politisch Sinnvollem und religiös Angebrachtem:

„[...] the military achievement seemed to many Muslims too valuable again to risk in uncertain struggles for new leadership. Therefore, both for practical reasons and to live within the religious injunction to consensus, they accepted leadership that was not necessarily the 'best' that the Islamic community could provide." (Mottahedeh 1984:67)

Dennoch gab es viele Veränderungen, die der Islam als neue religiöse wie politische Macht mit sich brachte, die das öffentliche und private Leben in den neu bekehrten Gesellschaften nachhaltig veränderte. Im Anschluss sollen die Machtverschiebungen skizziert werden, die vor allem das Verhältnis der Geschlechter neu strukturierten.

2.5.2. Unterwerfung unter den einen Gott und Sturz der Götter und Göttinnen

Eine conditio sine qua non des Islam war die Unterwerfung unter den einen Gott. Die *Affäre* um die mutmaßlichen Verse, die zunächst von Mohammed in den Koran aufgenommen und später wieder entfernt wurden, zeigt die große Bedeutung, die der Monotheismus schon für Mohammed hatte. Die Mekkaner hatten sich noch vor der Hidschra bereit erklärt, ihren Frieden mit dem Islam zu machen, wenn Mohammed die drei Schutzgöttinnen Mekkas mit in das *Haus des Islam* übernehmen würde (vgl. Heller / Mosbahi 1994:20). Mohammed nahm entsprechende Verse in eine Frühfassung des Korans auf, nahm den Entschluss jedoch zurück und entfernte die Verse wieder. Er behauptete später, diese seien Einflüsterungen des Satans gewesen, weswegen diese bis heute so genannt werden: *die satanischen Verse*. Dass sie jemals existiert haben, wird von den meisten muslimischen Theologen bestritten (vgl. Heller / Mosbahi 1994:21).

Die Abkehr von den heidnischen Gottheiten stellt eine Zäsur für die muslimischen Religionsgemeinschaften dar:

> „Die Zerstörung der heidnischen Gottheiten und die vom Islam geforderte Unterwerfung unter den Einen Gott markiert die Nahtstelle, die jene vorislamische Gesellschaft der Dschahiliya abgrenzt vom Zeitalter des Islam, das offiziell mit der Auswanderung des Propheten von Mekka nach Medina – der Hidschra (622) – begann, die unmittelbar nach dem Sturz der Göttinnen erfolgte." (Heller / Mosbahi 1994:21)

Heller / Mosbahi sehen in diesem Sturz jedoch nicht nur eine Grundanforderung der islamischen Religion, sondern auch den Sieg des männlichen Geschlechts über das weibliche (vgl. Heller / Mosbahi 1994:22). Die bisher meistverehrten Göttinnen der Araber waren Allat, Al Ozza und Manat. Sie waren in der Vorstellungswelt Wesen voller erotischer und körperlicher Potenz, ihre symbolische Entmachtung korrespondierte auch mit der realen Entmachtung der Frauen. In der Perspektive Heller / Mosbahis sind Fabeln aus der Zeit der Dschahiliya ein Beleg dafür, dass es damals Machtkämpfe zwischen Männern und Frauen gegeben haben muss (vgl. Heller / Mosbahi 1994:23f).⁶ Auch in der Zeit des Islam finden sich Hinweise auf diese Kämpfe in der Literatur wieder. So gibt es in der Geschichtensammlung „Tausendundeine Nacht" zahlreiche Erzählungen, die das Bild von schönen Frauen zeichnen, die mit teuflischer Macht und scharfer Intelligenz ausgestattet sind und beides listenreich einsetzen (vgl. Heller / Mosbahi 1994:24). Auch einige Suren im Koran spiegeln diesen Machtkampf zwischen Männern und Frauen:

> „Die Männer stehen über den Frauen, weil Gott sie (von Natur vor diesen) ausgezeichnet hat und wegen der Ausgaben, die sie von ihrem Vermögen (als Morgengabe für die Frauen?) gemacht haben. Und die rechtschaffenen Frauen sind (Gott) demütig ergeben und achten auf das, was (den Außenstehenden) verborgen ist, weil Gott (darauf) acht gibt [...]. Und wenn ihr fürchtet, dass (irgendwelche) Frauen sich auflehnen, dann vermahnt sie, meidet sie im Ehebett und schlagt sie! Wenn sie euch (daraufhin wieder) gehorchen, dann unternehmt (weiter) nichts gegen sie! Gott ist erhaben und groß." (Koran 4:34)

2.5.3. Richtungsstreitigkeiten unter den Theologen

Nach dem Tod des Propheten gab es Richtungsstreitigkeiten unter den Theologen, denn es war nicht klar, ob der Koran allein zur Auslegung des islamischen Glaubens ausreicht. Der Streit ging zugunsten der Gruppe aus, die in den Hadithen eine Richtschnur für religiöses Leben sah. Der Koran blieb zwar die Hauptquelle zur Auslegung, aber er war an vielen Stellen hermetisch und unzugänglich, weswegen in vielen Fragen die Hadithe als Interpretationshilfe herangezogen werden mussten. Nachdem die Bedeutung der Hadithe durchgesetzt war, gab es jedoch weitere Unstimmigkeiten unter den Schriftgelehrten hinsichtlich der Ansprüche des Propheten. Viele Aussprüche wurden erst zu jener Zeit gesammelt, und über Richtigkeit und Reichweite gab es nicht immer sofort Konsens. Bis zum 9. Jahrhundert war eine eigene Wissenschaft der Überlieferung entstanden, deren Hauptaufgabe

---

⁶ Heller / Mosbahi verweisen hier auf den Schriftsteller Yussuf Saddik, der im Mythos von az-Zabba – der Frau mit dem großen Penis – einen Beweis für diese Machtkämpfe sieht.

darin bestand, authentische von gefälschten Aussprüchen zu unterscheiden (vgl. Heller / Mosbahi 1994:118ff). Diese Auslegungsfragen und Interpretationsstreitigkeiten fielen zu ungunsten der Frauen aus:

> „Obwohl der Prophet bekannt hatte, dass er die Frauen den Männern vorzog, waren die Frauen die ersten Opfer des sich über die Jahrhunderte hinziehenden Interpretationsstreits: Im Zweifelsfalle legte man jede unklare Aussage zu Lasten der Frauen aus. Jede Rechtsschule, jede Strömung, jeder Kalif und jeder Imam interpretierte den einen oder anderen Koranvers, das eine oder andere Hadith in seiner Weise, um seine Haltung gegenüber den Frauen zu rechtfertigen." (Heller / Mosbahi 1994:118ff)

Von vielen misogynen Hadithen weiß man heute, dass sie nicht authentisch sind, dennoch existieren sie im Korpus religiöser Literatur weiter (vgl. Heller / Mosbahi 1994:118ff).

2.5.4. Die Entmachtung der Frauen

Ob die Stellung der Frau sich mit dem Aufkommen des Islam verbessert oder verschlechtert hat, darüber herrscht auch in der zeitgenössischen wissenschaftlichen Literatur noch Uneinigkeit. So geht Chebel davon aus, dass der Islam die Stellung der Frau generell gestärkt habe (vgl. Chebel 1997:130) und zwar unter anderem auch dadurch, dass Mohammed ihnen das Erbrecht zugestanden hat (vgl. Chebel 1997:135). Fatima Mernissi wendet dagegen ein:

> „Dennoch – auch wenn die Frauen kein Erbrecht besaßen, so bedeutet dies nicht, dass sie keinen Zugang zu den Gütern hatten, wie einige moslemische Autoren meinen. Schutz und materielles Wohlbefinden der Frauen zu sichern war das Hauptanliegen der Stämme, denn hieran war ihr Ansehen und ihre Ehre geknüpft." (Mernissi 1987:80)

Wie Mernissi denken auch Heller / Mosbahi, dass der Sieg des Islam eher eine Einschränkung der Freizügigkeiten, die Frauen früher genossen haben, bedeutet hat. Sobald Mekka besiegt war wurden die Maßnahmen, mit denen Mohammed in das tägliche Leben eingriff, immer rigoroser (vgl. Heller / Mosbahi 1994:116).

„Die rigorose Trennung der Geschlechter war ein fait accompli. Prüderie und Schamhaftigkeit wurden zu einem hohen sittlichen Wert von öffentlichem Interesse stilisiert und bezeichnete von nun an die Demarkationslinie zwischen der heidnischen Gesellschaft der Dschahiliya und der neu entstandenen muslimischen Gesellschaft." (Heller / Mosbahi 1994:116)

Dagegen war es den Frauen früher erlaubt, Männer auszusuchen, die ihnen gefielen und diese auch nach Belieben wieder zu entlassen (vgl. Heller / Mosbahi 1994:24ff). Auch darüber hinaus herrschte in der Region der arabischen Halbinseln allgemein eine größere sexuelle Freizügigkeit; so sei es üblich gewesen, dass Männer bei Hochzeitsfesten ihre Schwestern und Töchter austauschten, als auch dass Ehepartner untereinander ausgetauscht wurden. Während Perioden der Trockenheit war es nicht ungebräuchlich, dass Frauen ihre eigenen zugunsten von wohlhabenderen Männern verließen. Prostitution war zudem weit verbreitet (vgl. Heller / Mosbahi 1994:26ff).

Sollte es richtig sein, dass der Islam die Rechte der Frauen derart empfindlich beschnitten hat, wird auch ein Vorfall verständlich, über den Fatima Mernissi schreibt, indem sie den Chronisten Ibn Habib Al Baghdadi heranzieht. Im Jahre 632, also nach dem Tod des Propheten, gab es einen Aufstand auf der arabischen Halbinsel, an dessen Spitze eine Gruppe von Frauen gestanden hatte (vgl. Mernissi 1987:68f). Diese wurden von dem damaligen Kalifen als Prostituierte denunziert – eine Darstellung, die sich mit der des Chronisten nicht deckt. Diese Frauen kämpften für ihre Freizügigkeit, unter ihnen befanden sich Mütter, Großmütter und junge Mädchen – über Prostituierte hingegen berichtet Ibn Habib Al Baghdadi nichts.

Durch den Islam wurden u.a. wie oben angegeben auch die früher existierenden matrilinearen Strukturen zugunsten von patrilinearen abgeschafft.

„Bei manchen Araberstämmen hatte vor dem Islam ein System der Verwandtschaft gegolten, bei dem die Ehe und die Abstammung von der Mutter ausschlaggebend waren. Es gab auch Formen der Polyandrie, bei denen eine Frau mehrere Ehemänner hatte und die leibliche Vaterschaft keine Rolle spielte. Die Vorschrift, die dem Moslem vier Frauen erlaubte, mag darauf abgezielt haben, einer Frau jeweils nur einen Mann zuzugestehen, und sollte wohl auch sicherstellen, dass nach dem Tod von Männern in der Schlacht die übrig gebliebenen Frauen verheiratet wurden." (Parrinder 1991:194)

Fatima Mernissi bestätigt diese Auffassung Parrinders. Die Einführung der Polygamie stellte eine gewisse Schutzfunktion gegenüber Witwen und Waisen dar. Dass diese Form der Reorganisation nach der verlustreichen Schlacht von Uhud eingeführt wurde, spricht für diese Theorie (vgl. Mernissi 1987:80f). Mernissi sieht in der Etablierung der Polygamie jedoch auch eine Reaktion gegen Desintegrations- und Auflösungstendenzen der Stämme und kommt zu folgender Einschätzung:

"Hier erkennt man den Genius des Islam. Wie genau diese Institutionen in das entstandene Vakuum passten, zeigt sich auch daran, wie gut es der Religion gelang, den Gemeinschaftssinn und Eigennutz [...] miteinander zu verbinden und so zu kanalisieren, dass eine der stabilsten und homogensten Gesellschaftsordnungen entstehen konnte, die Arabien [...] je gesehen hat." (Mernissi 1987:81).

Die meisten hier zitierten Autoren gehen von einer größeren Freiheit der Frauen in vorislamischer Zeit aus, es sei jedoch nicht unerwähnt, dass zu dieser Zeit die Tötung weiblicher Neugeborener weit verbreitet war.

"In many cases woman in pre-Islamic Arabia chose their husbands and exercised a certain freedom that was not regulated by any standard code. Free love existed and prostitution was common; both were prohibited by the Qur'an, which sought to regulate sex and family life. However, generally speaking, women's status in pre-Islamic Arabia was not high. The infanticide of females was fairly common and regarded as having religious sanction." (Rahman 1984:31)

Im Koran wurde gegen diese Praxis klar Stellung bezogen (vgl. Koran 16:59).

2.5.5. Urbanisierung und Hedonismus auf der Arabischen Halbinsel

Zu Lebzeiten des Propheten gab es keine wirklichen Städte auf der Arabischen Halbinsel. Auch Mekka und Medina waren noch vergleichsweise bescheidene Ansiedlungen (vgl. Heller / Mosbahi 1994:141). Ende des 7. und Anfang des 8. Jahrhundert wurde Damaskus zum neuen Machtzentrum (vgl. Heller / Mosbahi 1994:141). Damaskus wurde die Residenz der Kalifen – sie gehörte zu den schönsten und reichsten Städten der Welt. Nach Damaskus wurde Bagdad zum Sitz der Kalifen. Es wuchs aus dem Nichts zu einem Weltzentrum. Die Regentschaft der Abbasiden von 750 bis 1258 in Bagdad war die glanzvollste Epoche des islamischen Mittelalters. Dies schlug sich in Architektur, Literatur, Kunst und Lebensweise nieder. Mit der Verfeinerung des urbanen Milieus wurde an den Kalifenhöfen und in der städtischen Gesellschaft ein liberaler Hedonismus gepflegt. Durch den Handel mit Sklavinnen etablierte sich das Konkubinat als feste Institution. Diese lebten nicht notwendigerweise ein verworfenes Dasein, sondern nahmen im gesellschaftlichen Leben einen bedeutsamen Platz ein; auch deswegen, weil sie nicht den Zwängen der legalen Ehefrauen unterworfen waren. Wie Heller / Mosbahi beschreiben, entwickelten sich die Konkubininnen aufgrund ihrer oft machtvollen Stellung schnell zu Rivalinnen der Ehefrauen.

Auch sonst sind aus Bagdad, dem Schauplatz von „Tausendundeiner Nacht", Zeugnisse des ausschweifenden Liebeslebens der Kalifen Harun Al Raschid und dessen Nachfolger Al Mutawakkil überliefert, die dort im 9. Jahrhundert regierten (vgl. Heller / Mosbahi 1994:158). Wie oben beschrieben, wurde in der Dichtung der Zeit immer wieder die Liebe und Erotik verherrlicht, was nicht nur Fiktion war, sondern poetische Verarbeitung eines liberalen Zeitgeists. So trug der Dichter Abu Nuwas, ein Vertreter der *freiheitlich-ausschweifenden poetischen Strömung*, seine Homosexualität offen zur Schau (Heller / Mosbahi 1994:168). Diese Verhältnisse wurden durch den Einfall der Mongolen beendet:

„Durch die Zerstörung Bagdads im Jahre 1258 erlitt der urbane, tolerante und weltoffene Islam einen schweren Rückschlag. Die Horden Dschingis-Chans legten die Stadt in Schutt und Asche, verbrannten Bibliotheken und Paläste. Alles, was einst Symbol der Kultur, Kunst und verfeinerten Lebensart war, wurde vernichtet. An die Stelle der Wissenschaftler und Künstler traten engstirnige Rechtsgelehrte, die sich in den folgenden Jahrhunderten in sklavenhafter Buchstabentreue mit der Auslegung des Korans und der frommen Überlieferung beschäftigten – wie etwa der Frage, ob der Geschlechtsverkehr „von hinten" erlaubt sei oder nicht. Das Tor des idschtihad, der freien, individuellen Auslegung, blieb für alle Zeiten geschlossen." (Heller / Mosbahi 1994:216)

2.5.6. Feminismus, Emanzipation und neue Machtsphären

Fatima Sadiqi und Maho Ennaji beschreiben, wie die feministische Bewegung in Marokko nachhaltig zur Etablierung des neuen Familiengesetzes aus dem Jahr 2003 beigetragen hat (vgl. Ennaji / Sadiqi 2006:86ff). Die feministische Bewegung Marokkos setzte dabei einerseits auf journalistische und andere schriftliche Veröffentlichungen und andererseits auf die internationale Vernetzung mit NGOs. Die feministische Bewegung besteht seit 1946, als die „Akhawat Al-Safaa Association" ein Dokument veröffentlichte, in dem unter anderem die Abschaffung der Polygamie verlangt wurde (vgl. Ennaji / Sadiqi 2006:96). Gleich zu Beginn der feministischen Bewegung beschäftigte sich diese also mit Themen, die das intime, sexuelle Leben von Frauen betraf. Ennaji / Sadiqi betonen, dass es wichtig ist, die Pioniere der feministischen Bewegung von dem damals vorherrschenden *männlichen* Feminismus zu unterscheiden, deren Hauptanliegen nicht die Rechte der Frauen, sondern die Etablierung einer modernen – und wohl auch wettbewerbsfähigen – Gesellschaft war (vgl. Ennaji / Sadiqi 2006:96). Obwohl ich Ennaji / Sadiqi zustimme, was die Notwendigkeit dieser Unterscheidung betrifft, ist es für mein Thema aufschlussreich, wie sehr auch dieser *männliche* Feminismus die Bedingungen, unter denen Frauen lebten, beeinflussen konnte, weil eben die Ideen, die ihn trugen, bis in die höchsten Machtpositionen vordringen konnten:

„The newly independent state espoused these male feminist views for more or less the same reasons. For example, in 1957, King Mohamed unveiled his eldest daughter in public and called for the necessity to emancipate women in order to develop society.

After this symbolic gesture, thousands of women in cities unveiled, and religious preachers in mosques associated unveiling and working outside the home with nation-building." (Ennaji / Sadiqi 2006:96f)

Die nationalen Frauenrechtsbewegungen, die sich nach der Unabhängigkeit gründeten (z.B. „Association Démocratique des Femmes de Maroc" oder „L'Union de L'Action Féminine") konnten sich behaupten, weil sie sich ebenfalls auf etablierte oder sich etablierende Machtstrukturen stützen konnten. Dazu gehörten u.a. auch die Vereinten Nationen:

„As liberal feminists and proponents of women's rights across the world used powerful organizations like the United Nations to launch worldwide pressures to stop gender-based discrimination and promote women's rights, the government of Morocco constantly was being asked to send official delegations and to address women's issues in worldwide events like the United Nations Decade for Women (1975-1985) and specific UN meetings (Mexico City 1975, Copenhagen 1980, Nairobi 1985, Beijing 1995, etc.)." (Ennaji / Sadiqi 2006:99f)

Darüber hinaus waren feministische Gruppierungen in einem dauernden dialektischen Dialog mit den Monarchen, politischen Parteien, dem Parlament und Menschenrechtsorganisationen. Dadurch wurde es möglich, dass Familienrecht aus dem Jahre 2003 auf den Weg zu bringen. Es war zwar nicht möglich, die Polygamie vollständig abzuschaffen, dennoch hat das neue Familienrecht eine weitreichende Bedeutung:

„More than in any period of Morocco's history, the new Family Law is both a subject of its own and a means of studying other topics such as changing notions of state authority, individual decision-making, gender practices, family planning, and family size. It is felt to be an important document that concerns all the components of society, as its impact is attested at the legal, political, religious, sociocultural, and intellectual levels. At the legal level, the Family Law is a central piece in the Moroccan judicial arsenal because it touches on practically all aspects of the Moroccan legal system; at the political level, women's judicial status in the family is linked to demands for democracy and full citizenship." (Ennaji / Sadiqi 2006:103)

3. Schluss

Es gibt Anhaltspunkte dafür, dass man auch im Islam von einer Art *Sexualitätsdispositiv* sprechen kann. Zwar ist bei Foucault das *Sexualitätsdispositiv* mit dem Aufkommen moderner Techniken wie Demographie und Bevölkerungspolitik im Allgemeinen verknüpft, dennoch kann nach der hier vorgenommenen Untersuchung nicht abgewiesen werden, dass es Parallelen des *Sexualitätsdispositivs* zur Formierung der Sexualität im Islam gibt. Auffällig ist diesbezüglich, wie Regelungen, die die Sexualität und sexuelle Lebensführung betreffen sowie die Entstehung erotischer Literatur, mit Machtfaktoren in Bezug gesetzt werden können. Wie oben dargestellt, hatten machtpolitische Verschiebung und wirtschaftliche Faktoren direkten Einfluss auf die Sexualität. Die Rückkehr Mohammeds nach Mekka bedeutete auch einen verstärkten Eingriff in die alltägliche Lebensführung der Gläubigen. Die Frauen zogen, so kann vermutet werden, bei diesen Veränderungen den Kürzeren und wurden, wenn Heller / Mosbahi recht haben, durch den Sturz der Göttinnen symbolisch entmachtet, verloren auch in der Realität Entscheidungsmöglichkeiten und wurden völlig in die private Sphäre verbannt. Je nachdem wie ein Grundsatzstreit oder eine Interpretationsfrage von der *Ulama* entschieden wurde, veränderten sich die alltäglichen Lebensbedingungen. Da diese Debatten oft sexuelle Belange betrafen, beeinflussten sie auch die Sexualität gläubiger Moslems. Die Wurzel der kulturellen Blüte des *Goldenen Zeitalters* war kriegerischer Erfolg, der wirtschaftliche Macht nach sich zog. Erst so entwickelten sich die großen Städte und eine urbane Elite, die ein ausschweifendes Leben führen konnte und sogar den kulturellen Nährboden für die dichterische Verarbeitung dieses Lebensstils bot.

Auch die feministischen Gruppierungen und NGOs konnten und können durch geschicktes Agieren soviel Einfluss gewinnen, um die geschlechtsspezifischen Konfigurationen und damit auch die sexuellen Möglichkeiten der Menschen zu verändern. Am Beispiel Marokkos habe ich deutlich gemacht, das Feministinnen und Feministen, um ihre Ziele zu erreichen, immer auch einflussreiche Strukturen, seien es Medien, Politik oder Wirtschaft nutzen müssen, und dass solche Anliegen, die für bestimmte Machtsphären nützlich sind, sich durchsetzen können. So war die Entschleierung zu Gunsten der Frau durch den regierenden Monarchen in Marokko durch den Willen zur Modernisierung des Landes motiviert, welche wirtschaftlich sinnvoll war. Die Durchsetzung eines neuen Familienrechts beruhte auf der nationalen und internationalen Vernetzung von Feministinnen mit einflussreichen Akteuren. Kurz und gut: Macht und normative Auffassungen die Sexualität betreffend standen historisch häufig in einem engen Bedingungsverhältnis.

Die Verbindung von Sexualität und diskursiven Formationen wurde ebenfalls herausgearbeitet. Es ist nicht übertrieben, wenn ich behaupte, dass es in der islamischen Kultur historisch einen wesentlich größeren Korpus von Literatur zu erotischen Beziehungen und Lebensgestaltung gibt. Schon bei Koran, Hadithe und Scharia, den unveränderbaren Grundlagen der Religion, ist Erotik und Geschlechtsbeziehung ein wiederkehrendes Thema. Diese Texte können als generative Basis für die normative Literatur und Ratgeberliteratur aufgefasst werden, die es im Verlauf der Geschichte in der islamischen Welt in großer Zahl gegeben hat. Sie sind aber der Ausgangspunkt für wissenschaftliche Arbeiten, wie sie von Theologen und Rechtsgelehrten schon im frühen Mittelalter erarbeitet wurden. Hierbei kann wiederum festgestellt werden, dass es ein zirkuläres Verhältnis zwischen Macht, Diskurs, Wissen und den daraus resultierenden legalen Praktiken gab. Auffällig ist jedoch, dass sich die Literatur nicht auf die Darstellung normierter und legaler Praktiken beschränkte, vor allem in historiografischen Schriften und der Poesie sind uns Zeugnisse eines freizügigen, auch gleichgeschlechtlichen Liebeslebens überliefert. Über religiöse Vorschriften, Ratgeberliteratur, Poesie und vor allem auch die Reinigungsvorschriften hatte der Diskurs zur Sexualität schon sehr früh einen Zugriff u.a. auf Körper und Hygiene der Subjekte, die Gestaltung ihres Intimlebens und ihrer Familienführung.

Der verblüffende Pluralismus sexueller Beschreibungen in der Literatur führt mich allerdings zu der Frage, wie aussagekräftig die Normen und Vorgaben, die schriftlich überliefert sind, hinsichtlich der tatsächlich durchgeführten Praktiken sein können. Zwar kann nicht abgewiesen werden, dass bestimmte Handlungen institutionell festgelegt sind, so z.B. jene, welche die Ehe, die

Polygamie oder die Scheidung betreffen, aber es finden sich in der Literatur sowohl des Mittelalters als auch der Gegenwart und unmittelbaren Vergangenheit Belege für die zahlreiche Durchführung von Praktiken, die nicht erlaubt waren. Für diese Arbeit wurden keine ethnographischen Studien verwendet, weswegen über tatsächlich stattfindende und stattgefundene Praxis wenig gesagt werden kann. Dennoch möchte ich die These aufstellen, dass das Nebeneinander erlaubter und unerlaubter Praxis ein Beleg dafür ist, dass es in der islamischen Welt *kein* Sexualitätsdispositiv im Foucault'schen Sinne gibt. Zahlreiche Autoren haben darauf hingewiesen, dass im Islam die Sexualität und das Fleisch, anders als im Christentum, nicht problematisiert wurden. Die Dämonisierung der Sexualität mündete dort in einem verinnerlichten Zwang zur Askese, wie auch Mernissi schreibt. Während im Islam die – an sich positive – Sexualität über einen reichen Katalog an Vorschriften und Institutionen verfügt, aber auch nach Hinweisen und Hilfestellungen geregelt und so vielleicht auch in gewisse Bahnen gelenkt wurde (welche auch immer wieder verlassen wurden, wie uns v. a. die mittelalterliche Literatur Arabiens beweist), war sie im Christentum Anlass für Scham. Wenn Foucault schreibt, dass die christliche Geständnistechnik die *technische* Grundlage des *Sexualitätsdispositivs* ist, dann will ich behaupten, dass sich die Geständnistechnik selbst nur auf dem Boden der sexualfeindlichen christlichen Lehre, wie sie Mernissi, Maghen et al. als Kontrastvorlage islamischer Haltungen zur Sexualität beschreiben, etablieren konnte. Geständnistechnik ist eigentlich Beichttechnik und gebeichtet wird die Sünde. Zwar weist Foucault die *Repressionshypothese* ab, und er hat damit sicher insofern recht, als die Beichte und das Geständnis als Effekt die Anregung von Diskursen hat; er betont jedoch nicht, was die Grundlage der Beichte ist, nämlich die Sünde. Es ist dies das für mich erstaunliche Ergebnis dieser Arbeit, zu dem ich nur gelangen konnte, indem ich mich mit der Sexualität in der Vorstellungswelt der islamischen Religion und der daraus hervorscheinenden grundsätzlich anderen Auffassung des Geschlechtslebens auseinandergesetzt habe. Foucault schreibt dem *Sexualitätsdispositiv* eine schon fast totalisierende Kraft bezüglich der Subjektkonstitution zu – es scheint schwierig ihm zu entkommen. Die Diskurse, die um den Sex entstehen und die vom Mythos einer unterdrückten Sexualität genährt werden, werden zum Kontrollwerkzeug gegenüber den Individuen.[7] Woher kommt diese Macht? Ist sie vielleicht doch eine späte Folge einer verinnerlichten Sexualfeindlichkeit in der christlichen Religion? Es ist auf jeden Fall auffällig, wie übereinstimmend die hier besprochenen Autor(inn)en den Gegensatz zwischen christlicher und islamischer Einstellung zur Sexualität betonen. Oder sind sie am Ende selbst der *Repressionshypothese* erlegen?

In jedem Fall kann festgehalten werden, dass innerhalb des Islam sich keine Geständnispraxis bezüglich der Sexualität entwickelt hat. Die Sexualität im Islam ist von außen eingehegt und wurde durch zahlreiche Institutionen geregelt und kanalisiert. Diese Institutionen und Regelungen wurden und werden durch historisch variable Machtblöcke abgesichert oder aufgeweicht. Diese Machtblöcke und Regelungen haben sicher auf die Konstitution der Subjekte ihre Wirkung, aber ich denke nicht in jener Form, wie Foucault es beschreibt. Es ist immer noch eine Eingrenzung, die von außen kommt und nicht aus dem Inneren oder den Geständnissen der Subjekte selbst. Wenn von einem *Sexualitätsdispositiv* im Islam gesprochen werden soll, dann müssen die Besonderheiten desselben in den Blick gerückt werden.

Literaturverzeichnis

Accad, Evelyne 2004: Sexualität und Politik der Körper. Konflikte und Widersprüche von Frauen im Nahen Osten. In: Youssef, Houda (Hrsg.): *Abschied vom Harem? Selbstbilder – Fremdbilder muslimischer Frauen*. Orlanda Verlag, Berlin.

Afkhami, Mahnaz 1997: Promoting women's rights in the Muslim world. In: *Journal of Democracy*. Vol. 8, Nr. 1. S. 157-166.

---

[7] Vgl. Foucault (1996:181f): „Ja, und deshalb stellen sie [Ärzte und Sexologen, nach Foucault die Polizisten des Sex, Anm. d. Verf.] uns eine furchtbare Falle. Sie sagen uns etwa: ‚Ihr habt eine frustrierte und stumme Sexualität, die von heuchlerischen Verboten unterdrückt wird. Also kommt zu uns, sprecht euch aus, zeigt das alles, vertraut uns eure schlimmen Geheimnisse an...' Dieser Typ von Diskurs ist in der Tat ein erstklassiges Macht- und Kontrollwerkzeug."

Ahmadi, Fereshteh 2006: Islamic feminism in a new Islamic context. In: *The Journal of Feminist Studies in Religion Inc.* Vol. 22, Nr. 2. S. 33-53.

Antes, Peter 1991: *Der Islam.* Kohlhammer, Stuttgart.

Boyarin, Daniel; Castelli, Elisabeth A. 2001: Introduction: Foucault's the history of sexuality: The fourth volume, or, a field left fallow for others till. In: *Journal of the History of Sexuality.* Vol. 10, Nr. 3 / 4. S. 357-374.

Chebel, Malek 1997: *Die Welt der Liebe im Islam.* Kunstmann, München.

Ennaji, Moha; Sadiqi, Fatima 2006: The feminization of public space: women's activism, the family law, and social change in Morocco. In: *Journal of Middle East Women's Studies.* Vol. 2, Nr. 2. S. 86-114.

Fink-Eitel, Hinrich 1989: *Michel Foucault zur Einführung.* Junius, Hamburg.

Foucault, Michel 1978: *Dispositive der Macht: über Sexualität, Wissen und Wahrheit.* Merve Verlag, Berlin.

Foucault, Michel 1977: *Der Wille zum Wissen. Sexualität und Wahrheit 1.* Suhrkamp, Frankfurt (Main).

Heller, Erdmute; Mosbahi, Hassouna 1994: *Hinter den Schleiern des Islam. Erotik und Sexualität in der arabischen Kultur.* Beck, München.

Maghen, Ze'ev 2005: *Virtues of the flesh. Passion and purity in early Islamic jurisprudence.* Brill, Leiden.

Marsot, Afaf Lutfi Al Sayyid 1984: The changing Arab Muslim family. In: Kelly, Marjorie (Hrsg.): *Islam: The religious and political life of a world community.* Praeger, New York. S. 243-258.

Martin, Richard C. 2004: *Encyclopaedia of Islam and the Muslim world*. Macmillan, New York.

Mayer, Ann Elizabeth 1984: Islamic law. In: Kelly, Marjorie (Hrsg.): *Islam: The religious and political life of a world community*. Praeger, New York. S. 226-243.

Mernissi, Fatima 1987: *Geschlecht Ideologie Islam*. Frauenbuchverlag, München.

Mernissi, Fatima 1994: *Der Harem in uns*. Herder, Freiburg.

Mernissi, Fatima 2002: *Der politische Harem. Mohammed und die Frauen*. Herder, Freiburg.

Mottahedeh, Roy P. 1984: The foundation of state and society. In: Kelly, Marjorie (Hrsg.): *Islam: The religious and political life of a world community*. Praeger, New York. S. 55-73.

Parrinder, Geoffrey 1991: *Sexualität in den Religionen der Welt*. Patmos, Düsseldorf.

Rahman, Fazlur 1984: The message and the messenger. In: Kelly, Marjorie (Hrsg.): *Islam: The religious and political life of a world community*. Praeger, New York. S. 29-55.

Ambivalenzen in der islamischen Einstellung zur Sexualität

Steffi Grundmann[1]

Zusammenfassung: In ihrem Beitrag geht Steffi Grundmann den oftmals widersprüchlich anmutenden islamischen Einstellungen zur Sexualität auf den Grund. Sie dekonstruiert die vielfach postulierte Dichotomie zwischen Politik und Sexualität und zeigt deren vielfache Verbindungen auf. In ihrer Arbeit geht sie zum einen auf die alten Schrifttraditionen ein, um die darin enthaltenen Regelungen zur Sexualität zu untersuchen und zeigt im Anschluss daran auf, wie diese bis in heutige Diskurse reichen. Außerdem analysiert sie westliche Interpretationen des islamischen Verhältnisses zur Sexualität.

Schlüsselwörter: Sexualität. Politik. Öffentlichkeit. Privatheit. Ambivalenz. Religiöse Texte. Westlicher Blick.

SIN

I have sinned, a delectable sin
In an embrace which was ardent, like fire
I have sinned in the midst of arms
Which were hot and vengeful, like iron

In that dark and silent private place
I looked to his secret-filled eyes
In my breast my heart trembled anxiously
In desire of his entreating eyes

---

[1] Steffi Grundmann, 1980 in Potsdam geboren, ist Kauffrau im Groß- und Außenhandel. Sie studiert Alte Geschichte, Geschlechterstudien und Russistik an der Humboldt-Universität zu Berlin sowie der Moskauer Staatlichen Linguistischen Universität. Ihre Studienschwerpunkte sind historische Geschlechterforschung, Sexualität und Körper, Wissenschaftssoziologie und Wissenschaftskritik sowie Genderlinguistik. Das Thema ihrer Magistraarbeit lautet „Aristophanes als Quelle für die antike Körpergeschichte – Haut und Haar als Zeichen sozialer Differenz".

> In that dark and silent private place
> I sat, distracted, by his side
> His lips poured passion upon mine
> I was saved from my mad heart's repine
>
> I whispered the tale of love to his ear:
> I want you, O sweetheart of mine
> I want you, O life-giving bosom
> You, O mad love of mine
>
> Passion kindled flames in his eyes
> The red wine danced in the glass
> In the soft bed, against his chest
> My body trembled with drunkenness
>
> I have sinned, a delectable sin
> Beside a body, trembling and dazed
> O God, how can I know what I did
> In that dark and silent private place?
>
> Forugh Farrokhzad[2]

1. Einleitung

Das Gedicht von Farrokhzad beinhaltet die wichtigsten Faktoren, die die Beziehung von Sexualität und Islam prägen. Es spricht offen über das Verlangen und die Lust, bezeichnet diese jedoch zugleich als Sünde. Diese Zuweisung offenbart die politische Dimension der Reglementierung der Sexualität und die Ambivalenzen, die das Verhältnis von Islam und Sexualität prägen.

Obwohl es eine Vielzahl von Publikationen zur Geschlechterfrage in islamischen Gesellschaften gibt, ist die Rolle der Sexualität bisher nicht umfassend diskutiert worden. Evelyne Accad kritisiert die Tendenz, einen so wichtigen Lebensbereich nicht zu thematisieren und betont die Verweigerungshaltung vieler Feministinnen (vgl. Accad 2004:260ff).

---

[2] Entnommen aus Purdy 1992:101f.

Die Machtstrukturen, die das Geschlechterverhältnis prägen, werden auf diesem Gebiet in besonderer Weise deutlich. Angesichts der täglich gelebten Realität sexueller Beziehungen und des Einflusses, den diese auf unser Leben und unsere Überzeugungen haben, ist es auch im Rahmen der westlichen Theorie der sozialen Konstruktion von Geschlecht von entscheidender Bedeutung, die Rolle der Sexualität zu untersuchen und zu hinterfragen.

Ich beschäftige mich mit der Interpretation von Sexualität und Körperlichkeit in fremden Kulturen, ob zeitgenössisch oder der Vergangenheit angehörend, um eigene, westliche[3] Beziehungen und Vorstellungen mit Hilfe des Blicks auf *das Andere* sichtbar zu machen. Diese primäre Intention tritt in der vorliegenden Untersuchung jedoch in den Hintergrund, da ich die islamischen Texte für sich betrachten werde, um sie einander gegenüberzustellen und die Komplexität der Auffassungen von Sexualität im islamischen Kulturkreis aufzuzeigen.

Eingehende Analysen dieser Vorstellungen liefert bisher nur Fatima Mernissi. Ergänzend beziehe ich mich auf Einzeluntersuchungen der relevanten Texte z.B. aus historischer Perspektive und Fallstudien zu ausgewählten Regionen des islamischen Kulturraums.

Im Folgenden thematisiere ich zunächst den westlichen Blick auf Musliminnen, das Verhältnis von Sexualität und Politik und die Bedeutung religiöser Texte vergangener Jahrhunderte für das moderne Geschlechterverhältnis. Danach stelle ich die Ansichten eines Gelehrten des 11. Jahrhunderts n. Chr. vor, die das Denken über die Ehe bis heute prägen. Die westlichen Interpretationen des Verhältnisses von Islam und Sexualität, die dieses entweder als positiv oder Unterdrückung bewirkend beschreiben, stelle ich der Analyse weiterer muslimischer Schriften gegenüber. Zuletzt wird ein Blick auf die reale Ausprägung sexueller Beziehungen am Ende des 20. Jahrhunderts weitere Ambivalenzen im Verhältnis von Sexualität und Islam aufzeigen.

---

[3] Das ist die z.T. christlich geprägte, aber säkularisierte Perspektive, die Westeuropa und Nordamerika kennzeichnet und deren Vorannahmen und Wertmaßstäbe weltweit dominant wirken.

2. Die geschlechtsspezifische Konzeption von Sexualität in islamischen Gesellschaften

2.1. Theoretische Vorüberlegungen

2.1.1. Der westliche Blick auf die Sexualität im Islam

Muslimischen Frauen werden aus der europäisch-nordamerikanischen Perspektive drei mögliche Rollen zugewiesen. Die Reiseliteratur vergangener Jahrhunderte prägt bis heute die Vorstellung der exotischen Haremsschönheit, deren Bestimmung es ist, allzeit für ihren Gebieter bereit zu sein. Dem Bild der Haremsdame tritt via Fernsehbildschirm seit einigen Jahren das der Fundamentalistin entgegen. Eine dritte Sichtweise, nach der Musliminnen unterdrückt werden, wird u.a. von der modernen feministischen Literatur vertreten. Pinn bewertet alle drei Vorstellungen vom Leben muslimischer Frauen als negativ. Aus dieser westlichen Perspektive werde die Islamisierung mit wachsender Benachteiligung der Frau assoziiert und als Rückschritt betrachtet (vgl. Pinn 2004:137f).

Die jeweiligen Beziehungen dieser Konzepte zur Sexualität unterscheiden sich voneinander. Die Fundamentalistin im Tschador (von Iranerinnen getragener langer Schleier) scheint jeglicher Verbindung zur Sexualität zu entbehren, während die Haremsschönheit auf ihre erotische Rolle reduziert wird. Das Bild der unterdrückten Muslimin entsteht insbesondere durch Erfahrungsberichte aus dem sexuellen Bereich (vgl. El Saadawi 1980:17, 25ff, 42), der auf diese Weise stark abgewertet wird. Die zweite und dritte Zuordnung können als Illustration für die Beobachtung dienen, dass muslimische Frauen in der westlichen Welt als isoliert und ihrer Kultur entfremdet gelten. Zugleich dienen aber beide zur Konstruktion recht unterschiedlicher Vorstellungen der islamischen Kultur (vgl. Pinn / Wehner 2004:103). Die symbolische Inbesitznahme der orientalischen Kultur in den Berichten europäischer Reisender, die in der Forschung als *journey of penetration* bezeichnet wird, erfolgt durch die Sexualisierung des bereisten Landes. Es wird als weiblich imaginiert und durch das Eindringen und Beschreiben beherrscht (vgl. Marcus 1992:33,

39f). Dass die populären Klischeebilder, die die westliche Wahrnehmung der Position islamischer Frauen bestimmen, mit Sexualität verknüpft werden, verweist auf deren Bedeutung für das westliche Denken.

Die wissenschaftliche Beschäftigung mit den Facetten der Sexualität in unterschiedlichen Kulturen resultiert aus der grundlegenden Veränderung, der die westliche Einstellung zur Sexualität in den letzten 150 Jahren unterworfen gewesen ist (vgl. Bellamy 1979:23) und der entscheidenden Rolle, die die westliche Zivilisation der Sexualität in allen Bereichen der menschlichen Interaktion zuweist (vgl. Rosenthal 1979:5).

Nach Murdock ist der Sexualtrieb so mächtig, dass er zu Verhalten führen könne, das die gesellschaftliche Ordnung und die sozialen Beziehungen zerstöre. Deshalb seien alle Kulturen bestrebt, die Sexualität zu kontrollieren, um ihre Gesellschaft zu schützen. Die Reglementierung der Sexualität dürfe aber nicht die Gewährung ausreichender Befriedigung der Mitglieder der Gesellschaft verhindern, da sonst Gesundheit und Reproduktion der Bevölkerung gefährdet seien (vgl. Murdock 1949:260f).

Rosenthal zeigt, dass dieses Potential der Sexualität, die Gesellschaft zu spalten, auch den frühislamischen Autoren bewusst gewesen ist. Das ewige Problem, angeborene menschliche Bedürfnisse in Einklang mit gesellschaftlichen Forderungen zu bringen, wird auch von ihnen behandelt (vgl. Rosenthal 1979:6, 21). Diese Interpretation spricht für die Annahme einer kulturübergreifenden Tendenz, die Sexualität zu reglementieren, wie Murdock sie beschreibt, aber die moderne Fragestellung nach der Rolle der Sexualität in der Gesellschaft wird von außen an nichtwestliche Kulturen herangetragen. Deutlich wird diese Prädisposition möglicher Antworten durch die eigene Perspektive anhand der Diskussion um die positive Einstellung des Islam zur Sexualität und der These der sexuellen Unterdrückung der muslimischen Frau, die beide in Kapitel 2.3.1. „Lob oder Unterdrückung der Sexualität?" näher betrachtet werden.

Doch der westliche Blick bestimmt nicht nur die Fragestellung und damit die Antwortmöglichkeiten, sondern tendiert zu einer die muslimischen Frauen homogenisierenden Betrachtungsweise (vgl. Pinn / Wehner 2004:102), wie auch die zu Anfang zitierten Klischeebilder zeigen. Diese Vorgehensweise entspricht der Annahme, Lebenssituationen von Frauen seien kulturübergreifend durch gleiche Bedürfnisse und Ziele geprägt. Auch dies ist zu kritisieren, weil eine solche Übereinstimmung von Lebenssituationen und Anforderungen kaum innerhalb einer Gesellschaft, geschweige denn zwischen verschiedenen Kulturen, behauptet werden kann (vgl. Pinn / Wehner 2004:125).

Nicht nur die muslimischen Frauen, auch der häufig als Metakultur betrachtete Islam zeichnet sich durch eine Vielzahl von Lebensweisen und Konzeptionen aus (vgl. Moghissi 1999:16). Eine einheitliche Lage der Frau oder der Sexualität im Islam kann so nicht erwartet werden. Im Folgenden werden deshalb einzelne Facetten vorgestellt, die jedoch nicht in ihrer Gültigkeit miteinander konkurrieren, sondern als Alternativen nebeneinander stehen.

2.1.2. Sexualität und Politik

Der Einfluss, den Sexualität und Körperlichkeit auf die Herrschaftsverhältnisse haben, wird von feministischer Seite betont und mit der Forderung verknüpft, die Diskussion sexueller Konflikte in die Politik einzubeziehen (vgl. z.B. Göle 1995:119; Accad 2004:275; Mernissi 1982:191). Dies erscheint zunächst überraschend, denn während Sexualität üblicherweise dem Privaten zugeordnet wird, gilt Politik als Bestandteil der Öffentlichkeit. Doch Pinn und Wehner stellen die Geltung der westlichen Dichotomie von öffentlich und privat, die die Zuordnung von Macht und Machtlosigkeit zu diesen Begriffen beinhaltet, für islamische Kontexte in Frage (vgl. Pinn / Wehner 2004:132).

Hegland hingegen zeigt, dass im ruralen Iran die Vorstellung der Trennung dieser beiden Sphären eine machtvolle Ideologie ist, die bei Bedarf der Einschränkung der Aktivitäten von Frauen und der Kontrolle ihrer Sexualität dient. Doch diese Zuweisung entspricht nicht den tatsächlichen Bedingungen unter denen im ländlichen Iran Politik gestaltet wird. Persönliche und häusliche Beziehungen sind immer auch politisch und öffentlich von Bedeutung (vgl. Hegland 1992:215, 229). Indem Allianzen mit Hilfe von Eheschließungen aufgebaut und gefestigt werden, wird die Sexualität für einen politischen Nutzen eingesetzt. Hegland stellt die Anforderungen an die weibliche Keuschheit, den Altersunterschied der Eheleute, die Rolle der Schwiegermutter, die Zurückgezogenheit der Frauen, die frühen Schwangerschaften und die mangelnde Bildung in den Kontext der Bewahrung von Sexualität für diesen politischen Zweck (vgl. Hegland 1992:223).

Diese Analyse offenbart einen Widerspruch in der islamischen Konzeption der Gesellschaft. Es wird die Trennung von Lebensbereichen postuliert, die entscheidenden Einfluss aufeinander ausüben. Sexuelle Beziehungen, die hier auf die Ehe beschränkt werden, wirken sich auf politische Prozesse aus und diese bestimmen im Gegenzug die Entstehung neuer sexueller Bindungen. Doch das Postulat der Opposition von privat und öffentlich und die geschlechtliche Zuordnung der Räume bleiben machtvoll und werden auch in der feministischen Literatur zu Frauen im Islam vertreten (vgl. z.B. Göle 1995:118).

In ihrer Analyse der Haltung des Propheten zu den Frauen kommt Mernissi zu dem Schluss, die Gleichberechtigung der Frau sei gescheitert, weil Mohammed auf der Verbindung von Sexualität und Politik bestanden habe. Erst als diese nicht mehr zu halten gewesen sei, erfolgten die Geschlechtersegregation und der Ausschluss der Frauen aus der Politik (vgl. Mernissi 1989:216ff, 230). Sie geht nicht nur an dieser Stelle von der territorialen Begrenzung der Sexualität im Islam aus. Die öffentliche Welt der *Umma* (Gemeinschaft aller Muslime) sei streng von der privaten Sphäre der Sexualität, auf die die Frau beschränkt sei, getrennt (vgl. Mernissi 1987:153ff).

Die Dichotomie von Drinnen und Draußen, sowie Autorität und Machtlosigkeit, also des Privaten und der Öffentlichkeit, wird in dieser Analyse so dargestellt, wie sie in der machtvollen Ideologie innerhalb des Islam und im Westen definiert wird. Aber wie Hegland gezeigt hat, lassen Sexualität und Politik sich nicht voneinander trennen, sondern haben viele Gemeinsamkeiten. Sie bilden Machtstrukturen (vgl. Accad 2004:259f) ab und sind auch nach Murdocks These eng miteinander verknüpft. Die Reglementierung der Sexualität erfolgt zum Schutz der Gemeinschaft, die als politische Einheit begriffen werden kann. Auf diese Weise nehmen die Herrschaftsverhältnisse entscheidenden Einfluss auf den Rahmen, in dem Sexualität gelebt wird. Doch auch Politik ist eine menschliche Interaktion und alle Beteiligten verfügen über persönliche sexuelle Beziehungen, die ihre Ansichten und Handlungen prägen.

2.1.3. Die Bedeutung religiöser Texte für die Vorstellungen von Sexualität heute

Bei der Lektüre zum Thema Frau und Islam fällt trotz der Vielzahl der Publikationen, der verschiedenen Genres und Fragestellungen und der z.t. widersprüchlichen Intentionen von AutorInnen unterschiedlichster Herkunft eine Konstante auf. Die moderne Literatur sucht die Antwort auf die Frage nach der Lebensweise muslimischer Frauen mit Hilfe der Vorstellungen und Regeln, die das Leben der Frauen im Frühislam geprägt haben.[4] Die Bedeutung des Korans und der *Sunna* (das Leben Mohammeds als Anleitung für das Verhalten der Muslime) für die heutigen Lebensbedingungen von Frauen in islamischen Ländern wird z.B. von Mernissi betont (vgl. Mernissi 1987:87) und selbst El Saadawi, die die Religion als von wirtschaftlichen Zusammenhängen geprägt ansieht, bezieht sich im Verlauf ihrer Darstellung der Unterdrückung der Frau im modernen Ägypten auf die Lebensweise des Propheten und die Bestimmungen des Koran (vgl. El Saadawi 1980:5, 70f).

Relevanz erhält diese Beobachtung durch den Vergleich mit westlichen Argumentationsstrukturen, die die bestehenden Rollenzuweisungen an Frau und Mann legitimieren. Diese bedienen sich nicht eines ähnlichen Rückgriffes auf religiöse Konzepte vergangener Zeiten, sondern biologischer Legitimationsstrategien, die von feministischer Seite durch die These, dass die Geschlechtsidentität sozial konstruiert ist, angegriffen werden (vgl. z.B. Hirschauer 1996:240f).

Inwieweit diese Diskussion im islamischen Kontext Bedeutung erlangt, kann und soll hier nicht diskutiert werden. Viel wichtiger ist die Erkenntnis der zusätzlichen Komponente, die bei der Aus-

---

[4] Vgl. z.B. Ahmed 2004:159ff; Ahmed 1992:41ff, 34; Bürgel 1979:86; Kreile 1979:91ff; Mernissi 1987:39ff; Moghissi 1999:16f; Pinn 2004:143f; Bellamy 1979; Mernissi 1989 und Sabbah 1984, die ihre gesamte Argumentation auf diesen Texten aufbauen.

einandersetzung mit den Rollenzuweisungen an Frau und Mann in islamischen Kontexten hinzukommt und die Frage ihrer Herkunft. Zwei Aspekte wirken hier aus unterschiedlichen Richtungen auf das gleiche Ergebnis ein.

Die westliche Haltung zu fremden Lebensweisen ist durch das Einnehmen einer dominanten Machtposition gekennzeichnet. Sie tendiert dazu, die Grundlagen der Existenz anderer Kulturen, wie z.B. der muslimischen, in Frage zu stellen und im Vergleich mit der europäisch-nordamerikanischen Lebensrealität als minderwertig darzustellen. Die Wirkung dieser Einstellung lässt sich durch die Umkehrung der Frage verdeutlichen: Wenn doch Polygamie und Geschlechtersegregation die bessere Lebensweise sind, warum leben wir dann in Monogamie und tragen keine Schleier? Diese Teile der westlichen Lebensrealität lassen sich nicht als Fortschritte der Frauenbewegung definieren, sondern sind Grundkonstanten der Geschlechterbeziehung in unserer Gesellschaft, die in diesem Beispiel aus einer gedachten Machtposition in Frage gestellt werden. Die Antwort auf diese Frage würde sich eher nicht auf das Mittelalter oder das Christentum beziehen, aber doch zu gewissen Anfängen zurückblicken und die heutige Situation mit deren Hilfe erklären. Nichts anderes tun MuslimInnen und in Anlehnung an diese auch westliche AutorInnen, wenn sie die Lebensbedingungen von Frauen in islamischen Gesellschaften unter Rückbezug auf den Koran und das Leben des Propheten erklären.

Zum Zweiten gibt es eine bis heute machtvolle Auseinandersetzung mit den Schriften des Islam, die als religiöse Anleitungen für die Organisation der Gesellschaft fungieren. So wirken sich die im Frühislam entstandenen Texte bis heute auf die Gesetzgebung z.B. des Iran aus (vgl. Moghissi 1999:14; Mir-Hosseini 2002:137). Deshalb setzen sich einige Autorinnen nicht nur am Rande und einführend mit dem Koran und den weiteren Schriften auseinander, sondern analysieren diese z.B. aus feministischer Perspektive und bieten so neue Auslegungen der alten Worte (vgl. z.B. Mernissi 1989; Sabbah 1984). In Verbindung mit der fundamentalen Infragestellung als grundlegend angesehener Existenzbedingungen bewirkt diese Tradition das immer wiederkehrende Bild der Begründung heutiger Lebenssituationen durch Texte, die über tausend Jahre alt sind.

Die Länder des Nahen Ostens und Nordafrikas werden häufig mit Hilfe der Religion ihrer Bewohner bezeichnet und als religiös definiert. Diese Tendenz wird von Marcus kritisiert und der fehlenden Gruppierung „christlicher Länder" gegenübergestellt (Marcus 1992:91f). Ihre Kritik ist insofern berechtigt, als dass die Prägung durch Religiosität für diesen Kulturraum unhinterfragt angenommen und für den Westen zumeist gar nicht in Betracht gezogen wird. In der Literatur, die dieser Arbeit zugrunde liegt, stehen jedoch religiöse Argumente im Vordergrund und das Thema Sexualität wird gerade in seiner Beziehung zur Religion thematisiert. Deshalb werden im Bewusstsein der Problematik auch solch summierende Bezeichnungen verwendet, um die Fokussierung auf die Religion deutlich zu machen, die sich u.a. durch den oben skizzierten Rückgriff auf frühislamische Texte äußern wird.

2.2. Imam Al Ghazali – Ein Vertreter der Schrifttradition zu Ehe und Sexualität

Der Imam Abu Hamid Muhammad b. Muhammad Al Ghazali lebte von 1050 bis 1111 n. Chr. und verfasste das Werk „Neubelebung der Religionswissenschaften", in dem ein Teil „Von der Ehe" handelt. Moderne AutorInnen ziehen ihn bei der Untersuchung des Verhältnisses von Islam und Sexualität heran, denn seine Zusammenstellung und Interpretation der wichtigsten Aussagen des Propheten und anderer Autoritäten zu Ehe und Sexualität ist bis heute relevant für die Lebensrealität von Frauen in muslimisch geprägten Gesellschaften.

Im Verlauf der Argumentation Al Ghazalis tritt die Sexualität als Zweck und größter Vorteil der Ehe für den Mann in den Vordergrund. Durch sie werde legitime Nachkommenschaft erzielt und die Sinnlichkeit gebrochen (vgl. Al Ghazali 1917:12, 44). Die Beschränkung der Sexualität auf die Ehe führt zur Betonung ihrer Rolle für die Reproduktion, aber der die Sexualität bestimmende Aspekt – das Verlangen – wird nicht vernachlässigt. Die Libido sei auf das äußere wie innere Leben ausgerichtet, denn sie diene als Anreiz für die Reproduktion und biete einen Vorgeschmack auf die Wonnen im Paradies. Zugleich sei sie aber auch eine ständige Versuchung für den Menschen (vgl. Al Ghazali 1917:22ff)[5]:

„Desgleichen erklärten 'Ikrima und Muǧāhid (Sūra 4,32) ‚Der Mensch ward schwach erschaffen' dahin, daß er ohne das Weib nicht leben könne." (Al Ghazali 1917:25)

Das Verlangen sei die „stärkste Waffe des Teufels gegen die Adamssöhne" (Al Ghazali 1917:25) und trete in Gestalt der Frau auf. Die Verknüpfung von Begierde, Frau und Teufel findet sich auch in der Vorschrift, während des Geschlechtsverkehrs Gott anzurufen:

„Der Hochgebenedeite sagt: Wenn einer von euch seiner Frau beiwohnt und dabei spricht: ‚Mein Gott, wende von mir den Teufel ab und wende den Teufel ab von dem, was du uns bescherst', so wird der Teufel dem Kind, das sie etwa bekommen, nichts schaden können." (Al Ghazali 1917:88)

Die Ehe dient nach Al Ghazali der sexuellen Befriedigung des Mannes in erlaubter Form. Ihr Ziel sei es, das Herz für den Gottesdienst frei zu machen, damit den Gläubigen nichts vom Gebet ablenke. Am potentiellen Publikum orientiert, widmet sich der Autor den Vorteilen, die die Ehe einem Mann bringe und macht deutlich, dass es die Bedürfnisse des Gatten sind, die es zu befriedigen gilt. Diesem Ziel entsprechen auch die Mittel, die ergriffen werden können: Ehegemeinschaft mit bis zu vier Frauen und Verstoßungen je nach Bedarf, d.h. je nach Stärke der Sinnlichkeit des Mannes, die es durch Abwechslung zu befriedigen gilt (vgl. Al Ghazali 1917:22ff).

Unter den positiven Eigenschaften, die eine Ehefrau haben sollte, finden sich drei Anforderungen, die einen direkten Bezug zur Sexualität haben oder von Al Ghazali mit ihr verknüpft werden. Eine schöne Frau bewahre ihren Mann vor der Unzucht, da eine unansehnliche nicht befriedige und äußere mit innerer Schönheit einhergehe. Dies solle jedoch nicht das einzige Auswahlkriterium sein und wer keine Befriedigung suche, nehme stattdessen eine

---

[5] Diese Gleichsetzung von Mann und Mensch ist ein Aspekt, der für die Analyse des Geschlechterverhältnisses bei Al Ghazali von entscheidender Bedeutung ist, hier aber nicht weiter thematisiert wird.

kluge Frau. Eine zweite wichtige Eigenschaft ist die Fruchtbarkeit der Braut, die in direkter Beziehung zur Rolle der Sexualität bei der Reproduktion steht. Die Forderung nach Jungfräulichkeit begründet Al Ghazali mit der Bedeutung des ersten Eindrucks, den der Ehemann so hinterlassen könne. Durch diesen werde die Frau geprägt, so dass sie ihn nie vergessen könne und ihre Liebe am andauerndsten sei. Die anderen geforderten Eigenschaften, wie Religiosität, Bravheit, gute Herkunft, nicht zu nahe Verwandtschaft und mäßiges Brautgeld, stehen im Zusammenhang mit der Einhaltung der Sitten oder sind im Vertragscharakter der Ehe begründet (vgl. Al Ghazali 1917:55ff).

In dieser Passage wird die Adressierung des Buches an Männer besonders deutlich, denn im Folgenden listet Al Ghazali die Anforderungen, die an den Mann gestellt werden, auf:

„Andererseits muss aber auch der Vertreter der Frau auf die Eigenschaften des Mannes ein Auge haben und dafür sorgen, daß er seinen Schützling nicht an einen Mann verheiratet, dessen Äußeres und Inneres zu wünschen übrig lässt, der es mit der Religion leicht nimmt, seine Pflichten der Frau gegenüber vernachlässigt oder an Abstammung hinter ihr zurücksteht." (Al Ghazali 1917:66)

Eine Verknüpfung der Eigenschaften des Mannes mit dem Bereich der Sexualität erfolgt im Gegensatz zur Frau nicht. Das Interesse, eine solche Zuordnung vorzunehmen, scheint gering und außerdem führt die Kürze dieser Aussage zu einer Oberflächlichkeit, die dies nicht zulässt. Die Sparsamkeit der Worte überrascht zudem angesichts der Einsicht, dass die Beachtung der Auswahlkriterien für die Frau von besonderer Bedeutung sei, da die Ehe für sie eine Knechtschaft ohne Erlösung darstelle (vgl. Al Ghazali 1917:66f).

Die Pflichten des Ehemannes lassen sich als wirtschaftliche und soziale Unterhaltung der Frau definieren. Ihr sind das regelmäßige nächtliche Zusammensein und der Lebensunterhalt ebenso zu gewähren wie Zucht sowie Segregation und Verschleierung als Mittel gegen die männliche Eifersucht (vgl. Al Ghazali 1917:68ff).

Die von Al Ghazali aufgeführten Vorschriften für den Geschlechtsverkehr reglementieren die Sexualität. Neben die bereits erwähnte Anrufung Gottes treten das Verbot des Koitus mit Menstruierenden, das Gebot jeder Frau alle vier Tage beizuwohnen, umfangreiche Reinigungsrituale, Überlegungen zum Coitus interruptus und die Betonung der Bedeutung von Worten, Küssen und Zärtlichkeit, sowie die Pflicht, die Frau zu befriedigen (vgl. Al Ghazali 1917:88ff). Selbst die Scheidung, die Al Ghazali als erlaubt, aber Gott verhasst, darstellt, verknüpft er mit sexuellen Handlungen bzw. deren Unterlassung. Denn der Zeitpunkt zu dem sie ausgesprochen wird, muss außerhalb der Menstruation liegen und seit der letzten darf kein Geschlechtsverkehr stattgefunden haben (vgl. Al Ghazali 1917:107).

Ein viel kürzerer Abschnitt widmet sich den Pflichten der Ehefrau, die sich auf die Forderung, sie habe allzeit zur Erfüllung der Wünsche ihres Mannes bereitzustehen, reduzieren lassen.

„Sie soll stets ihren Mann im Sinn haben [...] und in jeder Hinsicht stets so beschaffen sein, daß der Mann sie genießen kann, wenn er will." (Al Ghazali 1917:117)

„Ferner soll die Frau in Abwesenheit ihres Mannes ordentlich und eingezogen leben, und sobald er wieder da ist, zu heiterem Frohsinn und allem, was Freude macht, zurückkehren." (Al Ghazali 1917:118f)

Diese Anforderung findet sich noch heute im iranischen Recht verankert, wie Mir-Hosseini in ihrer Definition der Ehe als Vertrag über die weibliche Sexualität darstellt. Die Frau habe sich dem Mann sexuell unterzuordnen (*tamkin*) und müsse z.B. um Erlaubnis fragen, wenn sie das Haus verlassen wolle, da sie ihm während ihrer Abwesenheit sexuell nicht zur Verfügung stehe. Er übernehme im Gegenzug die wirtschaftliche Versorgung der Frau (*nafaqa*) (vgl. Mir-Hosseini 2005). So erklärt ein Richter einer Frau, die die *nafaqa* ihres Mannes einfordert, die er über fünf Monate nicht gezahlt hat: „You must always be in *tamkin*" (Mir-Hosseini 2002:140). Neben dieser Pflicht der Frau ist auch das einseitige Recht des Mannes auf Scheidung und Polygynie bis heute Teil des islamischen Rechtskodex des Iran (vgl. Mir-Hosseini 2002:137).

Al Ghazali betrachtet die Sexualität nur innerhalb der Ehe, denn Gott lege Wert auf die legitime Nachkommenschaft und verbiete deshalb die Unzucht (vgl. Al Ghazali 1917:1). Diese Sichtweise und Darstellung ist jedoch nicht traditionsprägend gewesen, denn es besteht nach islamischem Recht für Männer die Möglichkeit, Konkubinen und Sklavinnen zur Befriedigung zu nutzen. Legaler Geschlechtsverkehr ist nur innerhalb einer Ehe oder eines Besitzverhältnisses möglich. Jede andere Beziehung, also zwischen Unverheirateten oder nicht miteinander Verheirateten, wird als *Zina* bezeichnet und gilt im islamischen Recht als Straftat (vgl. Kreile 1997:99f).

Die Positionierung Al Ghazalis zur Ehe und zur Sexualität wird in der Forschung unterschiedlich gedeutet. Bürgel meint, er vertrete eine positive Einstellung zur Sexualität, verknüpfe diese jedoch mit den Gefahren, die sie berge. In dieser Art des Umgangs mit der Problematik zeige sich seine Dialektik (vgl. Bürgel 1979:87). Mernissi behauptet, in Al Ghazalis Werk sei keine Geschlechterpolarität enthalten, und es offenbare das Konzept der aktiven Sexualität der Frau im Islam (vgl. Mernissi 1987:19ff). Sabbah steht im Widerspruch zu beiden, da sie die Haltung des Islam zur Sexualität als zutiefst negativ beschreibt und Al Ghazali in den Diskurs der muslimischen Rechtstexte einordnet, die nach ihrer Interpretation der Frau keine aktive Rolle zusprechen (vgl. Sabbah 1984:110, 7, 118).

Die Reglementierung der Sexualität durch eine Vielzahl von Ver- und Geboten, ihre regulierende Wirkung auf andere Lebensbereiche, wie z.B. die Scheidung, und Al Ghazalis Umgang mit dem Geschlechtsleben und seinen Gefahren, das von Bürgel als Dialektik bezeichnet wird, lassen die Frage aufkommen, ob tatsächlich von der häufig postulierten positiven Einstellung des Islam zur Sexualität ausgegangen werden kann.

2.3. Erklärungsmuster

2.3.1. Lob oder Unterdrückung der Sexualität?

Die westliche Forschung bescheinigt muslimischen Autoren und dem Islam häufig eine positivere Einstellung zur Sexualität, als sie in christlich geprägten Gesellschaften herrsche. Sie müsse jedoch im Rahmen von Koran und *Sunna* gelebt werden (vgl. z.b. Kreile 1997:99; Pinn 2004:143). Rosenthal wendet sich von dieser Sichtweise ab und zeigt auf, dass sie durch die Gegenüberstellung mit dem die Sexualität abwertenden Christentum entstanden ist. Er vertritt die These, dass Christentum und Islam sich eher in Bezug auf die Thematisierung der Sexualität unterscheiden. Der Islam erkenne ihr Verhältnis zur Gesellschaft als problematisch an und sei zur Auseinandersetzung bereit, während der Einflussrahmen der Sexualität im traditionellen Christentum begrenzt und eine weitere Diskussion vermieden worden sei (vgl. Rosenthal 1979:4).

Rosenthal löst sich von der Bewertung der Einstellung beider Religionen zur Sexualität, nimmt aber wie alle anderen AutorInnen an, dass Christentum und Islam die Sexualität vollkommen unterschiedlich diskutieren und konzipieren (vgl. z.B. Ahmed 2004:172), was sich z.B. im Familien- und Zivilrecht zeigt (vgl. Mir-Hosseini 2002:137). Diese Vorannahme bestimmt die Perspektive, die den meisten Untersuchungen zu diesem Thema zueigen ist: die westliche Kultur blickt auf den ihr fremden Islam und ist auf der Suche nach dem Unterschied zwischen beiden.

Die Vorstellung einer positiven Einstellung des Islam zur Sexualität findet sich bei Analysen der heiligen Schriften und anderen eher theoretischen Zugängen. Eine dieser Auffassung widersprechende These wird in Publikationen vertreten, die sich der Lebensrealität von Frauen in heutigen Gesellschaften annähern. Die Ansicht, die weibliche Sexualität sei im Islam unterdrückt, wird im Folgenden am Beispiel von El Saadawis „Tschador" illustriert.

Die Autorin zeigt, dass das Leben der Ägypterinnen von *female genital cutting*, sexuellem Missbrauch, der Angst vor dem Verlust der Jungfräulichkeit, Frigidität, seelischer Unterdrückung und der Forderung nach Passivität geprägt sei (vgl. El Saadawi 1980:42f,

17, 25ff, 77, 49ff). In muslimischen Gesellschaften sei die Sexualität keine Sünde, aber die Frau stelle eine Gefahr dar und müsse deshalb eingesperrt und verhüllt werden. El Saadawi betont die Gehorsamspflicht der Frau und zeichnet so ein Bild der unterdrückten Ägypterin, deren sexuelles Erleben alles andere als positiv erscheint (vgl. El Saadawi 1980:120f, 125). Sie vergleicht zudem die Lage der Musliminnen mit dem Leben europäischer und nordamerikanischer Frauen und kommt zu dem Schluss, alle seien unterdrückt, dies werde jedoch von Feministinnen aus dem Westen nicht anerkannt (vgl. El Saadawi 1980:XVI). El Saadawi schildert Erlebnisse in ihrer islamischen Umwelt, verkürzt diese aber unzulässig und bewertet sie aus westlicher feministischer Perspektive (vgl. Ahmed 2004:157), eine Vorgehensweise, die sie in der Einleitung selbst kritisiert (vgl. El Saadawi 1980:XVI).

Beide Diskurse stehen in scheinbaren Widerspruch zueinander, der jedoch in der unterschiedlichen Herangehensweise begründet ist. Die Interpretation der Texte lässt sich nicht mit der gelebten Realität in Einklang bringen. Diese Diskrepanz verliert jedoch angesichts der gemeinsamen Perspektive ihre Relevanz. Die Allgegenwärtigkeit westlicher Vorannahmen, Werte und der Tendenz, die untersuchte fremde Kultur mit diesen zu vergleichen, erschwert den Blick auf die Ambivalenzen, die die Einstellung zur Sexualität und das sexuelle Erleben von MuslimInnen prägen.

2.3.2. Die aktive Sexualität der Frau

Im ersten Kapitel der überarbeiteten Ausgabe von „Geschlecht Ideologie Islam" stellt Mernissi (1987) die Konzeption einer aktiven weiblichen Sexualität im Islam vor. In Al Ghazalis „Von der Ehe" werde diese implizite Theorie des Islam, die keine Geschlechterpolarität enthalte, veranschaulicht. Die Frau leiste in Form von Blut oder Samen einen aktiven Beitrag zur Zeugung, so dass ihr ein Element phallischer Sexualität, die Ejakulation, zugestanden werde. Des Weiteren sprächen das Anrecht beider auf einen Orgasmus, die Betonung präkoitaler Lust, Al Ghazalis Verweis auf das unersättliche Verlangen der Frau und die Vorstellung ihrer unbändigen Anziehungskraft für eine aktive Konzeption der weiblichen Sexualität (vgl. Mernissi 1987:19ff).

Die in der deutschen Version von Mernissis Kapitel angeführten Zitate Al Ghazalis und die Übersetzung seines Werkes von 1917 enthalten keine Hinweise auf das unersättliche Verlangen der Frau. Es wird zwar betont, dass sie zu befriedigen sei, aber die Stärke der Begierde des Mannes scheint mächtiger und bedeutender, denn sie legitimiert nach Al Ghazali die Anzahl der Ehefrauen und die Häufigkeit der Scheidungen:

> „Was nun aber besonders sinnliche Naturen angeht, die nicht durch eine Frau allein befriedigt werden können, so dürfen und sollen diese noch weitere Frauen dazu nehmen bis zu vier. Wenn ein solcher sie lieb haben und gut zu ihnen sein kann und sein Gemüt bei ihnen Befriedigung findet, so ist alles in Ordnung, wenn aber nicht, so ist ihm Abwechslung zu empfehlen." (Al Ghazali 1917:31, vgl. auch Sabbah 1984:116)

Die unbändige weibliche Anziehungskraft, die Mernissi beschreibt, wirkt zwar auf den Mann, doch er ist es, der handelt. Durch seinen Blick, der auf die Frau fällt, wird sein Verlangen geweckt und er verführt sie. Die Frau ist eine Verlockung, die den Mann in Versuchung führt, gesellschaftsschädigend zu handeln, aber sie wird nicht aktiv, sondern ist Ziel der männlichen Handlung (vgl. Sanders 1992). In dieser Konstellation ist auch die Geschlechterpolarität nicht aufgehoben, denn beiden Geschlechtern sind feste Rollen zugewiesen, die sich dichotom gegenüberstehen. Es wird zwar die Schuldzuweisung umgekehrt, da es die Frau ist, die den Blick auf sich zieht, aber sie tut es, ohne zu handeln, durch bloße Anwesenheit.

Diese Wirkung der Frau wird auch durch die Forderung islamischer Fundamentalisten in der Türkei verdeutlicht. Die Frau solle sich bedecken, um keine Lust zu erregen oder die Blicke Fremder auf sich zu ziehen (vgl. Göle 1995:56). Sprachlich wird die Frau hier Subjekt, aber dennoch nicht Agens, denn nicht sie ist es, die schaut. Wie Göle weiter ausführt, muss jedoch sie aktiv werden, um sich und den Mann zu schützen:

> „Reize einer Frau, die offen gezeigt werden, können einen Mann jederzeit verführen, deshalb muß sie sich selbst dem Blick eines Mannes entziehen." (Göle 1995:116)

Mernissis Argumente für die Repräsentation einer aktiven weiblichen Sexualität in Al Ghazalis „Von der Ehe" überzeugen nicht, denn sie erscheinen wie die gesamte Argumentationsstruktur nicht zu Ende gedacht. Mernissi stellt der Konzeption einer aktiven Sexualität der Frau einerseits die innerislamische explizite Behauptung, die männliche Sexualität sei aggressiv und die weibliche passiv, gegenüber, illustriert diese Anschauung aber im weiteren Verlauf mit Hilfe der Ansichten Freuds. So kommt sie zu dem Schluss, es bestehe ein Gegensatz zwischen der christlichen und der islamischen Interpretation von Sexualität. Es scheint, als lasse sie ihre einleitende Unterscheidung innerislamischer Konzepte zugunsten dieser kulturübergreifenden Analyse in den Hintergrund treten.

Aber weil für ihre weitere Untersuchung der sexuellen Probleme junger Menschen in Marokko die Ambivalenz innerhalb des Islam relevanter ist als ein Vergleich mit der westlichen Kultur, führt sie ihre Gedanken in den folgenden Kapiteln fort und beschränkt sich dort auf die innerislamische Ambivalenz. Obwohl von einer gleichen Triebstärke bei Frau und Mann ausgegangen werde, stünden ihm mehr Möglichkeiten, befriedigt zu werden, zur Verfügung. Diese Diskrepanz verweise auf die Vorstellung von der sexuell unersättlichen Frau, die im Mittelpunkt der islamischen Konzeption der weiblichen Sexualität stehe (vgl. Mernissi 1987:35).

Auch die Möglichkeit der Scheidung seitens der Frau aufgrund von Impotenz oder eines Eides des Mannes, sich für vier Monate oder länger zu enthalten, der eingehalten werde, deute auf die Vorstellung einer unkontrollierbaren weiblichen Sexualität hin, die, wenn sie unbefriedigt bleibe, eine Gefahr darstelle (vgl. Mernissi 1987:54). An diesen Stellen verweist Mernissi jedoch nicht auf Al Ghazali, um die Vorstellung der sexuellen Unersättlichkeit der Frau zu belegen. Dies gelingt ihr unter dem Pseudonym Fatna Sabbah[6] mit der Untersuchung „Woman in the Muslim Unconscious", die die Konzeption der aktiven weiblichen Sexualität mit Hilfe der religiösen erotischen Literatur des Islam überzeugend demonstriert.

---

[6] Den Hinweis auf die Identität der muslimischen Gelehrten, die diese Analyse verfasst hat, verdanke ich Ziba Mir-Hosseini.

2.3.3. Das Begehren als die Sexualität bestimmende Kategorie

Sabbah stellt zwei einander widersprechende und die Auffassungen von der Sexualität prägende innerislamische Diskurse gegenüber: die religiöse erotische Literatur und die Rechtstexte, die sie als orthodox bezeichnet. Im erotischen Diskurs wird die Frau als omnisexuelle „unersättliche Spalte" (Sabbah 1984:25) imaginiert, die aktiv und beständig auf der Suche nach einem Phallus ist, der sie befriedigt. Wie sie wird auch der Mann auf seine Genitalien reduziert, deren Fähigkeit, die omnisexuelle Frau zu befriedigen jedoch hinter denen eines Esels zurückbleibe. Die Befriedigung der Frau zu erreichen, könne dem Gläubigen nur mit Hilfe von Wissenschaft und Magie gelingen. Sabbah sieht hier eine Dichotomie von Natur und Kultur, in der die begierige Frau dem zivilisierten Mann gegenübersteht, der sie zu befriedigen versucht. Der erotische Diskurs sei durch die Angst des Mannes, der Frau nicht zu genügen, geprägt (vgl. Sabbah 1984:24, 26ff, 49, 58).

Im zweiten Teil des Buches analysiert Sabbah die heiligen Schriften des Islam und kommt zu dem Schluss, das dort niedergelegte Verhältnis von Frau und Mann reflektiere die Beziehung des Gläubigen zu Gott. Wie der Mann geschaffen sei, um Gott zu verehren, sei die Frau geschaffen, diesem zu dienen, damit er für den Gottesdienst frei sei. Das Verlangen der Frau werde in den Texten nicht thematisiert, dafür erscheine die männliche Begierde erstarkt, denn den muslimischen Familien- und Ehegesetzen liege die Prämisse eines maßlosen sexuellen Verlangens des Mannes zugrunde, d.h. das Recht auf Polygamie und Scheidung diene der Bereitstellung immer neuer Befriedigungsmittel für den Mann, damit das Verlangen nicht über die Vernunft siege und so der Glauben geschwächt werde (vgl. Sabbah 1984:68, 115ff).

Sabbah stellt zwei mächtige Diskurse vor, die die Auffassung von der Sexualität, die in islamischen Kontexten vertreten wird, prägen. Der erotische Diskurs weist der Frau das größere Begehren zu, während der orthodoxe den Mann mit dem stärkeren Verlangen ausstattet. Diese Differenz erlangt in Sabbahs Argumentation besondere Relevanz, weil sie die Frage nach der Einstellung des Islam zur Sexualität mit Hilfe der Bewertung der Begierde beantwortet. Der Islam habe keine positive, sondern eine fundamental negative Auffassung von der Sexualität, wie anhand der Einschreibungen in den weiblichen Körper gezeigt worden sei. Das Geschlechtsleben werde vom Islam zwar nicht verboten, aber das unkontrollierbare Begehren, ein integraler Bestandteil der Sexualität, werde verdammt (vgl. Sabbah 1984:110).

Im Anschluss stellt Sabbah das reziproke Verhältnis von Begehren und Vernunft in dieser Konzeption dar. Sie seien einander entgegengesetzte Prinzipien und die Schwäche des einen bedeute jeweils die Stärke des anderen. Da der Islam als Religion der Vernunft angesehen werde, schwäche ein starkes Verlangen den Glauben. Es trete in zwei Formen, als Frau und als Teufel, auf. Da die Frau zumindest in der häuslichen Sphäre und als Quelle der Lust allgegenwärtig sei, stelle sie eine konstante Versuchung dar. Ein Weg, das Begehren zu beherrschen, sei, die Frau zu beherrschen. Aus dieser Notwendigkeit, die Frau zu unterdrücken, resultiere die Misogynie des Islam (vgl. Sabbah 1984:110ff).

Sabbah offenbart die innerislamische Widersprüchlichkeit in Bezug auf die weibliche Sexualität, indem sie die verschiedenen Positionen gegenüberstellt. Leider argumentiert sie nicht weiter, wie es z.B. Magdi und Ahmed andeuten, um die Interaktion der verschiedenen Diskurse und ihren Einfluss auf die Vorstellungen von Sexualität zu beleuchten.

Magdi betont den Widerspruch von omnisexueller Frau und der Forderung, die ideale Braut habe zu schweigen, passiv, in sexuellen Dingen unwissend und jungfräulich zu sein. Er werde mit Hilfe der Geschlechtersegregation und Zurückgezogenheit überbrückt, die das Ziel verfolgten, die weibliche Sexualität zu zähmen (vgl. Magdi 1992:11).

Sabbahs These, die Frau werde in den von ihr untersuchten Texten der reproduktiven Funktion beraubt (vgl. Sabbah 1984:58, 99f) wird durch Ahmed weitergeführt. In der schriftlichen Tradition werde Weiblichkeit zwar über die sexuelle Lust, die sie verschaffe, definiert, doch dies sei eine ebenso biologische Konstruktion der Weiblichkeit, wie im mündlichen Diskurs, der die Frau auf ihre Rolle bei der Reproduktion reduziere (vgl. Ahmed 1992:81).

Am Beispiel Al Ghazalis lässt sich zeigen, dass die beiden von Sabbah vorgestellten Diskurse im islamischen Denken interagieren und so eine widersprüchliche Sicht der Sexualität produzieren. Sabbah ordnet Al Ghazali als Sekundärquelle der orthodoxen Sicht der Rechtstexte zu, doch Mernissi behauptet, er vertrete die Vorstellung einer aktiven weiblichen Sexualität (vgl. Sabbah 1984:7; Mernissi 1987:19ff). Beide Interpretationen entbehren nicht der Grundlage, denn er verarbeitet sowohl die juristischen Vorstellungen, als auch die Sicht des erotischen Diskurses auf den weiblichen Körper. Das Begehren des Mannes erscheint bestimmend für das Recht auf Scheidung und Polygynie, aber die Gefahr, die die Sinnlichkeit berge, wird durch die Frau symbolisiert (vgl. Al Ghazali 1917:31, 25). Hinter dieser Zuweisung steht das Bild der „unersättlichen Spalte" (Sabbah 1984:25), das aber im Gegensatz zum Verlangen des Mannes nicht mit entscheidender Bedeutung versehen wird. Beide Prinzipien wirken bei der Darstellung der Ambivalenz der Sexualität zusammen. Sie ist bei Al Ghazali zwar notwendig und erlaubt, aber dennoch eine Gefahr.

Sabbah und Mernissi vertreten in einem weiteren wichtigen Punkt unterschiedliche Standpunkte. Die Interpretation, das Verlangen werde im Islam verurteilt, widerspricht Mernissis These, nicht die Triebe an sich, sondern ihr Gebrauch werde in den Rechtstexten bewertet (vgl. Sabbah 1984:110; Mernissi 1987:7). An dieser Stelle ist Sabbahs Analyse überzeugender, denn die Umkehrbeziehung von Begierde und Vernunft, die sie aufzeigt, rückt die Bedrohung, die die Sexualität auch in Al Ghazalis Ausführungen für die Gesellschaft darstellt, in den Mittelpunkt. Nur wenn das sexuelle Verlangen im Rahmen der Ehe befriedigt wird, ist es keine Gefahr (vgl. Al Ghazali 1917:24). Hier davon auszugehen, dass erst der Gebrauch der Triebe die Wertung schafft, ist problematisch, weil die implizite Vorannahme, dass das Begehren eine Bedrohung darstellt und gebannt werden muss, außer Acht gelassen wird.

Die Widersprüchlichkeit, die sich beim Vergleich verschiedener Texte, die von Mernissi verfasst worden sind, ergibt, ist verschiedentlich kritisiert worden (z.B. Mir-Hosseini 2005) und von Pinn mit Hilfe der folgenden Metapher beschrieben worden:

> „Es dürfte allerdings leichter sein, einen Pudding an die Wand zu nageln als sie auf eine Aussage festzulegen." (Pinn 2004:149)

Wie (fast) alle in dieser Untersuchung herangezogenen AutorInnen geht auch Sabbah von einer Welt der zwei Geschlechter aus, indem sie die Rolle der Frau untersucht und diese von der männlichen abhebt. Für traditionelle islamische Kontexte ist eine solche Vorgehensweise legitim, denn wie Sanders am Beispiel des Umgangs mit Intersexualität zeigt, kommt der bipolaren Geschlechterzuweisung im Islam eine besondere Bedeutung zu. Ein Mensch müsse entweder männlich oder weiblich sein. Wenn die Zuordnung einer Person unklar bleibe, bedrohe dies die soziale Ordnung muslimischer Gesellschaften (vgl. Sanders 1992:77, 85). Die Infragestellung dieser festgelegten Kategorien durch die Wahrnehmung physischer Abweichungen von den kulturell festgelegten Geschlechtsmerkmalen verdeutlicht die Bedeutung der eindeutigen Geschlechtszuweisung für den Islam.

Die Dekonstruktion der biologischen Zweigeschlechtlichkeit ist ein wirksames Element westlicher feministischer Forschung. Doch aufgrund der Verleugnung der Bedeutung der Sexualität in diesem Diskurs fehlen die Methoden, diese These auf die Theorie und Praxis sexueller Beziehungen anzuwenden. Vielleicht liegt hier sogar ein Grund für die fehlende Thematisierung, denn sich mit den Grenzen der Anwendbarkeit eigener Ansichten auseinander zu setzen, erfordert den Mut, diese Schranken zu überschreiten.

2.4. Gelebte Sexualität in der islamischen Moderne

Wie die bisher thematisierten theoretischen Reflexionen sind auch die Berichte über die reale Ausprägung der Sexualität in islamisch geprägten Gesellschaften von Ambivalenzen durchzogen. Die Reinigungsrituale, die u.a. nach sexuellen Handlungen zu vollziehen sind, stellen keine hygienischen Vorschriften dar. Nur wer von Schmutz frei ist, kann durch die rituelle Waschung, bei der eine Substanz alle erforderlichen Körperteile fließend berührt, gereinigt werden. Marcus zeigt, dass die Verschmutzung weder durch den sexuellen Akt, noch durch die Berührung der Frau eintritt, sondern durch Körperflüssigkeiten (z.B. Sperma oder Menstruationsblut), die die Körpergrenzen überschreiten. Sexualität werde somit nicht als Sünde, sondern als Verunreinigung definiert, die behoben werden könne (vgl. Marcus 1992:73ff, 83).

Dieser Interpretation entsprechen auch moderne Studien, die zu dem Ergebnis kommen, dass Musliminnen ihre Sexualität positiv wahrnehmen. Aber die Reinigungsgebote können nicht auf diese neutrale Haltung zum Körper der Frau reduziert werden, denn sie gehen davon aus, dass die weibliche Sexualität sich der Kontrolle des Verstandes entzieht. Diese Konstruktion der Weiblichkeit begünstigt nach Marcus die Geschlechterhierarchie (vgl. Marcus 1992:83, 89).

Dialmy zufolge findet die Sexualität in der marokkanischen Gesellschaft keine Beachtung als existenzielles Bedürfnis (vgl. Kleinhaus 1999:6f), obwohl die Diskurse, die die Vorstellungen von der Sexualität fundierenden, dies stets anerkennen (vgl. Bürgel 1979:86, der die Einstellung des Propheten zur Sexualität betrachtet). Im Gegensatz dazu interpretieren schiitische Islamisten im Libanon den Islam als Religion, die Sexualität als legitimes Vergnügen anerkennt. Sie betonen den progressiven Charakter des Islam, der die Sexualität lange vor dem westlichen Fortschritt kultiviert habe (vgl. Rosiny 1999:9).

Mernissis Untersuchungen ergänzen Dialmys Analyse der öffentlichen Aufmerksamkeitsverteilung in Marokko um die persönliche Perspektive. In „Geschlecht Ideologie Islam" stellt sie die Folgen der Aufhebung der Geschlechtersegregation in Marokko in den siebziger Jahren des letzten Jahrhunderts dar. Durch die Tradition der Trennung männlicher und weiblicher Räume wird die Zusammenarbeit von Frau und Mann, z.B. in der Paarbeziehung, erschwert:

„[...] die Geschlechtertrennung verstärkt das, was sie angeblich verhindern soll – die Sexualisierung der zwischenmenschlichen Beziehungen." (Mernissi 1987:157)

Das Bedürfnis nach offenen heterosexuellen Beziehungen hat sich verstärkt, aber die weiter bestehenden Traditionen verhindern deren Erfüllung, so dass die Paarbeziehungen Zank und Streit ausgeliefert sind (vgl. Mernissi 1987:188).

Der Aufsatz „Virginity and Patriarchy" konstatiert die Unmöglichkeit männlicher sexueller Wünsche: einerseits wollten die jungen Marokkaner vorehelichen Sex, andererseits aber auch eine jungfräuliche Braut. Nach muslimischen Geboten sollten sie wie die Frauen bis zur Ehe keusch sein, doch diese Vorstellung sei für

Araber lächerlich (vgl. Mernissi 1982:185). Der sexuelle Akt sei schizophren insofern, als dass er als etwas betrachtet werde, an dem Frauen schuld und Männer nur beteiligt seien. All dies sei Ausdruck der sozialen Ungleichheit und führe zu sexuellen Beziehungen, die auf Lügen basierten (vgl. Mernissi 1982:191).

Hoodfar beschreibt die Einstellung von KairoerInnen zur Sexualität. Sie werde als von Gott gegebenes Vergnügen interpretiert und unter Frauen offen diskutiert. Junge Frauen bemühen sich zu beweisen, dass ihr Sexualleben und ihre Ehe intakt sind. So zeigen sie sich z.B. mit gewaschenen Haaren am Balkon, ein Zeichen für das Reinigungsritual nach dem Geschlechtsverkehr (vgl. Hoodfar 1997:251f). Den Frauen sei bewusst, dass der Islam ihnen das Recht zuspricht, sexuell befriedigt zu werden, aber auch dass sie sich ihrem Mann niemals sexuell verweigern dürfen. Sie diskutieren das Problem, Sex herbeizuführen, ohne direkt die Initiative zu ergreifen, denn es würde ihren Stolz verletzen, dem Mann ihre sexuellen Bedürfnisse offen zu zeigen (vgl. Hoodfar 1997:253). Die Forderung, die Frau habe ihren Mann um Erlaubnis zu fragen, bevor sie das Haus verlasse, sei mit der Gewissheit verknüpft, dass er es erlaubt, weil er gefragt worden ist (vgl. Hoodfar 1997:255). Diese Darstellung unterscheidet sich eklatant von El Saadawis Beschreibung, bestätigt sie aber insofern, als dass *female genital cutting* auch in den neunziger Jahren des 20. Jahrhunderts praktiziert und als notwendig für die Bewahrung der Keuschheit angesehen wird (vgl. Hoodfar 1992:256ff).[7]

Shabaan schildert die Bräuche der Tuareg, die eine Version des Islam leben, der dem bisher Geschilderten widerspricht. Die Männer tragen den Schleier, Scheidung und Eheschließung sind für beide Geschlechter unkompliziert möglich, das Schlagen der Ehefrau ist verpönt, Polygamie wird nicht praktiziert, die Rolle der Jungfräulichkeit wird als unbedeutend empfunden, obwohl vorehelicher Sex nicht gestattet ist. Diese Moralvorstellungen werden auf die gleichen Quellen zurückgeführt wie die etablierte Version des Islam: den Koran und die *Sunna* (vgl. Shabaan 2004:296, 299f, 309f, 312f, 306, 316).

---

[7] Dies gilt jedoch nicht nur für Muslime, sondern auch für ChristInnen in Ägypten.

Diese keinesfalls umfassende Darstellung möglicher Ausprägungen des Sexuallebens in islamischen Gesellschaften zeigt die Vielfalt der möglichen Fragestellungen, unter denen dieses betrachtet werden kann, und dass die unterschiedlichsten Formen der Anpassung an die Gebote des Islam praktiziert werden. Ambivalenzen werden in allen Bereichen sichtbar. Die Konzeption des Reinigungsrituals wirkt sich positiv und negativ auf die Deutung der weiblichen Sexualität aus. Sie ist zwar nicht per se verunreinigend, aber doch unkontrollierbar. Die Wahrnehmung und der Grad der Anerkennung der Sexualität als existenzielles Bedürfnis des Menschen unterscheiden sich innerhalb der Religionsgemeinschaft erheblich. Im Marokko der siebziger Jahre des 20. Jahrhunderts scheinen sexuelle Beziehungen sehr problembehaftet gewesen zu sein. Das Kairo der neunziger Jahre zeichnet sich durch die Zuweisung der Sexualität in den privaten Bereich aus, die jedoch zu hinterfragen ist, denn einen Balkon als nichtöffentlich zu begreifen, scheint eher der Abwertung der Bedeutung der Sexualität zu dienen. Die Tuareg-Version des Islam wird als Korrektiv zu allen anderen Interpretationen der Gebote des Propheten hinzugefügt.

3. Fazit

Das Verhältnis von Islam und Sexualität ist durch ein vielschichtiges System von Ambivalenzen geprägt. Die Dichotomie von privat und öffentlich stellt einerseits eine machtvolle Ideologie dar, in der der Einfluss der Sexualität auf den Bereich beschränkt wird, der mit Machtlosigkeit assoziiert wird. Andererseits spielen sexuelle Beziehungen im Rahmen der Politik eine bedeutende Rolle.
Die Frage, ob ein so einflussreicher Gelehrter wie Al Ghazali die Sexualität positiv, negativ oder wertneutral darstellt, bleibt in der Forschung umstritten. Er äußert sich weniger abweisend als christliche Autoren, stellt die Sinnlichkeit aber als Gefahr dar und vertritt so eine widersprüchliche Position.
In den vom westlichen Blick beeinflussten Interpretationen werden entweder islamische Theorien oder ihre Praxis betrachtet und dabei homogenisiert. Die einzelnen Vorstellungen von der

Sexualität im Islam sind aber so entgegengesetzt, dass die Ambivalenzen auch aus dieser Perspektive offenbar werden.

Die von Sabbah dargestellten Diskurse innerhalb des Islam, erotische religiöse Literatur und Rechtstexte, widersprechen einander, stehen aber im Bewusstsein der Muslime nebeneinander, wie Al Ghazalis Ambivalenz zeigt.

Der Blick in die Praxis spiegelt die Ergebnisse der Untersuchung der theoretischen Diskurse wider. Die sexuellen Beziehungen in den verschiedenen betrachteten Gesellschaften zeichnen sich durch eine Vielfalt von Möglichkeiten aus, die die Summierung unter ein religiöses Konzept, das diese bestimme, fragwürdig erscheinen lässt.

Der Schluss, dass von *der* islamischen Sexualität zu reden, menschliche Beziehungen unzulässig homogenisiert, ist zunächst eine Binsenweisheit. Doch in Bezug auf das primäre Interesse, mein eigenes Verhältnis zur Sexualität zu beleuchten, erlangt die Sichtbarmachung und Betonung der inneren Widersprüchlichkeit islamischer Konzepte und Lebensformen erneut Relevanz. Der konkrete Einblick in die Komplexität der Thematik erleichtert es, in Zukunft fremde Vorstellungen nicht zu schematisieren und die Vielschichtigkeit der eigenen Einstellungen anzuerkennen. Dieses Bewusstsein eröffnet eine Fülle neuer Fragestellungen an die westliche Kultur. Wie negativ ist die Einstellung in christlichen Texten und Gemeinschaften tatsächlich? Welchen Einfluss haben sie auf moderne Gesellschaften? Wie prägt sich dies in verschiedenen Regionen aus? Welche anderen Konzepte werden wirksam?

Literaturverzeichnis

Accad, Evelyne 2004: Sexualität und Politik der Körper. Konflikte und Widersprüche von Frauen im Nahen Osten. In: Youssef, Houda (Hrsg.): *Abschied vom Harem? Selbstbilder – Fremdbilder muslimischer Frauen*. Orlanda, Berlin. S. 259-276.

Ahmed, Leila 1992: *Women and gender in Islam. Historical roots of a modern debate*. Yale University Press, New Haven.

Ahmed, Leila 2004: Arabische Kultur und das (Be)Schreiben von Frauenkörpern. In: Youssef, Houda (Hrsg.): *Abschied vom Harem? Selbstbilder – Fremdbilder muslimischer Frauen.* Orlanda, Berlin. S. 153-174.

Al Ghazali, Imam 1917: Von der Ehe. Das 12. Buch von Al Ghazalis Hauptwerk. übersetzt und erläutert In: Bauer, Hans: *Islamische Ethik 2.* Niemeyer, Halle (Saale).

Bellamy, James A. 1979: Sex and Society in Islamic Popular Literature. In: Al Sayyid-Marsot, Afaf Lutfi (Hrsg.): *Society and the sexes in medieval Islam. Sixth giorgio levi della vida biennial conference. May 13-15 1977.* Undena Publications, Malibu. S. 23-42.

Bürgel, J. C. 1979: Love, lust and longing. Eroticism in early Islam as reflected in literary sources. In: Al Sayyid-Marsot, Afaf Lutfi (Hrsg.): *Society and the sexes in medieval Islam. Sixth giorgio levi della vida biennial conference. May 13-15 1977.* Undena Publications, Malibu. S. 81-117.

El Saadawi, Nawal 1980: *Tschador. Frauen im Islam.* Con Medien- u. Vertriebsgesellschaft, Bremen.

Göle, Nilüfer 1995: *Republik und Schleier. Die muslimische Frau in der Moderne.* Schiller Verlag, München.

Hegland, Mary Elaine 1992: Political roles of aliabad women. The public-private dichotomy transcended. In: Keddie, Nikki R.; Baron, Beth (Hrsg.): *Women in Middle Eastern history. Shifting boundaries in sex and gender.* Yale University Press, New Haven / London. S. 215-230.

Hirschauer, Stefan 1996: Wie sind Frauen, wie sind Männer? Zweigeschlechtlichkeit als Wissenssystem. In: Eifert, Christiane; Epple, Angelika; Kessel, Martina (Hrsg.): *Was sind Frauen? Was sind Männer? Geschlechterkonstruktionen im historischen Wandel.* Suhrkamp, Frankfurt (Main). S. 240-256.

Hoodfar, Homa 1997: *Between marriage and the market. Intimate politics and survival in Cairo.* University of California Press, Berkeley.

Kleinhaus, Michaela 1999: Einmischung in innere Angelegenheiten. Islam und Sexualität. Der Soziologe Dialmy und die Geistlichkeit. In: *INAMO 5*. Nr. 19, S. 4-8.

Kreile, Renate 1997: *Politische Herrschaft, Geschlechterpolitik und Frauenmacht im Vorderen Orient.* Pfaffenweiler (Habilitationsschrift).

Magdi, Chérifa 1992: Ungehorsam gegen den Mann bedeutet Rebellion gegen Gott. Die arabische Frauenbewegung wird vom „islamischen Integrismus" in die Defensive gezwungen. In: *Frankfurter Rundschau.* 1. August 1992, S. 11.

Marcus, Julie 1992: *A world of difference. Islam and gender hierarchy in Turkey.* Zed Books, London (NJ).

Mernissi, Fatima 1989: *Der politische Harem. Mohammed und die Frauen.* Dağyeli, Frankfurt (Main).

Mernissi, Fatima 1987: *Geschlecht Ideologie Islam.* Frauenbuchverlag, München.

Mernissi, Fatima 1982: Virginity and patriarchy. In: Al Hibri, Azizah (Hrsg.): *Women and Islam.* Pergamon Press, Oxford. S. 183-191.

Mir-Hosseini, Ziba 2002: Tamkin. Stories from a family court in Iran. In: Bowen, Donna Lee; Early, Evelyn A. (Hrsg.): *Everyday life in the Muslim Middle East.* Indiana University Press, Bloomington. S. 136-150.

Mir-Hosseini, Ziba 2005: *Constructions of sexuality and gender rights in Islamic legal discourse.* Vortrag an der Landwirtschaftlichen-Gärtnerischen Fakultät der Humboldt-Universität zu Berlin am 12. Juli 2005.

Moghissi, Haideh 1999: Sexualität und Frauenpolitik in islamischen Gesellschaften. In: *INAMO 5*. Nr. 19. S. 14-18.

Murdock, George Peter 1949: *Social structure*. Macmillan, New York.

Pinn, Irmgard 2004: Von der exotischen Haremsschönheit zur obskuren Fundamentalistin. Frauen im Islam. In: Youssef, Houda (Hrsg.): *Abschied vom Harem? Selbstbilder – Fremdbilder muslimischer Frauen*. Orlanda, Berlin. S. 137-152.

Pinn, Irmgard; Wehner, Marlies 2004: Die Frauenbewegung und die „islamische Frau". In: Youssef, Houda (Hrsg.): *Abschied vom Harem? Selbstbilder – Fremdbilder muslimischer Frauen*. Orlanda, Berlin. S. 101-135.

Purdy, Anthony George (Hrsg.) 1992: *Literature and the body*. Rodopi, Amsterdam / Atlanta (GA).

Rosenthal, Franz 1979: Fiction and reality. Sources for the role of sex in medieval Muslim society. In: Al Sayyid-Marsot, Afaf Lutfi (Hrsg.): *Society and the sexes in medieval Islam. Sixth giorgio levi della vida biennial conference. May 13-15 1977*. Undena Publications, Malibu. S. 3-22.

Rosiny, Stephan 1999: Libanon. Sexualität im Diskurs schiitischer Islamisten. In: *INAMO 5*. Nr. 19, S. 9-13.

Sabbah, Fatna A. 1984: *Woman in the Muslim unconscious*. Elmsford, New York.

Sanders, Paula 1992: Gendering the ungendered body. Hermaphrodites in medieval Islamic law. In: Keddie, Nikki R.; Baron, Beth (Hrsg.): *Women in Middle Eastern history. Shifting boundaries in sex and gender*. Yale University Press, New Haven. S. 74-95.

Shabaan, Bouthaina 2004: Liebe und Leben in der Tuareg-Gesellschaft, In: Youssef, Houda (Hrsg.): *Abschied vom Harem?*

Selbstbilder – Fremdbilder muslimischer Frauen. Orlanda, Berlin. S. 295-317.

Gewollte Widersprüche – Die angebliche Unvereinbarkeit von Homosexualität und Islam

Britta Meyer[1]

Zusammenfassung: Der vorliegende Beitrag zeichnet ein Bild nach, welches in Deutschland bei den meisten Nicht-Muslimen existiert: die ungewohnte Kombination von Homosexualität und Islam. Eine nicht-heterosexuelle Lebensweise wird oft als unvereinbar mit der muslimischen Religion angesehen. Ob dies eine tatsächliche religiöse Unmöglichkeit darstellt oder eher eine Zuschreibung ist, die von Seiten der nicht-muslimischen Mehrheit in Deutschland vorgenommen wird, ist die Frage, mit der sich die Autorin in dieser Arbeit befasst.

Schlüsselwörter: Islam. Homosexualität. Fremd- und Selbstmarkierungen.

1. Einleitung

Die Frage der Sexualität und ihres Auslebens wird derzeit auf vielen Ebenen diskutiert. Die öffentliche Stimmung in Deutschland schwankt periodisch zwischen einem „erlaubt ist, was gefällt" und der Rückbesinnung auf konservativere Sichtweisen, wie der Empfehlung heterosexueller Monogamie und Familiengründung als Heilmittel gegen die Einsamkeit zahlreicher Singles und den allgemein angenommenen Verfall geltender Wertesysteme.

Sexualität und die Wertungen, welchen sie unterliegt, waren stets eng mit dem Begriff verbunden, den sich eine Person und Gesellschaft von der geltenden Religion macht. Ein Feld, an dem sich hier in den meisten Diskussionen immer noch die Geister scheiden, ist das der gleichgeschlechtlichen Sexualität. In einer heterosexuellen Mehrheitsgesellschaft wird der dort herrschende

---

[1] Britta Meyer wurde 1979 in Trier geboren und studiert Gender Studies und Skandinavistik im Magisterstudiengang an der Humboldt-Universität zu Berlin. Ihre Abschlussarbeit schreibt sie zum Thema „Ein gendertheoretischer Vergleich zweier Ansätze der Neurobiologie".

Blick auf (Homo-)Sexualität logischerweise als Norm gehandelt, während die Sicht von Minderheitsgesellschaften, wie in Deutschland z.B. die der deutschen MuslimInnen, als Abweichung und darum verunsichernd empfunden wird.

Die christliche Religion ist mir, trotz oder vielleicht gerade wegen einer katholischen Erziehung, in vielen ihrer Stellungnahmen und Dogmen unerschlossen geblieben. Wenn dies schon bei der Spiritualität meiner Kindheit und Jugend der Fall ist, so kann und will ich keinesfalls Anspruch auf das Verständnis einer für mich fremden Glaubensform erheben. Da ich jedoch davon ausgehe, dass die praktische Umsetzung einer Religion gleich welcher Art eher ein soziales, denn ein religiöses Phänomen ist, werde ich mit dieser Arbeit das Bild nachzeichnen, das in Deutschland (für die meisten Nicht-Muslime) existiert: die ungewohnte Kombination von Homosexualität und Islam.

Um mich der muslimischen Sicht auf Homosexualität aus meiner eigenen Position heraus annähern zu können, halte ich es für grundlegend, mich zunächst mit der ersten Quelle auseinanderzusetzen, auf die religiöse Argumentationen innerhalb des Islams zurückgreifen; nämlich mit dem Koran.

Daher werde ich zunächst konkret untersuchen, wie im Koran die Themen Sexualität im Allgemeinen und gleichgeschlechtliche Beziehungen im Besonderen behandelt werden. Da ich arabisch leider weder lesen noch verstehen kann, bin ich zur näheren Betrachtung der für meine Arbeit interessanten Stellen von deutschen Übersetzungen abhängig. Da die verschiedenen Übertragungen in ihrem Wortlaut allerdings teilweise stark variieren und immer eine persönliche Interpretation des Verfassers beinhalten, halte ich es für hilfreich, mehrere Übersetzungen miteinander zu vergleichen. Hierzu ziehe ich aus pragmatischen Gründen das Internet heran, welches mir die Möglichkeit bietet, sechs verschiedene Koran-Übersetzungen nebeneinander untersuchen zu können.

Überhaupt finden sich in dieser Arbeit zahlreiche Verweise auf Quellen innerhalb des Internets, eine Vorgehensweise, die für Hausarbeiten eher unüblich ist, aber angesichts der Tatsache, dass queere Muslime sich, ebenso wie die meisten organisierten Interessensgruppen der heutigen Zeit, auf digitalem Wege austauschen und informieren, halte ich es für sowohl gerechtfertigt, als auch fruchtbar, im Netz nach Informationen und Erfahrungsberichten zu forschen.

Gerade der nachfolgende Punkt, die Situation lesbischer und schwuler Muslime in Europa, besonders in Deutschland, ist dort gut dokumentiert und wird derzeit lebhaft diskutiert. Insbesondere lesbische Muslima sind in der gängigen Literatur, wenn überhaupt, nur als Nebensatz zur Lage männlicher homosexueller Muslime behandelt worden. Aktuelle Berichte aus Zeitschriften werde ich ebenso einbeziehen, wie im Netz verfügbare Sachtexte. Die Bereiche lesbischer und schwuler Muslime werde ich getrennt behandeln. Zwar sind sie mit ähnlichen Situationen konfrontiert, aber, abhängig vom jeweiligen Geschlecht, auf unterschiedliche Art und Weise davon betroffen, was ihnen von einer nicht-muslimischen Umgebung an Zuschreibungen entgegengebracht wird.

Die Auseinandersetzung mit den vielschichtigen Vorbehalten gegenüber queeren Muslimen von nicht-muslimischer, wie auch muslimischer Seite, führte mich dazu, diese mit konkreten Ambitionen verschiedener politischer Positionen in Verbindung zu bringen. Meiner Einschätzung nach wird eine gezielte Instrumentalisierung der Diskussion um Islam und Heteronormativität betrieben.

Ich werde versuchen aufzuzeigen, wie Religion als signifikanter Teil eines Identitätskonstruktes dazu benutzt werden kann, den eigenen Standpunkt zu legitimieren, indem mittels gegenseitiger negativer Zuschreibungen wie Rückständigkeit, Sittenlosigkeit und Menschrechtsverletzungen eine ideologische Abwertung anderer Glaubenskonzepte vorgenommen wird.

2. Exegese: Welche Stellung bezieht der Koran?

Ähnlich wie die Bibel entwirft der Koran ein Gottesbild, das generell zwar weder definitiv männlich oder weiblich ist, dabei aber dennoch mehr maskuline als feminine Züge trägt. Es wird betont, dass Gott, im Gegensatz zu den Menschen, weder von jemandem gezeugt wurde, noch selbst Nachkommen gezeugt hat (vgl. Koran: Sure 112, Z. 3) und damit einzigartig und ohne Gleichen ist. Gleichzeitig weist die Wortwahl mit dem Gebrauch von *zeugen* anstelle von *gebären* darauf hin, dass er keiner femininen Vorstellung eines Gottes entsprechen kann. Vergleichbar mit der christlichen Schöpfungsgeschichte ist auch hier die Rede davon, dass Gott erst den Mann und dann aus ihm heraus die Frau erschaffen hat (vgl. Koran: Sure 4, Vers 1; Sure 39, Vers 6), woraufhin diese beiden dann die Welt bevölkerten. In einigen deutschen Übersetzungen wird anstelle einer *Gattin* ein „entsprechendes Wesen" (vgl. Koranübersetzung von Paret) bzw. ein „Partnerwesen" (vgl. Koranübersetzung von Zaidan) bezeichnet – eine neutrale Formulierung, die theoretisch die Reihenfolge der Erschaffung innerhalb dieser Paarkonstellation offen lässt. Da die beiden Personen allerdings miteinander Nachkommen zeugten, ist zumindest hier von einem heterosexuellen Paar auszugehen.

Die Stellung der Geschlechter innerhalb der Ehe wird als klare Hierarchie definiert, in welcher der Mann die Vormachtstellung vor der Frau und die Verantwortung für sie innehat (vgl. Koran: Sure 4, Vers 34). Der Punkt möglicher Familienstreitigkeiten wird an mehreren Stellen behandelt, wobei fünf von sechs Übertragungen ins Deutsche bei der Nennung der Familie wie selbstverständlich von „Frauen und Kindern" sprechen und nur eine von „Ehepartnern und Kindern", was das Geschlecht der angesprochenen Person eindeutig undefiniert lässt, sich also ebenso an Frauen wie an Männer richtet (vgl. Koran: Sure 64, Vers 14 ; vgl. Koranübersetzung von Zaidan). Männer wie Frauen werden ermahnt, keusch zu leben und keine außerehelichen Beziehungen zu pflegen, wobei Männer außerdem dazu aufgefordert werden, die Frauen, welche ihnen gefallen, auch zu heiraten (vgl. Koran: Sure 4, Vers 24).

Frauen, welche außerhalb der Ehe sexuelle Handlungen begehen, sollen durch Gerichtsverfahren überführt und mit (lebenslangem) Hausarrest bestraft werden (vgl. Koran: Sure 4, Vers 15). Nicht genannt wird allerdings, ob es sich hierbei um hetero- oder homosexuelle Handlungen handelt. An anderer Stelle wird verfügt, Personen, die unzüchtige Handlungen begangen haben, zwar zu bestrafen, ihnen im Falle der Reue und Besserung jedoch zu verzeihen (vgl. Koran: Sure 4, Vers 16). Unklar ist, ob hier sexuelle Handlungen unter Männern, unter Frauen oder zwischen Männern und Frauen gemeint sind, aber da der Leser direkt angesprochen wird, ist ein Hinweis auf Homosexualität nicht unwahrscheinlich.

In der Geschichte Lots wird, ebenso wie in der christlichen Überlieferung (vgl. Bibel: 1. Mose, Gen 19,5), beschrieben, wie Gott zwei Engel in Gestalt schöner junger Männer nach Sodom sandte, wo Lot ihnen Unterkunft in seinem Haus gewährte. Die Bürger Sodoms verlangten bald mit deutlich sexuellen Absichten vehement nach Lots Gästen, was Lot ihnen jedoch verweigerte. Die Sodomiten wurden für ihr Ansinnen von Gott mit der Vernichtung ihrer gesamten Stadt bestraft. Hier wird zum einen sehr deutlich männliche Homosexualität formuliert (vgl. Koran: Sure 7, Vers 81; Sure 11, Vers 79; Sure 26, Vers 165-166), zum anderen aber kann auch argumentiert werden, dass die Sünde dieser Männer nicht etwa in ihrer sexuellen Ausrichtung, sondern in ihrer Rücksichtslosigkeit, der Bereitschaft zur Gewalt und in einer geplanten Verletzung des Gastrechts bestand (vgl. Mohr:16). Auch wird von einer Schandtat gesprochen, „wie sie keiner in der Welt vor euch je begangen hat" (Koran: Sure 7, Vers 80, vgl. Ahmadeyya). Da ich aber davon ausgehe, dass männliche wie weibliche Homosexualität immer schon existierte und das dies trotz jeder Tabuisierung auch hinreichend bekannt war, lässt diese Wortwahl meiner Ansicht nach durchaus offen, um welches Verbrechen es sich handeln könnte (vgl. Schmitt 2001-2002:63).

Paradoxerweise existieren neben den zur Keuschheit (innerhalb der Ehe) anhaltenden Äußerungen zur Sexualität in der diesseitigen Welt einige vielversprechende Aussichten für die nächste. Die Freuden, welche gottesfürchtige Menschen im Paradies erwarten, sind ausgesprochen sinnlicher Art. Unter ihnen befinden sich interessanterweise neben luxuriösen Ruhelagern und köstlichen Speisen sowohl schöne Mädchen (vgl. Koran: Sure 52, Vers 20) als auch hübsche, ewig junge Männer (vgl. Koran: Sure 52, Vers 24; Sure 56, Vers 15-18). Ob sich dieses Versprechen an Männer wie Frauen zugleich richtet, und ob hier eine ausschließlich hetero- oder auch eine homo- oder bisexuelle Erfüllung in Aussicht gestellt wird, wird nicht deutlich.

3. Situation in Deutschland

3.1. Lesbische Muslima

Material über lesbische Muslima findet sich in der entsprechenden Literatur erwartungsgemäß sehr viel spärlicher als solches über schwule Muslime. Männliche Homosexualität wird im Koran an mehreren Stellen recht deutlich formuliert und dabei bemerkenswerter Weise entweder verurteilt, oder – in Andeutungen – als himmlische Belohnung für ein gottgefälliges Leben in Aussicht gestellt. Weibliche Homosexualität bleibt dagegen bis auf eine, für variable Interpretationen sehr offene, Stelle unerwähnt (vgl. Koran: Sure 4, Vers 34). Da davon auszugehen ist, dass Homosexualität in all ihren Erscheinungsformen stets existent gewesen ist, weist dies entweder auf ein absichtliches Verschweigen von Seiten der Autoren hin oder darauf, dass die Möglichkeit von Sex zwischen Frauen ihnen nicht ausreichend präsent gewesen ist, um Erwähnung zu finden.

Im heutigen Deutschland begegnen lesbische Muslima nicht nur der *normalen* Verständnislosigkeit auf Grund ihrer sexuellen Ausrichtung, sondern auch vielfältiger Diskriminierung ihrer Religion. Da auch schwul-lesbische Organisationen und die queere Szene nicht frei von Rassismen und Xenophobien sind, ist die Erfahrung von mehrdimensionaler Ungleichbehandlung für lesbische muslimische Frauen dort ebenfalls nicht ungewöhnlich.

Die Möglichkeiten digitaler Kommunikation haben in den letzten Jahren zu einer besseren Vernetzung verschiedenster Interessensgruppen beigetragen. Jene Gemeinschaft, welche die in Berlin lebende Sozialpädagogin und DJane İpek İpekçioğlu „Ethno-Queers" (vgl. İpekçioğlu a:1) nennt, bildet hier keine Ausnahme. Während die Internetplattform „Al Fatiha"[2], benannt nach der ersten Sure des Korans, die Interessen queerer muslimischer Menschen weltweit vertritt, hat sich „LesMigras"[3] auf die Anliegen lesbischer Migrantinnen in Europa spezialisiert. Sie macht es sich dabei besonders zur Aufgabe, sowohl die entsprechenden queeren Communities als auch die zuständigen staatlichen Einrichtungen für die Probleme lesbischer Migrantinnen zu sensibilisieren. In

---
[2] Vgl. www.al-fatiha.org [08.05.2007].
[3] Vgl. www.lesmigras.de/migra.html [08.05.2007].

diesem Rahmen wird, da lesbische Muslima in Deutschland zum großen Teil aus Familien mit Migrationshintergrund stammen, auch auf die Thematik des Lebens als muslimische Lesbe in einer nicht-muslimischen, heterosexuell ausgerichteten Umgebung eingegangen. Auch der LSVD (Lesben- und Schwulenverband Deutschlands) hat die Thematik queerer Muslime für sich entdeckt – sein Berliner Zentrum MILES[4] bietet inzwischen Beratungsstellen für queere MigrantInnen in Berlin und Brandenburg an.

İpekçioğlu beschreibt, wie sie nach verschiedenen vergeblichen Versuchen, sich mit anderen lesbischen Türkinnen zu vernetzen, 1992 schließlich eine Gruppierung ins Leben rufen konnte, die sich mit dem scheinbar unvereinbaren Widerspruch „lesbisch – türkisch" auseinandersetzte (vgl. İpekçioğlu c:1). Ihr Fazit dazu lautet, dass eine queere sexuelle Orientierung hierzulande mit einer Abwendung vom persönlichen türkisch/islamischen Hintergrund gleichgesetzt werde. Mit anderen Worten: wenn eine muslimische Frau lesbisch lebt, muss sie in den Augen ihrer nicht-türkischen, nicht-muslimischen Bekannten bereits derartig „eingedeutscht" sein, dass sie sich von ihrem religiösen und kulturellen Hintergrund komplett gelöst hat, denn innerhalb dessen sei die Realisierung ihrer Homosexualität ja nicht möglich (vgl. İpekçioğlu c:1). Da İpekçioğlu sich selbst jedoch sowohl als lesbisch wie auch als türkisch positioniert, versucht sie mittels Gruppenbildung und der Veröffentlichung eigener Arbeiten zum Thema gegen diese Reduzierung auf nur einen dieser Aspekte vorzugehen.

Das Bild der muslimischen Frau als passiv, unselbständig und in ihrer Sexualität unterdrückt, formuliert sowohl eine Geringschätzigkeit gegenüber muslimisch lebenden Familien, als auch eine Aufwertung des Begriffs *deutsch* als gesellschaftlich progressiv und modern. Dies ist allerdings eine Einschätzung, die schon durch einen Besuch in diversen deutschen Kleinstädten und auch bestimmten Berliner Stadtteilen eine gründliche Überarbeitung erfahren könnte. Lebt eine Frau in Deutschland nun offen lesbisch und muslimisch, so widerlegt dies eine Vorstellung von

---

[4] Vgl. www.berlin.lsvd.de/cms/index.php?option=com_content&task=view &id=22&Itemid=64 [08.05.2007].

Identität, die für die Selbstpositionierung vieler nichtmuslimischer Lesben eine Provokation bedeutet.

So wie die oben genannten Aussagen eine liberale Einstellung zur Sexualität als positiv zu betrachtendes Merkmal verwenden, so finden sich umgekehrt Positionierungen, die Homosexualität als Ausdruck abzulehnender westlicher Dekadenz definieren (vgl. Çalışkan / Hamzhei:1).

Die wechselseitige Abgrenzung, bei der die eine Seite der anderen soziale Rückständigkeit bzw. moralischen Verfall unterstellt, scheint ein sich selbst erneuerndes Phänomen zu sein. Es trägt wesentlich dazu bei, die angebliche Unvereinbarkeit kultureller und religiöser Positionen zu bestätigen sowie dadurch schon vorhandene Kommunikationsdefizite zu verstärken und neue erst zu konstruieren.

3.2. Schwule Muslime

Aus den verfügbaren Texten spricht ein starker Ärger über die offenbar allgegenwärtige freundliche Herablassung derer, die Koray Günay (2003:116) „Mehrheitsdeutsche" nennt, gegenüber queeren Menschen mit Familienanbindung zum „Orient". Hier scheint eine mehr oder minder unklare, aber von Schreckensbildern der Unterdrückung beherrschte Vorstellung der Türkei, des Irans, Iraks und deren Nachbarländern zu existieren.

Die in Deutschland nach wie vor praktizierte Ausgrenzung der BürgerInnen, welche als MigrantInnen gelten, kann gerade unter jungen Erwachsenen, die in Deutschland geboren und aufgewachsen sind, aber von Mehrheitsdeutschen nie als gleich akzeptiert wurden, eine umgekehrte Abwehrhaltung und eine Selbstabgrenzung gegenüber einer Umgebung, die sie nicht haben will, bewirken. Die Hinwendung zu dem, was ihnen von außen als etwas unveränderlich Abgrenzendes, damit allerdings auch Eigenes, suggeriert wird, liegt hierbei nahe. Wenn die aktuelle Umgebung eine Person aufgrund ihrer ethnischen Zugehörigkeit als grundlegend *anders* definiert und mit dieser Vorstellung eine Reihe von religiösen, kulturellen und sozialen Zuordnungen assoziiert, bleibt der betreffenden Person oft nichts anderes übrig, als sich auf der persönlichen Suche nach einer Selbstpositionierung den ihr zugeschriebenen Werten auch tatsächlich zuzuwenden und diese als für sich *natürlich* zu akzeptieren.

Einer dieser Werte kann eine Religion sein, die sich, wie der Islam, in Deutschland von der spirituellen Position der Mehrheit deutlich abhebt. Sie markiert ihre Gläubigen damit zwar als Minderheit, verbindet sie aber gleichzeitig auch eher miteinander, als eine Mehrheitsreligion das vermag. Auf diese Weise kann eine Religiosität entstehen, die ungleich stärker und möglicherweise kompromissloser ausgeprägt ist, als sie es in einem überwiegend islamischen Land wäre.

Wenn Mehrheitsdeutsche sich selbst als fortschrittlich, tolerant und weltoffen deklarieren und MigrantInnen dazu im Gegenzug als traditionsorientiert, konservativ und patriarchal, dann ist es nicht verwunderlich, wenn eben diese zugeschriebenen Positionierungen als scheinbares ererbtes *Eigentum* Interesse hervorrufen.

Zwar scheinen männliche homosexuelle Muslime in Deutschland präsenter und selbstbewusster aufzutreten als weibliche, die Vorbehalte ihnen gegenüber sind jedoch, wie in anderen Kontexten auch, offener und eng mit dem herrschenden Bild von Maskulinität verknüpft.

Weibliche Homosexualität *genießt* dadurch, dass sie noch seltener formuliert und damit diskutiert wird als männliche, den zweifelhaften Vorteil leichterer Verborgenheit. Männlichkeit dagegen ist ein stets zur Diskussion und zum Angriff stehendes Thema. Bei der Betrachtung und Bewertung männlicher Homosexualität wird in den meisten Ideologien zwischen der aktiven und der passiven Rolle unterschieden, also dazwischen, ob ein Mann einen anderen penetriert oder sich selbst penetrieren lässt (vgl. Ghadban 2004:223). Ein Mann, der die passive Rolle einnimmt, degradiert sich selbst damit zu jemandem, der in der Rangordnung niedriger steht als ein *echter* Mann. Zusätzlich hat er mit seinem Handeln das herrschende Bild von starker, aktiver und dominanter Maskulinität ad absurdum geführt. Geht es bei den beiden Männern auch noch nicht nur um sexuelle Handlungen, sondern um eine feste, möglicherweise sogar eingestandene Beziehung, wird hier nicht nur das Konzept der Männlichkeit angegriffen, sondern das gesamte Prinzip der heterosexuellen Ehe und Familie. Damit wird der Mikrokosmos einer ganzen Gemeinschaft hinterfragt – ein Akt, der unter Mehrheitsdeutschen schon für reichlich Kontroversen, reaktionäre Positionierungen und Aggressionen sorgt. Im Kontext einer Minderheit kann dies noch stärker als Verfehlung wahrgenommen werden, da gerade die angeblich aufgeklärte Einstellung gegenüber Homosexualität eine Errungenschaft ist, welche sich die mehrheitsdeutsche Gesellschaft öffentlich gern selbst zuschreibt. Die Realisierung dieses Toleranzanspruchs sei dahingestellt, das herrschende Bild ist jedoch eines, von dem eine benachteiligte Minderheit, welche sich auf Traditionsbewusstsein und Religiosität rückbesinnt, sich leicht abgrenzen kann.

Die Erwartungshaltung, mit der nicht-muslimische Deutsche homosexuellen Muslimen beider Geschlechter begegnen, ist, dass diese auf Grund ihrer Religion besonders schlimme Unterdrückungs- und Ablehnungserfahrungen machen müssten. Diese mitleidig anmutende Haltung dient zur Bestätigung der eigenen Toleranz im Kontrast zur angenommenen Rückständigkeit anderer. Die gegenseitigen Erwartungen muslimischer und nicht-muslimischer Deutscher erzeugen gerade auf dem Gebiet der Sexualität zahlreiche Frustrationserfahrungen aufgrund angeblicher Unvereinbarkeiten. Wie auch im Christentum ist die Ablehnung von Homosexualität ein soziales Phänomen, das erst im Nachhinein religiöse Legitimation erfährt – nicht umgekehrt (vgl. Zinn 2004:244).

4. (Hetero-)Sexismus als Mittel zum Zweck

Die europäische und US-amerikanische Diskussion zum Thema „Islam und (Homo)Sexualität" hat seit 2001 eine erhöhte Aufmerksamkeit von VertreterInnen konservativer Fraktionen, wie z.B. der CDU und CSU, erfahren. Konservative Politiker, die sich im eigenen Land vehement gegen außerehelichen Geschlechtsverkehr, Abtreibung, die Ehe gleichgeschlechtlicher Paare und Frauen im katholischen Priesteramt einsetzen und sich dabei regelmäßig auf die christlich-religiösen Wurzeln ihrer Kultur und Politik berufen, prangern Menschenrechtsverletzungen an Frauen und männlichen wie weiblichen Homosexuellen im Namen der islamischen Religion als ein nicht zu tolerierendes Übel an, gegen welches konsequent – also am besten auf militärischem Wege – vorzugehen sei.

Durch die Medien erreichen bevorzugt Berichte von verschiedensten Grausamkeiten, wie Folter, Freiheitsberaubungen und Steinigungen die Ohren und Augen *westlicher* Menschen – in Deutschland und Frankreich wird der Begriff *Islam* mit Schreckensbildern von Zwangsehen und Ehrenmorden assoziiert (vgl. Focus 17/2006). Das aktuelle Oberhaupt der christlichen Kirche schreckt nicht davor zurück, öffentlich antike Quellen zu zitieren, welche dem Islam vorwerfen, nur Schlechtes über die Menschheit gebracht zu haben (vgl. Der Spiegel 38/2006).

Der Verweis auf Missstände außerhalb des eigenen Verantwortungsbereiches eignet sich immer hervorragend zur Ablenkung von inneren Problemen. Die Darstellung islamischer Gesellschaften als misogyn und heterosexistisch wird gezielt dazu verwendet, feministische und schwullesbisch engagierte Gruppierungen für eine anti-islamische Politik zu gewinnen. Die Argumentation, der Islam sei heterosexistisch definiert und damit für queere MenschenrechtlerInnen nicht akzeptabel, lässt sich zwar genauso gut auf das Christentum anwenden, scheint aber dennoch zu greifen, vielleicht, weil schwule und lesbische MuslimInnen in der allgemeinen Wahrnehmung sehr viel weniger präsent sind als z.B. queere ChristInnen.

Wurde die Einstellung islamischer Länder zur Sexualität im 19. Jahrhundert von europäischer Seite noch als verrucht, geheimnisvoll und zügellos angesehen, so gilt sie heute als prüde und sexualfeindlich. Im Kontrast hierzu präsentiert sich *der Westen* heute vornehmlich als tolerantes Gegenbeispiel mit sozialer Vorbildfunktion. Die von Minderheiten hart erkämpften Erfolge auf den Gebieten der Frauen-, Schwulen- und Lesbenrechte werden als logische Punkte auf einem linear ausgerichteten Weg der zivilisatorischen Errungenschaften herausgestrichen. Der Westen soll sich dadurch positiv von der vorgeblichen gesellschaftlichen Rückständigkeit des Islams abheben. Hiermit wird das Christentum als eine Religion der Vernunft und des Friedens gezeichnet und der Islam dagegen als fanatisch und aggressiv.

Sexuelle Unterdrückung wird vielfach als ein Phänomen islamischer Länder betrachtet, wobei nicht zu tolerierende Situationen innerhalb nicht-islamischer Staaten allzu leicht übersehen werden.

Der Paragraph 175 des deutschen Strafgesetzbuches, welcher homosexuelle Handlungen als Straftat definiert, die mit Freiheitsentzug geahndet werden können, wurde erst 1994 endgültig abgeschafft. Gleichgeschlechtliche Ehepaare dürfen in Deutschland weder Kinder adoptieren, noch mit staatlichen Hilfsmitteln eine künstliche Befruchtung vornehmen lassen (was auch alleinstehenden Frauen nicht möglich ist). Dies sind nur wenige Beispiele dafür, dass im fortschrittlichen deutschen Rechtsstaat noch lange nicht alle Arbeit zur Schaffung einer tatsächlich offenen Gesellschaft getan ist.

Wenn in Deutschland die Darstellung des Islams als heterosexistisch praktiziert wird, so scheint dies in den USA eine ebenso vielversprechende Taktik zur Legitimation einer in scheinbar unvereinbare Lager der Religionen teilende Politik zu sein. In der 2005 angelaufenen überaus erfolgreichen Fernsehserie „Commander in Chief", welche von der fiktiven ersten weiblichen Präsidentin Amerikas handelt, wird gleich in der Pilotepisode verhandelt, wie die erste Amtshandlung erwähnter Präsidentin darin besteht, durch Androhung militärischer Mittel die Freilassung einer zum Tode durch Steinigung verurteilten Ehebrecherin in Nigeria zu erzwingen[5]. Die Botschaft ist deutlich: der zivilisierte, aufgeklärte, christliche Westen bringt die Botschaft der Freiheit und Toleranz in weniger glückliche Gegenden, wenn unbedingt nötig auch mit Gewalt.

Schlagworte wie der *Clash of Cultures* implizieren zum einen eine fast schon biologistisch anmutende Unterscheidung zwischen zwei Religionen und zum anderen die Unmöglichkeit der beiden, friedlich miteinander zu existieren und zu kommunizieren. Aus dieser konstruierten Zwangslage heraus werden eigentlich heftig umstrittene Themen, wie sexuelle Selbstbestimmung, zu nationalen Werten, die gegen eine Bedrohung von *außen* verteidigt werden müssen. Diese Instrumentalisierung der innenpolitischen Aktivitäten auf dem Gebiet der Rechte Homosexueller zu antiislamischen Zwecken verschiebt eigentlich nationale Diskussionen zur sexuellen Selbstbestimmung auf ein internationales Feld, nämlich dem eines *post*kolonialistischen Befreiertums.

---

[5] Vgl. http://en.wikipedia.org/wiki/List_of_Commander_in_Chief_episodes [08.05.2007].

5. Zusammenfassung

Die Hingabe, die eine Person dem Glauben entgegenbringt, ist ein schwer zu definierender Faktor, der nicht nur von Person zu Person, sondern auch von einer Lebenssituation zur anderen variiert. Einer Person, die sich in Deutschland selbst als ChristIn bezeichnet, wird von ihrer Umgebung sehr viel unwahrscheinlicher eine radikale und aggressive Art, für ihren Glauben einzutreten, zugeschrieben werden, als einem bekennend muslimischen Menschen. Wenn deutsche Muslime die Verhaltensregeln des Islams strenger auslegen als sie es in einer mehrheitlich muslimischen Umgebung, in der sie keinen Anlass zur demonstrativen Abgrenzung vom Rest der Gesellschaft hätten, tun würden, so spricht dies nicht zwangsläufig für eine Radikalisierung der Religion. Soziale Ausgrenzung ruft einen Rückzug in eine durch Annahme der Fremdzuschreibungen geschaffene Vorstellung von Religion als gemeinschaftsdefinierendem Faktor hervor. Die Markierung des Islams als gewaltbereite und potentiell bedrohliche Glaubensrichtung seitens antiislamischer Positionen schürt in den nichtmuslimischen Gesellschaften die Angst vor einer unbekannten Gefahr aus der Fremde – ein Zustand, der die Ausräumung von Missverständnissen auf allen Seiten zunehmend schwieriger macht. Der Hinweis auf die Verletzungen von Menschenrechten nicht-heterosexueller Personen innerhalb islamischer Gemeinschaften kann die Sympathien gerade solcher Gruppierungen gewinnen, deren Arbeit sich auf die Vertretung der Rechte von Minderheiten konzentriert. Auf diese Weise können die Interessen queerer und feministischer Menschen zur Legitimation von Konflikten benutzt werden, die ebenso wenig mit dem Ringen um sexuelle Gleichstellung wie mit Religion zu tun haben, sondern mit konkreten Bestrebungen zur Sicherung von weltweitem Einfluss und begehrten Energiequellen. Menschenrechtsverletzungen im Zeichen von religiösem Fanatismus können jedoch nicht als repräsentativer Ausdruck einer spirituellen Richtung gedeutet werden, sondern als politische Akte, die sich der Religion erst im Nachhinein als Legitimation bedienen.

Literaturverzeichnis

Alabied, Ryad 2001: *Die Gerechtigkeit im Islam unter besonderer Berücksichtigung des Koran.* Wissenschaftsverlag, Mainz.

Al Qaradawi, Jusuf 1989: *Erlaubtes und Verbotenes im Islam.* SKD Bavaria Verlag, München.

Çalışkan, Selmin; Hamzhei, Modjgan: Und alle bunten Steine fügen sich zu einem Mosaik zusammen. In: GLADT (Gays & Lesbians aus der Türkei Berlin-Brandenburg e.V.). Zugriff unter: www.gladt.de, 08.05.2007.

Der Spiegel 2006: Das Haus des Krieges. Nr. 38. 18.09.2006. S. 68-73.

Focus 2006: „Ehrenmord" – Weil sie ihr Leben lebte. Nr. 17. 24.04.2006. S. 48-50.

Ghadban, Ralph 2004: Gescheiterte Integration? Antihomosexuelle Einstellungen türkei- und arabischstämmiger MigrantInnen in Deutschland. In: LSVD Berlin-Brandenburg e.V. (Hrsg.): *Muslime unter dem Regenbogen. Homosexualität, Migration und Islam.* Querverlag GmbH, Berlin.

Günay, Koray Ali 2003: Homosexualität in der Türkei und unter Türkeistämmigen in Deutschland. Gemeinsamkeiten und Unterschiede. In: Bochow Michael; Marbach Rainer (Hrsg.): *Islam und Homosexualität. Koran / Islamische Länder / Situation in Deutschland.* MännerschwarmSkript Verlag, Hamburg.

Heller, Erdmute; Mosbahi, Hassouna 1993: *Hinter den Schleiern des Islam. Erotik und Sexualität in der arabischen Kultur.* C.H. Beck Verlag, München.

İpekçioğlu, İpek a: Die zentrale Bedeutung der Gruppen von und für queer lebenden Migrant/innen, Jüdinnen/Juden und Afrodeutschen. In: GLADT (Gays & Lesbians aus der Türkei Berlin-Brandenburg e.V.). Zugriff unter: www.gladt.de, 08.05.2007.

İpekçioğlu, İpek b: Homosexualität und Islam. In: Les Migras. Zugriff unter: www.lesmigras.de/migra.html, 08.05.2007.

İpekçioğlu, İpek c: Was machst du!? In: GLADT (Gays & Lesbians aus der Türkei Berlin-Brandenburg e.V.). Zugriff unter: www.gladt.de, 08.05.2007.

Irabi, Abdulkader 1989: *Arabische Soziologie. Studien zur Geschichte und Gesellschaft des Islam.* Wissenschaftliche Buchgesellschaft, Darmstadt.

Mercan, Abdurrahman 2003: Lebensstile und Selbstorganisation von muslimischen Homosexuellen in Deutschland. In: Bochow, Michael; Marbach, Rainer (Hrsg.): *Islam und Homosexualität. Koran / Islamische Länder / Situation in Deutschland.* MännerschwarmSkript Verlag, Hamburg.

Mohr, Andreas Ismail 2004: Was sagt der Islam zur Homosexualität? In: LSVD Berlin-Brandenburg e.V. (Hrsg.): *Muslime unter dem Regenbogen. Homosexualität, Migration und Islam.* Querverlag GmbH, Berlin.

Schmitt, Arno 2001-2002: Liwat im Fiqh. Männliche Homosexualität? In: *Journal of Arabic and Islamic Studies.* Vol. 4. S. 49-110.

Trutanow, Igor 1994: *Zwischen Koran und Coca Cola.* Aufbau Taschenbuch Verlag, Berlin.

Wild, Stefan 2001: *Mensch, Prophet und Gott im Koran.* Rhema Verlag, Münster.

Zinn, Alexander 2004: Clash of cultures? In: LSVD Berlin-Brandenburg e.V. (Hrsg.): *Muslime unter dem Regenbogen. Homosexualität, Migration und Islam.* Querverlag GmbH, Berlin.

http://en.wikipedia.org/wiki/Main_Page: Wikipedia. Zugriff am: 08.05.2007.

http://gigi.x-berg.de/islam-homosexualitaet: Gigi. Zugriff am: 08.05.2007.

www.al-fatiha.org: Al Fatiha. Zugriff am: 08.05.2007.

www.nur-koran.de/korantext/abfrage.htm: Koranübersetzungen von Ahmadeyya, Paret, Rassoul, Zaidan, Al Azhar und Khoury. Zugriff am: 08.05.2007.

Unser Buchtipp !

Parto Teherani-Krönner /
Brigitte Wörteler (Hg.)
You can't clap with one hand!
Gender Research and Networking, Vol. A
1. Auflage 2008, 268 Seiten
ISBN 978-3-8255-0698-8
24,90 €

The aim of this publication is to learn about the process of engendering the scientific debate in different spaces. Volume A deals with gender studies and networking. Volume B will focus on gender research and networking. Both issues were discussed during our summer schools in 2006 and 2007 at the Humboldt-Universität zu Berlin, Germany and Ahfad University for Women in Omdurman, Sudan. The authors open the doors to their societies and give us insights into different communities and inform us about the processes and debates within the institutions of higher education.

In Vorbereitung:

Parto Teherani-Krönner / Brigitte Wörteler (Hg.)
»Weaving a net is better than praying for fish«
Gender Research and Networking Vol. B
ISBN 978-3-8255-0765-7
erscheint im Frühjahr 2010

☞ **Besuchen Sie unsere Internetseite!**

www.centaurus-verlag.de

FRAUEN*GESELLSCHAFT*KRITIK

⇨ *Sabine Korstian*
Akteurinnen asymmetrischer Konflikte
Eine Studie zur nordirischen und palästinensischen Widerstandsgesellschaft
Band 51, 1. Aufl. 2010, ca. 330 S.,
ISBN 978-3-8255-0761-9, 28,00 €

⇨ *Claudia von Werlhof*
Vom Diesseits der Utopie zum Jenseits der Gewalt
Feministisch-patriarchatskritische Analysen – Blicke in die Zukunft?
Band 50, 1. Aufl. 2009, 230 S.,
ISBN 978-3-8255-0754-1, 22,80 €

⇨ *Henriette Margareta Schmitz*
Sozialgymnastik
Körperarbeit als soziale Arbeit
Band 49, 1. Aufl. 2009, 331 S., 61 Abb.,
ISBN 978-3-8255-0746-6, 25,80 €

⇨ *Irene Krieger*
Friedrich de la Motte Fouqués Frauentaschenbücher
Im Kontext der Frauentaschenbücher des 19. Jahrhunderts
Band 48, 1. Aufl. 2010, 180 S., Abb.,
ISBN 978-3-8255-0739-8, 20,00 €

⇨ *Andrea Bramberger*
Das Lächeln der Mutter auf den Lippen der Tochter
Band 45, 1. Aufl. 2007, 150 S.,
ISBN 978-3-8255-0685-8, 17,90 €

⇨ *Kerstin Knopf / Monika Schneikart (Hg.)*
Sex/ismus in den Medien
Band 44, 1. Aufl. 2007, 243 S.,
ISBN 9783825506278, 22,50 €

www.centaurus-verlag.de

	MIX
FSC www.fsc.org	Papier aus verantwortungsvollen Quellen Paper from responsible sources **FSC® C105338**

If you have any concerns about our products,
you can contact us on
ProductSafety@springernature.com

In case Publisher is established outside the EU,
the EU authorized representative is:
**Springer Nature Customer Service Center GmbH
Europaplatz 3, 69115 Heidelberg, Germany**

Printed by Libri Plureos GmbH
in Hamburg, Germany